HUNGARIAN-ENGLISH ENGLISH-HUNGARIAN

Géza Takács

NORMAL PUBLIC LIBRARY
NORMAL, ILLINOIS

HIPPOCRENE BOOKS
New York

494.51
TAK

Copyright© 1996 Hippocrene Books, Inc.

Second printing, 1998.

All rights reserved.

For information, address:
HIPPOCRENE BOOKS, INC.
171 Madison Avenue
New York, NY 10016

Library of Congress Cataloging-in-Publication Data

Takács, Géza
    Hungarian-English/English-Hungarian:Hippocrene concise
dictionary / Géza Takács
            p. cm
        ISBN 0-7818-0317-9
        1. Hungarian language--Dictionaries--English
    2. English language--Dictionaries--Hungarian
    I. Title.
    II. Series.
    PH2640.T35 1996   96-25768
    494'.511321--dc20   CIP

Printed in the United States of America.

A1200 3400486

TABLE OF CONTENTS

HUNGARIAN-ENGLISH
Dictionary

ELŐSZÓ

Újfajta szótárt kap kézbe az olvasó, amelynek célja, hogy egy rövid turistaút idejére adjon könnyen kezelhető, hasznos segédeszközt olyanok kezébe, **akik nem tanultak és nem is szándékoznak angolul tanulni**. A szavak és kifejezések kiválogatása is ehhez a célhoz igazodott, s ezt vettük figyelembe a kiejtés átírásában is.

Mivel - az elképzelés szerint - a turista a szótár lapozgatása által "beszél", szükséges, hogy a kiejtés átírása olyan egyszerű legyen, hogy azt ne kelljen külön megtanulni, hanem bárki minden különösebb nehézség nélkül kiolvashassa. Ezért a szótár lényegében a magyar ábécé ismert betűit használja fel. Ez úgy lehetséges, hogy a kiejtés tekintetében azt tűzi ki célul, hogy az **megközelítőleg** pontos legyen, azaz a kimondott szó vagy mondat az angolul értő hallgató számára felismerhető, tehát érthető legyen. Ennélfogva a szótár figyelem kívül hagyja az angol magánhangzórendszer finomságait (mint pl. az **i** hang ejtése a "fit," "sit" típusú szavakban) vagy azokat a kettőshangzókat, amelyeket elsajátítani amúgy sem könnyű feladat. Ugyanígy nem veszi figyelembe, hogy az angol **p, t, k** hangokat ún hehezettel kell(ene) ejteni. E hangok magyaros ejtése épp úgy nem akadálya a megértésnek, mint ahogy az sem, ha egy angol anyanyelvű a magyar "pénz," "tíz" vagy "kenyér" szó első hangját hehezettel ejti.

Tematikailag a szótár abban az értelemben törekszik a sokrétűségre, hogy számol a külföldre utazók egymástól igen eltérő érdeklődésére, *a bevásárló turizmustól a múzeumlátogatásig*. De figyelembe vettünk egy olyan igényt is, hogy egy idelátogató külföldit akar valaki megismertetni a főváros, az ország szépségeivel, érdekességeivel. A szó- és kifejezésanyag mintegy 150 tárgykört ölel fel.

Helytakarékossági okokból a rokonértelmű szavak közül általában csak a gyakoribbnak vélt szerepel a szótárban (pl. az erszény és pénztárca szópárból csak az utóbbi.) Ugyanígy a fosztóképzős szavak is csak korlátozott számban találhatók, mivel ezek a vonatkozózó szó és a *not* tagadószó segítségével könnyen pótolhatók. Hiányzik például a *haszontalan* szó, mert a *hasznos* szó segítségével és a tagadószóval ("nem hasznos") ugyanazt az értelmet ki lehet fejezni. Esetenként tehát nem szabad a szótárt "Nincs benne!" felkiáltással csalódottan becsukni,

9

hanem kis leleménnyel egy másik szóval vagy kifejezéssel kell próbálkozni.

Külön felhívjuk a használók figyelmét a megszokottól eltérő átszámítási táblázatra. Bár ma már sokak zsebében, táskájában ott van egy kis számológép, mégis úgy gondoljuk, hogy ez az új átszámítási forma egyszerűbb megoldást tud nyújtani. A lényege az, hogy nem mechanikusan az egyes értékek megfelelőjét adjuk, hanem (1) olyan mennyiségek átszámítását, amelyekre a legvalószínűbben merül fel szükség; (2) ezeknek nem pontos matematikai megfelelőjét adjuk, hanem (pl.) élelmiszerek esetében az ehhez legközelebb álló csomagolási egységet. (3) A kiindulás az a mértékrendszer, amelyből a turista is kiindul.

Reméljük, hogy a szótár betölti elképzelt feladatát, és mindenki számára hasznos segédeszköznek fog bizonyulni.

ÚTMUTATÓ A SZÓTÁR
HASZNÁLATÁHOZ

A szótár a szavakat és kifejezéseket egyetlen betűrendben hozza, megadva a szó angol jelentését és kiejtését. A kérdőszóval kezdődő mondatokat részben a kérdőszóhoz rendeztük, de hogy egy-egy gyakori kérdőszó (hol? hogyan?) ne váljék áttekinthetetlenül "túlzsúfolttá", igyekeztük a kész mondatok javarészét a mondat leglényegesebb szavához, általában egy igéhez sorolni.

Egyes igéket a szótár nem főnévi igenévi alakban ad meg, hanem egy teljes vagy töredékmondatban, abban az alakban, kifejezésben, amelyben az ige leggyakrabban előfordul; pl. *Kiderült, hogy...*

A magyar szót vagy kifejezést először az angol helyesírás szerinti alak követi, ezután található a kiejtés szerinti átírás. Ebben adjuk meg a szó hangsúlyát, amit a vastag betűvel szedett szótag mutat. Mivel az angol nyelvben a *hangsúly* helye változó, fontos, hogy erre a szótár használója figyeljen, és ne automatikusan, mint a magyarban, az első szótagot hangsúlyozza, mert ez megnehezíti vagy éppen lehetetlenné teszi a szó megértését a másik fél számára.

Ismeretes, hogy az indogermán nyelvekben nincsenek ragok, hanem ezt a szerepet az adott szó előtt álló *elöljáró* (prepozíció) tölti be. A leglényegesebb magyar ragok (-ba, be, -ért, -hoz, -hez, -höz stb.) a megfelelő betűnél fellelhetők. (A két vagy három alakú ragok természetesen csak egy helyen szerepelnek, éspedig a hagyományos sorrend: (-ba, -be, -ban, -ben, -hoz, -hez, -höz; -nak, -nek, stb. - szerinti első alaknál.)

Fontos tudni, hogy az angol igen udvarias nép és nyelv. Ezért - bár ezt a szótárban helyszűke miatt időnként elhagytuk - helyes *minden kérdést és kérést* a please (plíz) szóval kezdeni vagy befejezni.

A szótár betűrendje tekintetében a következőkre hívjuk fel a figyelmet:
1. A magyar helyesírás szabályainak megfelelően a rövid és hosszú magánhangzók között nem teszünk különbséget. Tehát akár kezdőbetűként, akár az egy-egy betűn belüli ábécérendben az *a-á, e-é, i-í, o-ó* stb. együtt szerepel, de természetesen az *ö-ő* és *ü-ű* külön

11

betűként. Vagyis pl. a *három* szó megelőzi a *hatás* szót, az *élet* az *emelet*et.

2. A külföldi használó érdekében a *gy, ly, ny* és *ty* nem külön betűként szerepel, hanem a *g, l, n, t* betűs szavak végén. Az *ly* és *ty* amúgy is csupán egy-egy szóval szerepel.

3. Ennél fontosabb, hogy - ugyancsak a külföldi használó érdekében - a magyar helyesírás szabályaitól eltérve a *cs, sz* és *zs* betűvel kezdődő szavak nem képeznek külön egységet, hanem a c+s, s+z és z+s betűkapcsolat szerinti betűrendi helyükön a c, s, z, kezdőbetűs szavak között találhatók. Az sz betű esetében ennek nincs különösebb jelentősége, mivel az sz betűvel kezdődő szavak mindenképpen az s betűsek után jelennek meg. De a zs betűs szavak is csupán a *zuhany* szót előzik meg, a cs betűs szavak pedig a *cukor* szót és három származékát.

A szótárban használt jelek

A szótár különböző jeleket is használ, hogy ezek révén (1) elkerülje a külön magyarázatot, (2) két kifejezést/szót vonjon össze, ill., hogy (3) a használó egyes kifejezéseket saját igénye szerint alakíthasson. Ezek a következők:

/   Választás két (esetleg több) szó között, pl.: Jó estét/éjszakát = Good evening/night. Kiolvasása: Jó estét = Good evening. Jó éjszakát = Good night.

( )   A kerek zárójelbe tett szó vagy szórész elhagyható, anélkül, hogy az értelem megváltoznék: pl. aprópénz = *change (money),* azaz, ha csak a *change* szót használom, annak önmagában is megvan az, "aprópénz" jelentése.

[ ]   A szögletes zárójelbe tett egy vagy több szó a szükség szerint más szóval helyettesíthető. (A szükséges másik szót persze külön ki kell keresni!)
Pl.: [Tíz] perccel múlt [hat] óra = [Ten] minutes past [six] esetében mindkét helyre a szükséges számot lehet behelyettesíteni.

12

....   Egy kifejezés végén megjelenő pontok azt jelzik, hogy sokféle folytatás lehetséges. Tehát például a *Szeretnék vásárolni egy....(I want to buy....)* kifejezésbe beleillesztjük a vásárolni kívánt tárgy nevét.

...   A három vastag pont általában követ egy angol és megelőz egy magyar szót. Ez azt jelenti, hogy a szavak sorrendje a két nyelvben ellentétes: Pl.: *because of... (...miatt)* kifejezés behelyettesítéssel pl. ez lesz: *because of Peter (Péter miatt)*.

     Végezetül megemlítjük, hogy a címszó után kerek zárójelben adunk értelmező magyarázatokat. A zárójelbe tett szó lehet egy igét kiegészítő főnév - pl. feladni *(levelet)* - vagy egy a jelentést megvilágító más szó, pl. hallgató *(telefon)*. Ez utóbbiak mindig dőlt betűsek.

     A szótár szükséges mértékben figyelembe veszi *a brit és az amerikai angol* nyelvhasználat különbségeit is. Minden olyan esetben, amikor egy-egy fogalomra a két nyelvhasználat két különböző szót alkalmaz, *GB* és *US* jelzéssel a szótár mindkettőt megadja. A helyesírási különbségek néhol egyetlen szóalakkal kifejezhetők, pl. *colo(u)r, catalog(ue)*. A hosszabb változat mindig a brit angol. Az amerikai helyesírás a zárójelbe tett betűt, betűket elhagyja. Sok - többnyire latin eredetű s jórészt magyarul beszélők számára is ismert - olyan szó van, amely az amerikai helyesírás szerint *-ter*, a brit angol szerint viszont *-tre* végződésű (pl. *center, centre*). Ha a hely megengedi, mindkét változatot adjuk, ha nem, akkor csak az amerikai helyesírás szerintit, mivel ez a kiejtésben is több segítséget ad. (Ejtése mindkét nyelvterületen: *t"r.*) Kiejtés tekintetében alapvetően a brit angol használathoz igazodunk, de ahol csak az amerikai angolságban használt szóról van szó, ott természetesen az amerikai kiejtést adjuk. Ahol ugyanazon szó ejtése oly mértékben eltér a két nyelvterületen, hogy a másik nyelvhasználatot beszélő számára ez ismeretlen, ott mindkét kiejtést megadjuk. (Pl.: *half: GB* háf, *US* h<u>ee</u>f.)

NORMAL PUBLIC LIBRARY
NORMAL, ILLINOIS

13

AZ ANGOL KIEJTÉS

Az angol szavak kiejtésének jobb elsajátítása és megértése érdekében részletesen is foglalkozunk az egyes hangok ejtésével, különös tekintettel arra, hogy az angol nyelvben több olyan hang is van, mely a magyar köznyelvben ismeretlen. Az itt elmondottak tömör összefoglalását adja az ezt követő KIEJTÉSI ÖSSZEFOGLALÓ.

Az angol vagy bármely más idegen nyelv kiejtési rendszerének megértéséhez mindenek előtt egy alapvető tanács: Felejtsük el, hogy egy-egy betűnek csak az lehet a hangértéke, amit a magyar nyelvben megszoktunk. A v+a+n (*van*) betűcsoport a magyar nyelven kívül az angolban, franciában és a hollandban is létező szó, de mind a három nyelv másként ejti ki e három betű összekapcsolását, mint mi, magyarok. Így tekintve már közelebb jutunk az angol kiejtés logikai rendszerének megértéséhez. Minden részletre persze itt nem tudunk kitérni, de néhány alapvető dologra igen: egyfelől a magyar nyelvben ismeretlen hangokra, másfelől azokra az ejtési szabályokra, amelyek a leggyakrabban fordulnak elő.

Mindenek előtt megadjuk az angol ábécé betűinek nevét, mert ez már önmagában is nyújt némi kapaszkodót a kiejtés megértéséhez.

Az angol ábécé betűi. (A betűk nevét e szótár átírása szerint adjuk.)

a	é	n	en
b	bí	o	ó
c	szí	p	pí
d	dí	q	kjú
e	í	r	ár
f	ef	s	esz
g	dzsí	t	tí
h	écs	u	jú
i	áj	v	ví
j	dzsé	w	da-b"l-jú
k	ké	x	eksz
l	el	y	wáj
m	em	z	zí, zed *(US)*

Mássalhangzók

Zömük (*b,c,f,h,l,m,n,v,z*) ugyanúgy ejtendő mint a magyar nyelvben. Meg kell szokni, de más nehézséget nem okoz, hogy
a *j* betű hangértéke mindig *dzs*,
az *y* a szó elején mindig *j*-nek,
a szó végén egy tagú szavakban *áj*-nak, több tagú szavakban *i*-nek ejtendő.

Az *s* betű a szó elején és két magánhangzó között mindig *sz*-nek hangzik és csak a többi esetben *z*-nek. Német mintára ui sokan mindenütt z-t ejtenek.
Az a, o, u betűk előtt a *c* mindig *k*-nak,
a *g* mindig *g*-nek hangzik,
e, i előtt a *c* betű hangzása *sz*, a *g* betűé (sajnos) lehet *g* is és *dzs* is. A kiejtés átírása viszont pontosan eligazít.
A *p, t, k* hangokat - mint már szó volt róla - az angol ún. hehezettel ejti, de a magyarosan ejtett hang sem okoz félreértést.
Az *sh* betűkapcsolat hangértéke mindig *s*.

Három olyan mássalhangzója van az angolnak, amely a magyar (és nem csak magyar) anyanyelvű számára nehézséget okozhat. Könnyebb a *w* betűvel jelölt hang elsajátítása; ezt a hangot úgy ejtjük, hogy szánkat csücsörítjük, mintha *u* hangot akarnánk ejteni, de mielőtt kimondanánk, ajkunkat széthúzzuk és egy *v* hangot ejtünk. Az átírásban ezt a hangot a *w* betű jelöli.

Az angol kiejtés "réme" az a zöngés vagy zöngétlen hang, amelyet írásban a *th* betűkettős jelöl. Ezt a hangot helyesen úgy kell képezni, hogy nyelvünk hegyét a két fogsor közé helyezve *t*, ill. *d* hangot próbálunk ejteni. Ha ez nem sikerül, ejtsük nyugodtan a megszokott t-t vagy d-t. Ezt sokkal inkább megértik, mintha - ami leggyakrabban történik - sz vagy z hangot ejtünk helyette. A kiejtési átírásban e két hangot a t és d betű mellett álló 'jelöli (*t', d'*).

Végül külön szólunk a *kettős mássalhangzók* ejtéséről, ami részint már átvezet a magánhangzók ejtésének kérdéskörébe. Itt is alapvető eltérés mutatkozik ui. a magyar és az angol nyelv között, minthogy az angolban a kettős mássalhangzó nem annak hosszúságát, hanem az előtte álló magánhangzó rövidségét jelöli. Így pl. a *later* és *latter* szóban egyaránt egy *t* hangot ejtünk, de az első szóban az előtte

15

álló magánhangzó hosszú (létör), a másodikban rövid (letör).

Magánhangzók

A magánhangzók ejtésével kapcsolatban mindenek előtt azt kell
tudatosítani, hogy - megint csak a magyartól eltérően - ugyanannak a
magánhangzónak az ejtése függ a betűkörnyezettől, ill. attól, hogy
hangsúlyos vagy hangsúlytalan szótagban áll-e.

Az *e* betűvel jelölt hang semmi problémát nem jelent, mivel itt
betű és hang nem tér el attól, amit a magyar nyelvben megszoktunk. A
bed, pet, ten szavakat például úgy kell kiolvasnunk-kiejtenünk, mintha
azok magyar szavak lennének, mint mondjuk a *bed*ől, *Pet*i vagy *ten*ni
szavunkban.

A magyar nyelv *u, ú* és *í* hangját többnyire más betűkkel jelöli
az angol (*oo, ee,* stb.), de kiejtési gondunk ezekkel sincs. Az angol
nyelv többi magánhangzója azonban kisebb-nagyobb mértékben eltér
a magyar nyelv magánhangzóitól. Így jellegzetes a mássalhangzóra
végződő egy szótagú szavakban az *i* betűvel jelölt *i* hang ejtése: nem
olyan éles és tiszta mint a magyarban, sokkal tompább, elmosódottabb.
A magyar nyelv *i* hangja érzékletesen más, ám mégsem okoz félreértést,
ha ezt ejtjük az angolos *i* helyett.

Aki bármilyen idegen nyelvet tanult, az ismeri az *á* hang *rövid*
változatát. Vannak, akik előkelősködve ezzel a hanggal ejtenek
bizonyos idegen eredetű magyar szavakat (pl. akadémia). De talán
mindenki hallott már palóc beszédet, amelynek legfőbb jellegzetessége
éppen a megszokott magyar *a* hang helyett ejtett *rövid á* (pl. magában
a *palóc* szóban is). Ezt meg kell szokni, mivel meglehetősen gyakori az
angolban. A kiejtési átírásban ezt a hangot az a betű fölé tett karika
jelöli *(å)*.

Csak nyelvjárásainkban fordul elő az ún. *hosszú e,* a köznyelvi
e hang nyújtott változata. Átírásban a betű kettőzése jelöli, ám
figyelmeztetésül, hogy nem két *e* hangot kell ejteni, csupán egyet (de
hosszan), a két e betű alul össze van kötve *(ee)*.

Az *ő* hang létezik ugyan az angolban, de ennek ninos önálló
betűjele. Akkor ejtjük ezt a hangot, ha az *r* betű előtt e, i vagy u áll,
vagyis az *er, ir, ur* kapcsolatban egyaránt ugyanezt a hangot ejtjük (őr).
Tehát például a *her, Sir, fur* szavak ejtése: hőr, szőr, főr. Az *r* előtti *a*
betűt viszont mindig *á*-nak ejtjük; így pl. a *car, card, harm* szavak

ejtése: kár, kárd, hár.

Végül egy igen gyakori hangról kell még szólnunk, melynek megint csak nincs önálló betűjele, s hiányzik a magyar nyelvben. Hangsúlytalan helyzetben lévő szótagban lényegében bármely magánhangzójel esetében ezt a hangot ejtjük. A nyelvtudomány ezt a - pl. a német nyelvben is meglévő - hangot *svá*-nak nevezi, s a kiejtési átírásokban többnyire egy, [ə] (*fordított e betű*) jelzi. A hang maga egy elmosódott, *e* és *ö* között álló (ö-s szinezetű e) hang. Ezt a hangot e szótár átírásában a " jel jelöli. Erre a hangra különösen egy gyakori ejtési hiba miatt hívjuk fel nyomatékkal a figyelmet, hogy tehát nem egy elnyelt, hanem határozottan külön szótagot alkotó hangról van szó. Ejtésére különösen a *-ble, -ple, -tle* végződésű szavaknál kell vigyázni. Így pl. a *table, simple, little* szavakat nem szabad egy szótagba vonni (*tébl, szimpl, litl*), hanem határozottan két szótagnak ejteni, igyekezvén megtalálni az említett ö-szerű hangot, amely tehát nem úgy hangzik, mint a deci*bel* szó utolsó vagy a bö*ll*ér szó első szótagja, hanem valami e kettő között. E szavak helyes ejtése e szótár átírása szerint: té-b"l, szim-p"l, li-t"l.

E végződéseken túlmenőleg gyakori e hang előfordulása a *con-* kezdetű, valamint a *-sion/-tion, -ous* végű szavakban, továbbá két vagy több szótagú szavak végén *-l, -n, -r,* előtt (pl. angel, curtain, enter = én-dzs"l, kör-t"n, en-t"r). Hosszabb szavakban két ilyen hang is előfordulhat, pl. *condition* ejtése: k"n-di-s"n.

Magán- és mássalhangzókhoz egyaránt kapcsolódik az az ejtési sajátosság, amelyet még alább bemutatunk. Egytagú szavakról van szó, melyek végződhetnek mássalhangzóra, mely esetben az előtte álló magánhangzót általában röviden ejtjük, vagy végződhetnek egy nem ejtett *e* betűre, mely esetben a magánhangzót hosszan, vagyis nevének megfelelően ejtjük. Ezt egy-egy szópárral be is mutatjuk:

mat	-	mate	ejtése:	met	-	mét
win	-	wine		win	-	wájn
not	-	note		nåt	-	nót
cut	-	cute		kåt	-	kjút

Mint a példák mutatják, az öt magánhangzó közül négy esetében találunk ilyen szabályosságot.

Vannak még ún. *kettőshangzók (diftongusok)*, melyek, ha a köznyelvből hiányoznak is, nyelvjárásainkban nem ismeretlenek, s így a magyar fül számára sem teljesen szokatlanok (pl. szé^{i}p, ló^u). Az átírásban ezeket egyszerűen csak *é* és *ó* betűvel jelöljük, mivel az egyszerűsített ejtés itt sem okozhat félreértést. Tudni kell azonban, hogy a magyar *é* és *ó* hanggal teljesen megegyező hang az angolban sohasem fordul elő, hanem ezek *mindig* egy elkapott, alig hallható *j* ill. *u* hanggal egészülnek ki (különösen a brit angolságban). Az *á^i* és^i *o* kettőshangzókat viszont *áj* és *oj* betűkapcsolattal írjuk át.

Végül a magyar *au*tó, *au*gusztus, *au*tomata szavakból is ismert kettőshangzóra hívjuk fel a figyelmet. Ezek ejtésénél arra kell ügyelni, hogy a két hangot egyszerre, *egy hangként*, és ne két külön (a+u) hangként ejtsük. Erre az átírásban a két betű alatti jel *(au)* figyelmeztet.

Az átírási jelek rendszerezett bemutatását magyarázattal és mintaszavakkal a már említett KIEJTÉSI ÖSSZEFOGLALÓ adja.

Túllépve az egyes szavak ejtésén, megemlítjük még az angol nyelvnek azt a sajátosságát, hogy a kiejtés több szót egybevon, azaz úgy mondják ki őket, mintha egyetlen (egybeírt) szót ejtenének ki. Ezt a jelenséget a több szóból álló kifejezések átírásában úgy adjuk vissza, hogy a külön írt, de egybe ejtett szavakat, miként a szótagokat, kötőjelel összekötjük.

* * *

A szótár terjedelme nem engedi meg, hogy akár egy még oly szűkre szabott *NYELVTANI* összefoglalót adjunk. Annyit azonban talán nem nehéz megjegyezni, hogy a *főnevek tárgyesetének* nincs ragja, csupán a mondatbeli helye jelzi, hogy az adott főnév alany-e vagy tárgy. Ezért az angol mondatban - néhány kivételes esettől eltekintve - a tárgy sohasem előzi meg az alanyt. Vagyis míg magyarul tetszésem szerint mondhatom: *Péter látja Évát* vagy *Évát látja Péter*, az angol szórend csak *Peter sees Eva* lehet.

A *főnevek többesszáma* mindig -*s*; kiejtése *z* (zöngétlen hang után: *sz*), esetenként (ha a kimondáshoz szükséges) kötőhangzóval: -*es*. Tehát *table* többesszáma *tables*, a *watch* szóé *watches*. A szótárban előforduló néhány rendhagyó többesszámot megadjuk.

Itt említjük meg, hogy - a magyartól eltérően - az angol

18

többesszámot használ az egynél nagyobb számok, valamint az *all, few, many* szavak után, továbbá többesszámban használja a páros testrészeket (szem, fül, tüdő), valamint a két részből álló tárgyakat (nadrág, olló) jelölő szavakat.

Az angol *igeragozás* viszonylag egyszerű, hiszen jelen időben mindössze az egyes szám harmadik személyben kap az ige egy *-(e)s* ragot, - a múlt időben még ott sem. Ezért az igék mellett - ha a mondatnak nincs más alanya - feltétlenül ki kell tenni a személyes névmást. (Pl. I see = látok, we see = látunk)

Az igék döntő többségénél a múlt idő jele *-d* (vagy *-ed*), egy kisebb csoportnál viszont más a múlt idő képzésmódja. Ezekben az esetekben a jelen idejű alak (pontosabban: főnévi igenév) mellett megadjuk a szótárban a múlt idejű alakot is (pl. come - came).

Megemlítjük még, hogy az angol nyelv nem ismeri a tegezést. Egyes szám második személye valójában nincs, helyette a többesszám második személyt használjuk, melynek jelentése viszont ezen (tehát *te* és *ti*) kivül még *Ön, Önök* is.

Az angol *helyesírás* a kis- és nagybetűk használatát illetően meglehetősen közel áll a magyarhoz. A legfőbb eltérés az, hogy az angol nagy kezdőbetűvel írja a hét napjait és a hónapok nevét. Ezen kivül mindig nagybetűs az *én* jelentésű *I*, és sohasem nagybetűs az *Ön(ök)* jelentésű *you*.

KIEJTÉSI ÖSSZEFOGLALÓ

Az átírási Jel	A hangot jelölő betű(k)[1]	Mintaszavak
å	o, u	cut, got
á	a (többnyire *r* előtt)	harm, dark, father
áj	i (ha a szó végén -e betű áll)[2]	wine, like
	y (egytagú szavak végén)	by, my
	igh	high, night
<u>au</u>	ou, ow	loud, brown
b	b	big, cab
cs	ch (szó elején és végén)	child, church
	tch	kitchen, watch
d	d	dark, bed
d'	th[3]	this, mother
dj[4]	d (u előtt)	during, modul
dzs	j (minden esetben)	joy
	g (egyes esetekben e, i előtt)	gin, general
e	e, ea, a	ten, head, fat
<u>ee</u>	e, ai, ea (r előtt)	where, hair, bearé
	a (ha a szó végén -e betű áll)[2]	make, lane
	ai, ay	plain, play
f	f, ph	fig, beef, photo
g	g	get, give
h	h	head, here
i	i (ha a szó végén msh. áll)	fig, solid
	y (két-vagy többtagú szó végén)	very, luckily
í	ee, ea	bee, heat

20

j	y (szó elején)	yes, you
k	c (a,o,u előtt és szó végén)	cat, cold, cut
	ch (két mgh. között)	mechanic
	ck	lock, lucky
	k	key, lake
l	l	leg, bill
m	m	make, name
n	n	not, German
nj	n (u vagy ew előtt)	nude, new
ó	o, oa ow	go, goal, low
oj	oi, oy	noise, boy
ö	e (szóvégen r előtt)	m e m b e r, waiter
ő	e, i, u (r előtt)	term, firm, turn
p	p	pen, tape
r	r[5]	red, very, car
s	sh; s, t (-ion előtt)	she, rush, mission, nation
sz	s	see, best
	c (e, i előtt)	cent, cigarette
t	t	take, let
tj	t (u előtt)	tube, tune
t'	th[3]	think, both
u	oo	took, wood
ú	oo	school, food
	u (ha a szó végén -e áll)	tube, tune
v	v	visit, live
w	w, wh	warm, which
z	z; s (szó végén)	lazy, news
zs	s (u előtt)	measure
"	hangsúlytalan, a, e, io, o	children, condition

----

1. Itt csak a leggyakrabban előfordulókat említjük. Esetenként még további betűk is előfordulhatnak.

2. A gyakran használt szavak kivételek; ezek a szóvégi -e ellenére is rövidek. Pl.: *have* = hev, *to live* = tu liv, *gone* = gån

3. Az írás nem jelzi, hogy a hangot zöngésen vagy zöngétlenül kell-e ejteni.

4. Az átírásra nem a magyar *gy* betűt használjuk, hogy jobban érzékelhető legyen, hogy a hang a *d+j*, összeolvadásából jött létre. (Ugyanígy *nj és tj* is!)

5. A hangot nem szabad úgy pergetni, mint a magyarban! A szóvégeken alig hallatszik.

RÖVIDÍTÉSEK

átv.	átvitt értelemben
fn.	főnév
GB	brit angol hsználat
hat.	határozó
hsz.	határozószó
ksz.	kötőszó
mn	melléknév
te	tárgyeset
US	amerikai angol használat
vi	tárgyatlan ige
vki	valaki
vmi	valami
vt	tárgyas ige

MÉRTÉKEK ÁTSZÁMÍTÁSA

Rövid összefoglalás az előforduló nevekről:

ounce (ansz), rövidítve: oz (többes számban: ozs)
pound (p<u>au</u>nd) = 16 ozs; magyarul font (az angol pénz neve is),
                    rövidítve: Lb, Lbs
stone (sztón) = 14 Lbs
pint (pájnt)
quart (kvort) = 2 pints
gallon *GB* = 4,5 l., *US* = 3,7 l
inch (incs), magyarul hüvelyk (vagy coll)
foot (fut), (többes számban: feet = fít) magyarul: láb = 12
       hüvelyk
yard (járd) = 3 feet
mile (májl); magyarul mérföld

Hosszmértékek

Testmagasságát az angolszász ember lábban és inch-ben fejezi ki. Írásban a lábat ', az inch-et " jel jelöli. Szóban az inch-et nem mondják ki. (Pl.5'8" = 5 láb 8 inch, kimondva: five feet eight.)

5 feet 4	magasság = kb. 160 cm,
5 feet 10	magasság = kb. 175 cm,
6 feet	magasság = kb. 180 cm,
6 feet 4	magasság = kb. 190 cm.

*Szövetvásárlás*kor a *yard* a mértékegység, mely majdnem 1 méter (91 cm), tehát

       3 méter szövet = kb. 3 1/2 yard
       3 1/2 méter szövet = kb. 4 yard
       5 méter szövet = kb. 5 1/2 yard

*Távolság*okhoz mérföld *(mile)* a mértékegység (= 1,6 km). A számok tehát kb. egyharmaddal kisebbek lesznek, mint amit kilométerben megszoktunk. Az autós turista számára a megengedett legnagyobb sebességet *(speed limit)* és a legkisebb sebességet *(minimum speed)* jelző értékek érdekesek:

```
40 miles = 64 km
60 miles = kb. 100 km (egész pontosan: 96 km)
80 miles = 130 km
```

Súlyok

10 deka vajként vegyünk 4 ounce-ot(= 12,5 dkg),
25 deka margarinként 8 ounce-ot,
1/2 kg lisztként 1 pound-ot(45 dkg),
1 kg cukorként 2 pound-ot(90 dkg),

Testsúlyok:
Ha valaki azt mondja
az ő súlya 8 stone ez körülbelül 51 kg,

10 stone	63,5 kg
12 stone	76 kg
13 stone	82,5 kg
15 stone	95 kg

Űrmérték

Ez a legegyszerűbb, mert
    1 pint bő 1/2 liter,
    2 pint bő liter (11 deci).
    1 quart = 2 pint

Tankolás esetén nagyobb mennyiségekről van szó. Az egység neve:
gallon, ám ez nem ugyanannyi liter Angliában, mint az USA-ban *(lásd
fentebb!)*, ezért külön adjuk meg, hogy hány gallon benzint kell kérni
egyik, ill. másik országban. (A számnév mellett álló + a jelzett liternél
valamivel kevesebbet, ++ valamivel többet jelent.)

	GB	US
10 l benzinnek megfelel	2+ - 2 1/2++	2,5+ gallon
15 l	3,5++	4++ gallon
50 l	11++	13++ gallon

Hőfokok

Ez az a mértékegység, amit ma már többnyire a tízes rendszerben is megadnak.
Szobahőmérséklet:
70-75°F (= 20-24°C)
Külső hőmérséklet:
50-60°F (hűvös, 10-15°C)
75-85°F (meleg, 25-30°C)
95-104°F (kánikula, 35-40°C)

HUNGARIAN-ENGLISH
Dictionary

A

abbahagyni to stop (tu sztåp)
abc-áruház supermarket (**szú**-pör-már-ket)
ablak window (**win**-dó)
ablaktörlő windshield wiper (**wind**-síld **wáj**-pör)
abrosz tablecloth (**té**-b"l-klót')
adag portion (**por**-s"n)
adatok data (**dé**-tå)
addig 1. *(időben)* till then (till **d'en**) 2. *(térben)* that far (**d'et** fár)
adni to give/gave (tu giv - gév); **Adjon nekem egy ...** Give me a(n) ...
      (**Giv**-mí-en)
adó tax (teksz)
Áfa vat (ví-é-tí)
Afrika Africa (**åf**-ri-kå)
afrikai African (**ef**-ri-k"n)
agglegény bachelor (**be**-cse-lor)
aggódni to worry (tu **wör**-ri); **Aggódom.** I am worried. (**áj**-em **wör**-
      rid); **Ne aggódj!** Don't worry! (**Dont** wör-ri!)
ágy bed (bed)
ágynemű bedclothes (**bed**-klódz)
ahol where (w<u>ee</u>r)
ajak lips (lipsz)
ajándék gift, present (gift, **pre**-z"nt); **ajándékba** as a gift/present (ez-e
      gift/pre-z"nt)
ajánlott levél registered letter (**re**-dzsisz-t"rd **le**-tör)
ajtó door (dór)
akadályozni to hinder (tu **hin**-d"r)
akár ... akár either ... or (**í**-d'ör...or)
akarni to want (tu wånt); **Akarja, hogy én ...** Do you want me ... (Du-
      ju **wånt**-mí...); **Nem akarok ...** I don't want ... (Áj-**dont** wånt...)
akció sale (szél)
aki who (hú)
akit whom (húm); **akivel** with whom (wid'-húm)
akkor at that time (et-**d'et** tájm)
aktuális timely (tájm-li)
alá beneath (bi-**nít'**)

29

alacsony 1. *(ember)* short (sort); 2. *(tárgy)* low (ló)

alagsor basement (béz-ment)

alagút tunnel (tå-n"l)

aláírni to sign (tu szájn); **Itt írja alá!** Sign here! (**Szájn** hír)

alak figure (**fi**-g"r)

alap basis (**bé**-szisz)

alapvető basic (**bé**-szik)

alatt 1.*(hely)* beneath (bi-**nít'**); 2.*(idő)* during (**djú**-ring)

alföld plain (plén)

alig hardly (hárd-li)

alkalmas convenient (k"n-ví-ni-"nt); **Mely időpont lenne alkalmas
    Önnek?** What time would suit you? (Wåt tájm wud szút ju?)

alkalmazott *(fn)* employee (**em**-plo-jí)

alkalmazni (pl. szabályt) to apply (tu e-**pláj**)

alkalmi vétel bargain (**bár**-g"n)

alkalom opportunity (op-por-**tju**-ni-ti)

alkalmából on the occasion of .... (ån-d'i ok-**ké**-zs"n-åv)

alkatrész part (párt)

alkohol alcohol (el-ko-**hol**)

alkoholmentes ital soft drink (**szåft**-drink)

áll *(fn)* chin (csin)

állam state (sztét)

állampolgár citizen (**szi**-ti-zen)

állampolgárság citizenship (**szi**-ti-zen-sip)

állandó lakcím permanent address (**pör**-ma-nent-e-**dressz**)

állapot condition (k"n-**di**-s"n); **jó állapotban** in good condition (in
    gud-k"n-**di**-s"n)

állapotos pregnant (**preg**-n"nt)

állás *(foglalkozás)* job (dzsåb)

állat animal (**e**-ni-m"l)

állatkert zoo (zú)

állj stop (sztåp)

állni to stand - stood (tu sztend - sztud)

állni ...-ből to consist of ... (tu k"n-**sziszt** åv)

állomás station (szté-s"n)

alma apple (**e**-p"l)

álmos sleepy (szlí-pi)

30

alsó lower (ló-"r)

alsónadrág underpants (ån-d"r-pentsz)

alsónemű underwear (ån-d"r-w<u>ee</u>r)

általában usually (j<u>ú</u>-zsu-"l-li)

általános general (dzse-ne-r"l)

általános iskola general school (dzse-ne-r"l-szkúl)

altató *(szer)* sleeping pill (szl<u>í</u>-ping-pill)

aludni to sleep - slept (tu szl<u>í</u>p - szlept)

aluljáró *(US)* underpass (ån-d"r-p<u>ee</u>sz)

alvás sleep (szl<u>í</u>p)

amely which (wics)

Amerika America (E-me-ri-kå)

amerikai American (A-me-ri-k"n)

ami what (hwåt)

a mi ...-nk our (<u>aor</u>)

amíg as long as (ez-lång ez)

amikor when (hwen)

amint lehet as soon as possible (ez-szún-ez på-szi-b"l)

ananász pineapple (p<u>á</u>jn-e-p"l)

Anglia Great Britain (grét bri-t"n)

angol *(mn)* English (ing-lis); **angolul** in English (in-ing-lish)

antikvárium second hand bookstore (sze-k"nd-hend buk-sztór)

anya mother (må-d'ör)

anyag material (me-t<u>í</u>-ri-"l)

anyja neve your mother's name (jor-må-d'örz-ném)

annyi that much (d'et-måcs)

annyira so much (szó-macs)

anyós mother-in-law (må-d'ör-in-ló)

apa father (få-d'ör)

ápolónő nurse (nörsz)

após father-in-law (f<u>á</u>-d'ör-in-ló)

április April (<u>é</u>p-ril)

aprópénz change *(money)* (cséndzs-må-ni); **Nincs aprópénzem** I have no change. (áj-hev nó-cséndzs)

ár price (prájsz); **Mi az ára?** What's the price? (wåc-d" prájsz)

arany gold (góld)

arc face (fész)

arcvíz lotion (ló-s"n)

árnyék shadow (se-**dó**)

Arra! That way! (**d'et** wéj)

áru goods (gudz)

áruház department store (di-**párt**-ment sztór)

ásványvíz mineral water (**mi**-ne-r"l **wó**-t"r)

asszony woman - women (**wu**-men - **wi**-men)

asszonyom madam (**me**-d"m)

asztal table (**té**-b"l)

asztali tenisz table tennis (**té**-b"l **te**-nisz)

átadni *(konkrét)* to hand over (tu hend **ó**-v"r)

a te ....-d your (jor)

a ti ...-tek your (jor)

átjönni to come over - came over (tu kåm-**ó**-v"r - kém-**ó**-v"r)

átlag average (**e**-v"-ridzs); **átlagosan** in an average (in-en-**ev**-ridzs)

Atlanti-óceán Atlantic Ocean (et-**len**-tik ó-s"n)

átöltözni to change clothes (tu cséndzs klódz); **Át kell öltöznöm.** I
    have to change. (áj **hev**-tu-**cséndzs**)

átszállni to change (tu cséndzs); Hol kell **átszállnom** ... felé? Where do
    I have to change to ... ? (**Wer**-dú-áj **hev**-tu cséndzs tu...?)

Átutazóban vagyok. I am in transit. (áj-em-in **tren**-zit)

átutazó vízum transit visa (**tren**-zit **ví**-zå)

átváltani pénzt to change money (tu cséndzs **må**-ni)

augusztus August (**ó**-g"szt)

ausztráliai Australian (ósz-**tré**-li-"n)

Ausztrália Australia (ósz-**tré**-li-å)

Ausztria Austria (**ószt**-ri-å)

autó car (kár)

autót vezetni to drive - drove (tu drájv - dróv); **Tud autót vezetni?** Do
    you drive? (du-ju **drájv**)

autógumi tire (**tá**-j"r)

autójavító car repair (kår-ri-**peer**)

autókölcsönzés rent-a-car service (**ren**-te-kár-ször-visz)

automata slot-machine (**szlåt**-må-**sín**)

autópálya highway (**háj**-wéj)

autóstoppal utazni to hitchhike (tu **hics**-hájk)

autószerelő car mechanic (kår-me-**ká**-nik)

autótérkép road-map (**ród**-mep)
az a ... that ... (d'et)
az én ...-m my (máj)
az ő ...-je *(férfié)* his ...; *(nőé)* her ...
azok those (d'óz)
azonban however (<u>håu</u>-**e**-v"r)
azonnal at once (et **wånsz**)
azonnal jövök back soon (bek szún)
azonos identical (áj-**den**-ti-k"l)
azóta since then (szinsz-**d'en**)
azután afterwards (áf-t"r-w"rdz)
Ázsia Asia (**é**-så)

B

-ba/-be into (**in-tu**)
bab bean (bín)
baba *(játék)* doll (dål)
baj trouble (**trå**-b"l); **Mi a baj?** What's the matter/trouble? (**wåc**-d"
    me-t"r/**trå**-b"l); **Bajban vagyok.** I am in trouble. (**áj**-em-in
    trå-b"l); **Nem baj!** It doesn't matter! (it-**då**-z"nt me-t"r)
bajusz moustache (**måsz**-tås)
bal left (left); **bal oldalon** on the left side (ån-d" **left**-szájd)
baleset accident (**ek**-szi-d"nt)
balra to the left (tu-d"-**left**)
-ban/-ben in (in)
banán banana (bå-**ná**-nå)
bánat sorrow (**szå**-ró)
bank bank (benk)
bankjegy banknote (**benk**-nót)
bár *(ksz)* though (d'ó)
barack apricot (**ép**-ri-kåt)
bárány lamb (l<u>ee</u>m)
barát/barátnő friend (frend)
barátság friendship (**frend**-sip)
barátságos friendly (**frend**-li)
barátságot kötni to make friends (tu mék frendz)
barátságtalan unfriendly (**ån**-frend-li)
bárhogyan anyhow (**e**-ni-hau)
bárhol anywhere (**e**-ni-w<u>ee</u>r)
bárki(t) anybody (**e**-ni-bå-di)
bármi(t) anything (**e**-ni-t'ing)
bármikor at any time (et-**eni tájm**)
barna brown (br<u>au</u>n)
Bécs Vienna (vi-**e**-nå)
becsomagolni to wrap in (tu **rep**-in)
becsukni to close (tu klóz)
becsületes honest (**å**-neszt)
beengedni to let in - let in (tu **let** in)
beépített built in (**bilt**-in)

befejezni to finish (tu **fi**-nis)

befejeződni to finish (tu **fi**-nis)

behajtani tilos Do not enter! (**dú**-nåt **en**-t"r)

behívni to call in (tu **kól**-in)

bejárat entrance (**en**-trensz)

bejelenteni to announce (tu e-**naunsz**)

bejönni to come in - came in (tu **kåm**-in - **kém**-in); **Bejöhetek?** May
   I come in? (**mé**-áj-**kåm**-in)

bekanyarodni to turn (tu **törn**)

bekapcsolni to switch on (tu szwics-**ån**)

béke peace (písz)

beleegyezni to agree (tu e-**grí**)

belépés dijtalan admission free (ed-**mi**-s"n frí)

belépni to enter (tu **en**-t"r)

belépni tilos no admission (**nó**-ed-**mi**-s"n)

belépődíj admission fee (ed-**mi**-s"n **fí**)

belföldi domestic (då-**mesz**-tik)

Belgium Belgium (**bel**-dzs"m)

belseje vminek inside (in-**szájd**)

belső *(mn)* internal (in-**t"r**-n"l)

belül *(hely)* inside (in-szá jd); **egy héten belül** within one week (wi-
   d'**in** wån-**wík**) **fél órán belül** within half an hour (wi-d'**in**
   heef-en-**aur**)

belváros downtown (**daun**-taun)

bélyeg stamp (sztemp)

bemenni to go in - went in (tu **gó**-in - **went** in)

bemutatni to introduce (tu in-tro-**djúsz**); **Szeretnék bemutatkozni.**
   I'd like to introduce myself. (ájd-**lájk**-tu int-ro-**djúsz**-máj-
   szelf); **Bemutatom X urat.** May I introduce Mr. X? (mé-aj
   in-tro-**djúsz** Mr. X)

benn inside (in-**szájd**)

benzin gas(oline) (**geesz**-o-lín); *(GB)* petrol (pet-r"l)

benzinkút gas/petrol station (**geesz/pet**-r"l **szté**-s"n)

benyomás impression (im-**pres**-s"n)

bér salary (**sze**-l"-ri)

bérelni *(bérbe venni)* to hire (tu **há**-j"r)

bérletjegy season ticket (**szí**-z"n-**ti**-k"t)

beszállni 1. *(vonat)* to get on (tu get-**ån**); 2. *(repülő)* to board (to bórd)

beszállókártya boarding card (**bór**-ding-kárd)

beszélni to speak (tu szpík); **Beszél magyarul/németül?** Do you speak Hungarian/German? (du-ju-**szpík** hån-ge-ri-"n/**dzsör**-men); **Beszélhetek X úrral?** May I speak to Mr. X? (mé-áj-szpík-tu miszter X); **Ki beszél?** Who is speaking, please? (**hú**-iz-szpí-king plíz); **Itt ... beszél.** ... is speaking. (iz-**szpí**-king)

beszélgetni to chat (tu cset)

beszélgetés conversation (k"n-ver-**zé**-s"n)

beszélni to speak - spoke (tu szpík - szpók)

beteg sick (szik); **Nagyon betegnek érzem magam.** I feel very ill. (áj-**fíl** ve-ri-**ill.**)

betegség sickness (**szik**-nesz)

betű letter (**le**-t"r)

betűzni to spell (tu szpel); **Betűzze a nevét!** Spell your name! (**szpel**-jor-**ném**)

beutazó vízum entry visa (**ent**-ri-**ví**-zå)

beváltani csekket to cash in a check (tu **kes**-in-e-**csek**)

bezárni *(kulccsal)* to lock up (tu **låk**-åp)

bicikli bicycle (**báj**-szi-k"l)

bicska pocket knife (**på**-kit-**nájf**)

birka sheep - sheep (síp)

bírni vmit to have - had (tu hev - hed)

bírság fine (fájn)

bisztró snack-bar (**sznek**-bár)

bízni vkiben to trust *(+tárgyeset)* (tu trászt)

bizomány áruház second hand store (**sze**-k"nd-**hend** sztór)

bizonyára probably (**prå**-beb-li)

bizonyítani to prove (tu prúv)

bizonyos certain (**ször**-t"n)

biztonsági öv safety belt (**széf**-ti-belt)

biztos sure (súr); **Biztos vagyok.** I am sure. (**áj**-em **súr**)

biztosítani *(vkit)* to assure (tu e-**súr**)

biztosítás insurance (in-**sú**-rensz)

biztosító társaság insurance company (in-**sú**-rensz **k"m**-pe-ni)

biztosítótű safety pin (**széf**-ti-**pin**)

blúz blouse (bl<u>au</u>z)

Bocsánat(!) I'm sorry(!) (ájm-**szår**-ri); **Bocsánat a késésért!** I'm sorry for being late. (ájm-szå-ri for-**bí**-ing-**lét**)

Bocsánat *(uram)* Excuse me (sir) (eksz-**kjúz**-mí szőr)

boka ankle (**en**-k"l)

bokor bush (bus)

-ból/-ből out of ... (<u>åut</u>-åv)

boldog happy (**he**-pi); **Boldog születésnapot!** Happy birthday to you! (**he**-pi-**bört'**-déj tu-**jú**); **Boldog ünnepeket!** Happy holiday! (**he**-pi **hå**-li-déj)

bolgár Bulgarian (bål-**gé**-ri-"n)

bolt *(US)* store (sztór), *(GB)* shop (såp)

bonyolult complicated (k"m-pli-**ké**-tid)

bor wine (wájn)

borbély barber (**bár**-ber)

borda rib (rib)

boríték envelope (**en**-ve-lop)

borjú calf (k<u>ee</u>f), *(GB)*(káf)

borjúhús veal (víl)

borjúszelet veal cutlet (**víl-kåt**-let)

borotva razor (**ré**-zor)

borotvahab shaving foam (**sé**-ving-**fóm**)

borotvakrém shaving cream (**sé**-ving-**krím**)

borotválkozás shave (sév); **Meg kell borotválkoznom.** I need a shave. (áj-**níd**-e **sév**)

borotvapenge razor blade (**ré**-zor-**bléd**)

borozó wine bar (**wájn**-bár)

borravaló tip (tip)

bors pepper (**pe**-p"r)

borsó peas (píz)

borús *(idő)* cloudy (kl<u>åu</u>-di)

bő loose (lúz)

bőr 1. *(élő)* skin (szkin); 2. *(anyag)* leather (**le**-d'ör)

bőrönd suitcase (**szjút**-kéz)

börtön prison (**pri**-z"n)

búcsú farewell (**fer**-well)

búcsúzni to say goodbye (tu **széj** gud-**báj**)
bugyi panties (**pen**-tiz)
Bulgária Bulgaria (bål-**gé**-ri-å)
bunda furcoat (**för**-kót)
busz bus (båsz)
bútor furniture (**för**-ni-cs"r)
büfé snack-bar (**sznek**-bár)
büntetés punishment (**på**-nis-ment)
bűntett crime (krájm)
büszke proud (pr<u>au</u>d)

cég company (**k"m**-pe-ni)
cékla red beet (**red**-bít)
cél aim (ém)
ceruza pencil (**pen**-szil)
cigány gypsy (**dzsip**-szi)
cigaretta cigarette (**szi**-gå-ret)
cigarettázni to smoke (tu szmók)
cím *(személyé)* address (e-**dresz**); **Adja meg a címét!** Give me your
       address! (**giv**-mí jor-e-**dresz**); *(műé)* title (**táj**-t"l)
címke label (**lé**-b"l)
cipő shoes (súz)
cipzár zip-fastener (zip-**fá**-ze-n"r)
cirkusz circus (**ször**-k"sz)
citrom lemon (**le**-m"n)
comb thigh (t'áj)
csak only (**ón**-li)
csakugyan(?) really(?) (**rí**-li)
család family (**fe**-mi-li)
családi állapot marital status (**me**-ri-t"l szté-t"sz)
családnév family name (**fe**-mi-li-**ném**)
csalódás disappointment (disz-e-**pojnt**-ment)
csapat team (tím)
csapolt sör beer on tap (**bír**-ån-tep); *(GB)* draught beer (**dráft**bír)
csatlakozás connection (k"n-**nek**-s"n)
csatlakozó (légi)járatok connecting flights (k"n-**nek**-ting **flájtsz**)
csatorna channel (**cse**-n"l)
csavarhúzó screw driver (szkrú-**dráj**-v"r)
csecsemő infant (**in**-f"nt)
Csehország Czech Republic (**csek**-ri-**påb**-lik)
csekély slight (szlájt)
csekk check (csek)
csend silence (**száj**-l"nsz)
csendes quiet (**kvá**-jet)
csengetni to ring the bell - rang (tu **ring**-d"-**bell** - reng)

39

csepp drop (dråp)
csere exchange (iksz-**cséndzs**)
cserélni to change (tu cséndzs)
cseresznye cherry (**cse**-ri)
csésze cup (kåp); **egy csésze tea** a cup of tea (e-**kåp**-åv **tí**)
csillag star (sztár)
csinálni to make - made (tu mék - méd)
csinos pretty (**pri**-ti)
csipke lace (lész)
csípő hip (hip)
csípős hot (håt)
csirke chicken (**csi**-k"n)
csoda miracle (**mi**-re-k"l)
csodálatos wonderful (**wán**-d"r-ful)
csodálkozni to marvel (tu **már**-v"l)
csók kiss (kissz)
csokoládé chocolate (**cså**-kå-let)
csókolni to kiss (tu kissz); **Csókolj meg!** Kiss me! (**kissz**- mí)
csokor bouquet (bu-**ké**)
csomag 1. *(postai)* parcel (**pår**-sz"l); 2. *(úti)* baggage (**be**-gidzs)
egy csomag cigaretta a pack of cigarettes (e-**pek**-åv **szi**-gå-retsz)
csomagfeladás parcels (**pår**-szelz)
csomagmegőrző left luggage (**left lå**-gidzs)
csomagolópapír wrapping paper (re-ping-**pé**-p"r)
csomagtartó *(autóban) (GB)* boot (bút); *(US)* trunk (trånk)
csónak boat (bót)
csont bone (bón)
csoport group (grup)
csökkenés decrease (di-**kríz**)
csökkenteni to reduce (tu ri-**djúsz**)
csúcsforgalon rush hours (**rås**-<u>aurz</u>)
csúszni to slip (tu szlip)
csütörtök Thursday (**t'örz**-déj)
cukor sugar (**sú**-g"r); **Cukorral vagy anélkül?** With or without
    sugar? (**wid'** or wi-**d'**<u>aut</u> **sú**-g"r)
cukorbeteg diabetic (**dá**-j"-be-tik)

cukorka candy (**ken**-di)
cukrászda confectionary (k"n-**fek**-s"-ne-ri)

D

dagadt swollen (**szwó**-l"n)

dal song (száng)

dán Danish (**dé**-nis)

Dánia Denmark (**den**-márk)

darab piece (písz); **2 darab sütemény** 2 pieces of cake (tú **pí**-sz"z-åv kék); **egy darab [papír]** a piece of [paper] (e-**písz**-åv pép"r); [1 dollár] **darabja** [one dollar] a piece (wån **dål**-l"r e-**písz**)

datolya date (dét)

dátum date (dét)

de but (båt)

december December (di-**szem**-b"r)

defekt flat tire/tyre (flet-**tá**-j"r); **Defektem van.** I have a flat tire. (áj hev-e **flet**-tá-j"r)

Dehogyis! By no means! (báj **nó**-mínz)

dél 1. *(napszak)* noon (nún); 2. *(égtáj)* South (sz**åut'**)

délben at noon (et-**nún**)

Dél-Amerika South America (sz**åut'**-å-me-ri-kå)

délelőtt *(hsz.)* in the morning (in-d" **mór**-ning); **ma délelőtt** this morning (d'isz **mór**-ning)

déli southern (sz**å**-d"rn)

délkelet Southeast (SE) (sz**åut'**-íszt)

délnyugat Southwest (SW) (sz**åut'**-weszt)

délután *(hsz.)* in the afternoon (in-d'i **áf**-t"r-nún); **ma délután** this afternoon (**d'isz áf**-t"r-nún); **tegnap délután** last afternoon (**lászt áf**-t"r-nún)

demokratikus democratic (di-**mok**-rå-tik)

derék *(fn)* waist (wészt)

derékbőség waist-line (**wészt**-lájn)

derült *(ég)* clear (klír)

desszert dessert (di-**zört**)

deviza foreign currency (**få**-rin **kör**-ren-szi)

dia slide, transparency (szlájd, **trånsz**-på-ren-szi)

diák student (**sztjú**-dent)

42

diákszálló students' hostel (**sztjú**-dentsz **hász**-tel)

dícsérni to praise (tu préz)

dicsőség glory (**glo**-ri)

diéta diet (**dá**-jet); **Diétázom.** I am on a diet. (**áj**-em ån-e-**dá**-jet)

díjtalanul free of charge (**frí**-åv csárdzs)

dinnye melon (**me**-l"n)

dió walnut (**wól**-nåt)

diploma diploma (dip-**ló**-må)

disznó pig (pig)

disznóhús pork (pork)

divat fashion (**fe**-s"n)

divatos fashionable (**fe**-s"n-e-b"l)

dobni to throw - threw (tu t'ró - t'rú)

doboz box (båksz)

dohány tobacco (to-**be**-kó)

dohánybolt tobacconist (to-**be**-ko-nist)

dohányozni to smoke (tu szmók); **Dohányzik?** Do you smoke? (du-ju-**szmók**); **Dohányozni tilos** No smoking (**nó szmó**-king)

doktor doctor (**dåk**-t"r); **Doktor úr!** Doctor! (**dåk**-t"r)

dolgozni to work (tu wörk)

dolog thing (t'ing)

domb hill (hill)

döntés decision (de-**szí**-zs"n)

drága expensive (iksz-**pen**-sziv)

Drágám darling (**dár**-ling)

drogéria drugstore (**dråg**-sztór)

dugó cork (kork)

dugóhúzó corkscrew (**kork**-szkrú)

Duna Danube (**den**-jub)

duplaágy twin bed (**twin**-bed)

durva rough (råf)

dühös mad (med), furious (**fjú**-ri-"sz)

dzsem jam (dzsem)

E

ebéd lunch (láncs)
ebédelni to dine (tu dájn)
ebédidő lunch time (**láncs**-tájm)
ebédlő dining room (**dáj**-ning-rúm)
ébren awake (e-**wék**)
ébresztőóra alarm clock (á-**lárm**-klák)
ecet vinegar (**vi**-ne-g"r)
ecset brush (brás)
eddig 1. *(hely)* this far (d'isz-fár); 2. *(idő)* so far (szó-fár)
edény vessel (**ve**-sz"l)
édes sweet (szwít)
édességbolt candystore (**ken**-di-sztór)
édesség sweets (szwítsz)
edző coach (kócs)
ég*(bolt)* sky (szkáj)
egész whole (hól)
egész nap all day long (**ól**-déj láng)
egészen jó(l) quite good (**kvájt**-gud)
egészség health (helt')
Egészségére(!) Cheers(!) (csírz)
egészséges healthy (**hel**-t'i)
éghajlat climate (**kláj**-met)
egres gooseberry (**gúz**-ber-ri)
egy one (wán)
egyágyas szoba single room (**szin**-g"l rúm)
egyáltalán nem not at all (nát-et-ól)
egyéb other (**á**-d'ör)
egyébként otherwise (**á**-d'ör-wájz)
egyedül alone (e-**lón**)
egyelőre for the time being (for-d"-**tájm** bí-ing)
egyén individual (in-di-**ví**-dju-"l)
egyenes *(mn)* straight (sztrét); **egyenesen előre** straight forward (sztrét **for**-w"rd); **egyenesen tovább** straight on (sztrét-**án**)
egyéni individual (in-di-**ví**-dju-"l)
egyenként one by one (**wán**-báj-**wán**)

egyenlő equal (**ík**-v"l)

egyenruha uniform (**ju**-ni-form)

egyesek - mások some people - others (szåm-**pí**-p"l - å-d'örz)

egyesíteni to unite (tu ju-**nájt**)

egyesület association (e-**szó**-szi-é-s"n)

Egyesült Államok United States (ju-**náj**-tid sztétsz)

egyetem university (ju-ni-**vör**-szi-ti)

egyetemi hallgató university student (ju-ni-**vör**-szi-ti **sztjú**-d"nt)

egyetérteni to agree (tu e-**grí**); **Egyetért velem?** Do you agree with
    me? (du-ju-e-**grí** wid'-mí)

egyetlen only (**ón**-li)

egyforma uniform (**ju**-ni-form)

egyidejűleg simultaneously (száj-mul-**té**-ni-"sz-li)

egyirányú közlekedés one-way traffic (**wån**-wéj **tre**-fik)

egy kicsit a little (e-**li**-t"l)

egykor once (wånsz)

egymás között among them (e-**mång**-d'em)

egymás mellett side by side (**szájd**-báj-**szájd**)

egymásután one after the other (wån-**áf**-t"r d'i-å-d'ör)

egymást one another (wån-e-**nå**-d'ör)

egy óráig for an hour (for-e-**nau**-"r)

egyre inkább/jobban more and more (**mór**-end mór)

egység unity (**ju**-ni-ti)

egységes uniform (**ju**-ni-form)

egy sem none (nån)

egyszer once (wånsz); **évente egyszer** once a year (**wånsz**-e jír)

egy útra szóló jegy one-way ticket (**wån**-wéj **ti**-kit)

egyszerű simple (**szim**-p"l)

egyszerűen simply (**szim**-pli)

egyszerűsíteni to simplify (tu **szim**-pli-fáj)

egyúttal at the same time (et-d" **szém tájm**)

együtt together (tu-**ge**-d'ör)

együttélés coexistence (ko-eg-zisz-**tensz**)

együttes *(fn)* ensemble (ån-**szåm**-b"l)

együttműködni to cooperate (tu ko-o-pe-rét)

éhes hungry (**hång**-ri); **Éhes vagyok.** I am hungry. (**áj**-em **hång**-ri)

éjfél midnight (**mid**-nájt)

éjjel at night (et-**nájt**)
éjjel-nappal night and day (**nájt**-end-**déj**)
éjjeli mulató night club (**nájt**-klåb)
éjjel-nappal nyitva open round the clock (ó-p"n **raund**-d"-klåk)
éjszaka night (nájt)
éjszakai ügyelet night duty (**nájt**-djú-ti)
ekkora this big (**d'isz**-big)
ékszer jewel (dzsú-"l)
ékszerész jeweller (dzsú-e-l"r)
el *(innen)* away (e-**wéj**)
eladás sale (szél)
eladási ár sale price (**szél**-prájsz)
eladni to sell (tu szel)
eladó *(fn)* shop assistant (såp-**e**-szisz-t"nt)
eladó *(mn)* for sale (for-**szél**)
elágazás junction (**dzsånk**-s"n)
elájult fainted (**fén**-tid)
elakadást jelző háromszög warning triangle (**wór**-ning **tráj**-en-g"l)
elaludni to fall asleep - fell (tu **fól**-e-**szlíp** - fel)
elbeszélés short story (**sort**-sztori)
elbúcsúzni to say good-bye - said (tu **széj** gud-**báj** - szed)
eldönteni to decide (tu di-**szájd**)
elé in front of (in **frånt**-åv)
elefánt elephant (**e**-le-f"nt)
elefántcsont ivory (**áj**-vö-ri)
elég *(elegendő)* enough (i-**nåf**)
elegáns elegant (**e**-le-g"nt)
elégedett satisfied (**sze**-tisz-fájd)
elegendő sufficient (szåf-**fi**-s"nt)
eléggé rather (**rå**-d'ör)
eleje front (frånt)
elejteni to drop (tu dråp)
élelem food (fúd)
élelmiszerüzlet foodstore (**fúd**-sztór)
elem *(zseblámpa)* battery (**be**-t"-ri)
elengedni to let go (tu let gó); **Engedje el!** Let it go! (**let**-it **gó**)
elérni to reach (tu rícs)

éles sharp (sárp)

elesni to fall - fell (tu fól - fel); **Elestem!** I've had a fall. (ájv-**hed** e-**fól**)

élet life (lájf)

életbiztosítás life insurance (lájf-in-**sú**-r"nsz)

életkor age (édzs)

életmód way of life (**wéj**-áv-lájf)

életrajz curriculum vitae *(C.V.)* (szí-ví)

életszinvonal standard of living (szten-derd-áv **li**-ving)

életveszély danger (**dén**-dzs"r)

eleven lively (**lájv**-li)

elfáradni to get tired - got (tu get-**tá**-j"rd - gåt); **Elfáradtam.** I am tired. (**áj**-em **tá**-j"rd)

elfelejteni to forget - forgot (tu for-**get** - for-**gåt**); **Elfelejtettem mondani ...** I forgot to tell ... (áj-for-**gåt** tu-**tell**); **Ne felejtse el!** Don't forget! (**dont**-for-**get**)

elfogadható acceptable (ek-**szept**-te-b"l)

elfogadni to accept (tu ek-**szept**)

elfoglalt busy (**bi**-zi)

elfogyasztani to consume (tu k"n-**szjúm**)

Elfogyott a ... I ran out of ... (áj-**ren** <u>aut</u>-åv)

elhagyni to leave - left (tu lív - left)

elhalasztani to postpone (tu poszt-**pón**)

elhasználni to use up (tu **júz** åp)

elindulni to start (tu sztárt)

elintézni to settle (tu **sze**-t"l)

elismervény receipt (ri-**szít**)

eljutni vhová to get to - got (tu get tu - gåt); **Hogyan jutok el ...-ba?** How can I get to ...? (**hau**-ken-áj **get**-tu)

elképzelni to imagine (tu i-**me**-dzsin); **Képzelje el!** Imagine! (i-**me**-dzsin)

elkésni to be late - was late (tu bí-**lét** - woz **lét**)

elkészíteni to prepare (tu pri-**peer**)

elkészülni to get ready - got (tu get-**re**-di - gåt)

elkezdeni to begin - began (tu bi-**gin** - bi-**gen**)

elkísérni to accompany (tu-e-**k"m**-pe-ni)

elküldeni to send off - sent off (tu **szend**-åff - **szent**-åff)

ellátás board (bord); **teljes ellátás** full board (ful bord)
ellátni to provide (tu pro-**vájd**)
... ellen against ... (e-**génszt**)
ellenezni to object (tu åb-**dzsekt**)
ellenkező esetben otherwise (å-d'ör-**wájz**)
ellenkező irányban in the opposite direction (in-d'i **åp**-po-zit di-**rek**-s"n)
ellenkezőleg on the contrary (ån-d" **k"n**-trå-ri)
ellenőrizni to control (k"n-**tról**)
ellenőrzés control (k"n-**tról**)
ellenséges hostile (**hosz**-tájl)
ellenszenv antipathy (**en**-ti-p"-t'i)
ellenszenves antipathetic (**en**-ti-p"-t'e-tik)
ellentét conflict (**k"n**-flikt)
ellopták [a pénzem] [my money] was stolen (máj-**må**-ni woz **sztó**-l"n)
elmélet theory (**t'i**-o-ri)
elmenni to go away - went away (tu **gó**-e-wéj - **went** e-wéj)
élmény adventure (ed-**ven**-csör)
elmesélni to tell - told (tu **tell** - **töld**)
elmúlni to pass (tu **pász**)
elnézést excuse me(!) (eksz-**kjúz**-mí); **Elnézést a zavarásért!** Sorry to disturb you! (**så**-ri tu-disz-**törb**-jú); **Elnézést kell kérnem.** I have to apologize. (áj-**hev**-tu e-**på**-lo-dzsájz)
élni to live (tu **live**)
elnök president (**pre**-zi-d"nt)
eloltani (a villanyt) to switch off (the light) (tu **szwics**-åff d"-**lájt**)
élő live (**lájv**)
előadás *(szinházi)* performance (pör-**for**-m"nsz)
előbb earlier (**ör**-li-"r)
előbb - utóbb sooner or later (**szú**-n"r-or **lé**-t"r)
előétel appetizer (e-**p"**-táj-z"r)
előhívni *(fotót)* to develop (tu di-**ve**-låp)
elöl in front (in **frånt**)
előny advantage (ed-**ven**-tidzs)
előnyben részesíteni to prefer (tu pri-**för**)

előre 1. *(térben)* forward (**for**-w"rd); 2. *(időben)* in advance (in-ed-**v"nsz**); **Előre is köszönöm!** Thank you in advance! (**t'enk**-ju in-ed-**v"nsz**)

előre-nem-látott unforseen (**ån**-for-szín)

először for the first time (**for**-d" förszt-tájm)

előtt 1. *(hely)* in front of ... (in **frånt**-åv) 2. *(idő)* before (bi-**fór**)

előváros suburb (**szå**-börb)

elővétel advance booking (ed-**v"nsz** bu-king)

előzni to overtake (tu ó-v"r-**ték**); **Előzni tilos!** No overtaking! (nó ó-v"r-té-king)

előző previous (**prí**-vi-"sz)

elromlott out of order (<u>aut</u>-åv **or**-d"r)

első first (**förszt**)

első osztály(ú) first class (**förszt**-klász)

elso segély first aid (**förszt**-éd)

elsőbbségadás right of way (**rájt**-åv-**wéj**)

első ízben for the first time (**for**-d" **förszt**-tájm)

eltelni *(idő)* to pass (tu pász)

eltévedni to get lost - got (tu get-**låszt**); **Eltévedtem!** I lost my way! (áj-**låszt** máj-**wéj**)

eltéveszteni to miss (tu misz)

eltölteni *(időt)* to spend - spent (tu szpend - szpent)

eltörni *(vt+vi)* to break - broke (tu brék - brók)

eltűnni to disappear (tu disz-e-**pír**)

elütni *(járművel)* to hit - hit (tu hit)

elv principle (**prin**-szi-p"l)

elvált divorced (di-**vorszd**)

elvenni to take away - took away (tu **ték**-e-wéj - tuk e-wéj)

elveszíteni to lose - lost (tu lúz - låszt); **Elvesztettem az útlevelemet.** I lost my passport. (áj-**låszt** máj-**pász**-port); **Elveszett a poggyász.** My luggage is lost. (máj-**lå**-gidzs iz-**låszt**)

elvileg in principle (in-**prin**-szi-p"l)

ember man (men)

emberek *(általában)* people (**pí**-p"l)

49

emelet floor (flór); **[5] emeletes épület** [five] story building (**fájv**-szto-ri **bil**-ding)

emellett besides (bi-**szájdsz**)

emlék(ezet) memory (**me**-m"-ri)

emlékezni to remember (tu ri-**mem**-b"r)

emlékeztetni to remind (tu ri-**májnd**)

emlékmű monument (**mån**-ju-ment)

emléktárgy souvenir (**szú**-vö-nir)

említeni to mention (tu **men**-s"n)

én I (áj); **Én vagyok!** It's me! (itsz **mí**)

ének song (szång)

énekelni to sing - sang (tu szing - szeng)

énekes(nő) singer (**szin**-g"r)

engedély permission (pör-**mis**-s"n)

engedélyezni to permit (tu pör-**mit**)

engedmény discount (**disz**-k<u>au</u>nt)

engedni to let - let (tu let)

engem me (mí)

enni to eat - ate (to ít - ét)

ennivaló something to eat (**szåm**-t'ing tu-**ít**); **Van valami ennivalód?** Have you got something to eat? (hev-jú-**gåt** **szåm**-t'ing tu-**ít**)

enyém mine (májn); **Ez az enyém!** This is mine! (**d'isz**-iz **májn**)

Ennyi az egész! That is all! (**d'et**-iz **ól**)

epe gall (gól)

epekő gall stone (**gól**-sztón)

eper strawberry (**sztró**-be-ri)

építeni to build - built (tu bild - bilt)

éppen just (dzsåszt)

épület building (bil-ding)

érdekelve lenni to be interested (tu bí in-t"r-esz-tid); **Nem érdekel!** I'm not interested. (Ájm-**nåt** in-t"r-**esz**-tid)

érdekes interesting (in-t"r-**esz**-ting)

érdeklődni to inquire (tu in-**kvá**-j"r); **Szeretnék érdeklődni ...** I'd like to inquire ... (ájd-**lájk**-tu in-**kvá**-j"r)

érdemes worthwhile (**wört'**-wájl)

erdő forest (**få**-reszt)

50

eredetileg originally (o-**rí**-dzsi-ne-li)
eredmény 1. *(általában)* result (ri-**zált**) 2. *(sport)* score (szkór)
érett ripe (rájp)
érezni to feel - felt (tu fíl - felt); **Nem érzem jól magam.** I feel ill.
    (**áj**-**fíl ill**)
érinteni to touch (tu tåcs)
erkély balcony (**b"l**-ko-ni)
érkezés arrival (er-**ráj**-v"l)
érkező vonatok/repülők arrival (er-**ráj**-v"l)
érme coin (kojn)
érni vmit to be worth (tu bí wört'); **Nem ér semmit!** It's worth
    nothing. (itsz-**wört' nå**-t'ing)
ernyő umbrella (åm-**bre**-lå)
erő *(testi)* strength (sztrengt')
erőleves consommé (**kån**-sz"-mé)
erős strong (sztrång)
erőszak(kal) (by) force (báj-**forsz**)
erre this way (**d'isz**-wéj)
erszény purse (pörsz)
-ért for... (for)
érték value (**vel**-jú)
értékcikkárusítás stamps (sztempsz), letters (**le**-törz)
értékes valuable (**vel**-ju-e-b"l)
értekezlet conference (**k"n**-fe-rensz)
értéktárgyak valuables (**vel**-jú-e-b"lz)
értéktelen worthless (**wört'**-lesz)
érteni to understand - understood (tu ån-dör-**sztend** - sztud); **Ért**
    engem? Can you understand me? (**ken**-jú ån-dör-**sztend**-mí)
érvényes valid (**ve**-lid)
érvényesség validity (ve-**li**-di-ti)
érzelem emotion (i-**mó**-s"n)
érzelmes emotional (i-**mó**-s"-nel)
érzés feeling (**fí**-ling)
és and (end)
esély chance (csensz)
esemény event (i-**vent**)
esernyő umbrella (åm-**bre**-lå)

eset case (kész); **Abban az esetben, ha ...** In case ... (in-**kész**)

esetleg perhaps (pör-**hepsz**)

esküvő wedding (**we**-ding)

esni *(eső)* to rain (tu rén); **Esik az eső.** It's raining. (itsz-**ré**-ning)

eső rain (rén)

esőkabát raincoat (**rén**-kót)

esős rainy (**ré**-ni)

est evening (**ív**-ning); **este** *(hat)* in the evening (in-d'i **ív**-ning); **ma este** this evening (**d'isz-ív**-ning); **tegnap este** last night (**lászt**-nájt); **este [8]-kor** at [8]o'clock in the evening (et-**ét**-"-**klåk** in-d'i-**ív**-ning)

észak North (nort')

Észak-Amerika North America (**nort'** å-me-ri-kå)

északi northern (**nor**-d'ern)

eszembe jutott... it occurred to me... (it-ok-**körd** tu-mí); **Nem jut eszembe** I cannot remember. (áj-ken-nåt- ri-**mem**-b"r)

eszméletlen unconscious (ån-**kån**-shsz)

eszpresszó coffee bar (kå-fí-**bár**)

észrevenni to notice (tu **nó**-tisz)

ésszerű reasonable (**rí**-zo-ne-b"l)

Észtország Estonia (esz-**tó**-ni-å)

étel food (fúd)

étkezés meal (míl)

étkezés előtt/után before/after meal (bi-**fór/áf**-tör míl)

étkezőkocsi dining car (**dáj**-ning-kár)

étlap menu (**men**-jú)

étterem restaurant (**resz**-to-rånt)

ettől fogva/kezdve from this time on (fråm **d'isz**-tájm **ån**)

étvágy appetite (**e-p"**-tájt)

Európa Europe (**ju**-rop)

európai European (ju-ro-**pí**-en)

év year (jír)

evangélikus Lutheran (**lu**-d'e-r"n)

évekig for years (for-**jírz**)

évenként year by year (**jír**-báj **jír**)

... éves korában at the age of ... (et-d'i-**édzs**-åv)

... éves vagyok I am ... years old. (**áj**-em ... **jírz**-óld)

52

évforduló anniversary (e-ni-**vör**-sz"-ri)
évi annual (**en**-ju-el)
evőkanál tablespoon (**té**-b"l-**szpún**)
évről-évre year by year (**jír**-báj-**jír**)
évszak season (**szí**-z"n)
évszázad century (**szen**-csö-ri)
expressz levél *(US)* special delivery (**szpe**-s"l de-**li**-ve-ri); *(GB)*
    express letter (**eksz**-presz **le**-t"r)
ez a ... this (d'isz); **Ez az!** That's it! (**d'etsz**-it) **Ez előtt a ház előtt** in
    front of this house (in **frånt**-åv **d'isz**-h<u>au</u>sz)
ezek these (d'íz)
[... héttel/évvel] ezelőtt ... weeks/years ago (wíksz/**jírz**-e-gó)
ezenkívül besides (bi-**szájdsz**)
ezentúl from this time on (fråm-**d'isz**-tájm **ån**)
ezer thousand (**t'<u>au</u>**-zend)
ezért for this reason (for-**d'isz** rí-z"n)
ezúttal this time (**d'isz**-tájm)
ezüst silver (**szil**-v"r)

fa 1. *(élő)* tree (trí); 2. *(anyag)* wood (wud)
fácán pheasant (**fe**-z"nt)
fagy frost (fråszt)
fagyálló folyadék anti-freeze mixture (en-táj-**fríz miksz**-csör)
fagyasztott élelmiszer frozen food (**fró**-z"n-**fúd**)
fagylalt ice cream (**ájsz**-krím)
fagyni to freeze - froze (tu fríz - fróz)
fájdalmas painful (**pén**-ful)
fájdalom pain (pén)
fájdalomcsillapító pain killer (**pén-ki**-l"r)
fájni to ache (tu ék)
fajta kind (kájnd)
fal wall (wól)
falat bite (bájt)
falatozó snack-bar (**sznek**-bár)
falevél leaf (líf)
falu village (**vi**-lidzs)
fánk doughnut (**dó**-nåt)
fantasztikus fantastic (fen-**tesz**-tik)
fáradság trouble (**trå**-b"l)
fáradt tired (tá-j"rd)
fáradtság tiredness (**tá**-j"rd-nesz)
fárasztó tiring (**tá**-j"-ring)
farkas wolf (wulf)
farmernadrág blue jeans (**blú**-dzsínsz)
fázni to be cold (tu bí **kóld**); **Fázom.** I am cold. (**áj**-em **kóld**)
február February (**feb**-ru-"-ri)
fedél cover (**kå**-v"r)
fedett covered (**kå**-v"rd)
fegyver weapon (**we**-p"n)
fehér white (wájt)
fej head (hed)
fejfájás headache (**hed**-ék)
fejhallgató earphone (**ír**-fón)

fejleszteni to develop (tu di-**ve**-låp)
fejlődés development (di-ve-**låp**-ment)
fejlődni to develop (tu di-**ve**-låp)
fék brake (brék)
fekete black (blek)
feketebors black pepper (blek pe-p"r)
fekete-fehér black-and-white (B/W) (**blek**-end-**wájt**)
Fekete-tenger Black Sea (blek szí)
fékezni to brake (tu brék)
fektetni to lay (tu léj)
feküdni to lie - lay (tu láj - léj)
fél half (h<u>ee</u>f), (*GB*: háf); ... **első felében** in the first half of ... (in-d"
          förszt-**h<u>ee</u>f**-åv/**háf**-åv)
fél óra múlva in half an hour (in **h<u>ee</u>f**-en **aur**);
fél [5]-kor at half past [4] (at **h<u>ee</u>f**-pászt **fór**)
feladat task (tászk)
feladni *(levelet)* to mail (tu mél)
felállni to stand up - stood up (tu sztend-**åp** - sztud-**åp**)
félbeszakítani to interrupt (tu in-tör-**råpt**)
felé towards (**to**-"rdz)
felébredni/felébreszteni to wake up - woke up (tu **wék**-åp - **wók**-
          åp); **Legyen szíves felébreszteni [7]-kor?** Will you wake me
          up at [7]? (**wil**-jú **wék**-mí-åp et-**sze**-v"n?)
féládes semi-sweet (**szí**-mi-szvít)
felelet answer (**án**-sz"r)
felelni to answer (tu **án**-sz"r)
felelősség responsibility (risz-pån-szi-**bi**-li-ti)
felemelni to lift (tu lift)
feleség wife (wájf)
feleségül venni to marry (tu **me**-ri)
felesleges *(szükségtelen)* unnecessary (án-**ne**-sze-sz"-ri)
felett above (e-**båv**)
félfogadás business hours (biz-nisz-**aurz**)
felgyújtani *(villanyt)* to switch on the light (tu szwics-ån d"-**lájt**)
felhasználni to use up (tu **júz**-åp)
felhívni *(telefonon)* to call up (tu **kól**-åp)
felhő cloud (kl<u>au</u>d)

felhőkarcoló skyscraper (**szkáj**-szkré-p"r)

felhős cloudy (**klau**-di)

félidő half-time (**heef**-tájm), (*GB*: **háf**-tájm)

felirat inscription (in-**szkrip**-s"n)

feljebb higher (**há**-j"r)

felkelni *(ágyból)* to get up - got up (tu **get**-åp - **gåt**-åp)

felkeresni to call on (tu **kól**-ån)

félni to be afraid (tu **bí**-e-**fréd**); **Ne félj!** Don't be afraid! (**dont**-bí-e-
fréd)

felnőtt grown-up (**grón**-åp)

felöltő overcoat (ó-v"r-**kót**)

felöltözni to dress (tu **dresz**)

felpróbálni to try on (tu **tráj**-ån); **Felpróbálhatom?** May I try it on?
(**méj**-áj **tráj**-it-ån)

félreérteni to misunderstand—stood (tu miz-**ån**-dör-sztend -sztud)

félreértés misunderstanding (miz-ån-dör-**szten**-ding)

félrevezető misleading (**misz**-lí-ding)

felső upper (**å**-p"r)

felsőkabát overcoat (ó-v"r-**kót**)

felszállni 1. *(járműre)* to get on - got on (get - got ån) 2. *(repülő)* to
take off - took off (ték - tuk åff)

félszáraz semi-dry (**szí**-mi-dráj)

félsziget peninsula (pe-**nin**-szu-lå)

felszín surface (**ször**-f"sz)

feltétel condition (k"n-**di**-s"n); **azzal a feltétellel** under the condition
(**ån**-dör-d" k"n-**di**-s"n)

feltéve *(hogy)* provided (that) (pro-**váj**-did **d'et**)

felül above (e-**båv**)

felület surface (**ször**-f"sz)

felüljáró overpass (ó-v"r-**pász**)

felülről from above (**fråm**-e-**båv**)

felvágott cold cuts (**kóld**-kåtsz)

felváltani *(pénzt)* to change (money) (tu cséndzs **må**-ni)

felváltva taking turns (**té**-king-**törnz**)

felvenni 1. *(ruhát)* to put on - put (tu **put**-ån); 2. *(földről)* to pick up
(**pik**-åp); 3. *(hangot)* to record (ri-**kord**)

felvétel *(kép/hang)* recording (ri-**kór**-ding)

felvilágosítás information (in-for-**mé**-s"n)

fém metal (**me**-t"l)

fenék bottom (**bå**-t"m); **a ... fenekén** at the bottom of ... (et-d"**bå**-t"m-åv)

fenn above (e-**båv**)

fény light (lájt)

fényes shining (**sáj**-ning)

fénykép photo (**fó**-tó)

fényképezni to photograph (tu **fó**-to-gráf)

fényképezőgép camera (**ke**-me-rå)

fenyő pine (pájn)

férfi man - men (men)

Férfiak Gentlemen, Gents (**dzsent**-"l-men, dzsentsz)

férfidivatáru haberdashery (**há**-b"r-de-s"-rí)

férj husband (**håz**-bend)

férjes/férjezett married (**me**-rid)

férjhez menni to marry (tu **me**-ri)

festék paint (pént)

festmény painting (**pén**-ting)

fésű comb (kóm)

fésülködni to comb (tu kóm)

fia vkinek son (szån)

fiatal young (jång)

figyelni to pay attention (tu **péj**-et-**ten**-s"n)

figyelem attention (e-**ten**-s"n); **Fegyelem, figyelem!** Attention, please! (e-**ten**-s"n **plíz**); **Figyelj(en) ide!** Listen! (**li**-sz"n)

figyelmeztetés warning (**wór**-ning)

film film (film)

finn Finnish (**fi**-nis)

Finnország Finland (**fin**-lend)

finom fine (fájn)

fiókiroda branch office (**brencs å**-fisz)

fiú boy (boj)

fivér brother (**brå**-d'ör)

fizetendő payable (**péj**-e-b"l)

fizetés *(bér)* salary (**sze**-l"-ri)

fizetni to pay (tu péj); **Fizetek!/Fizetni!** The check, please! (d"-**csek**, **plíz**)

Fizetve paid (péjd)

fizikai munka manual work (**men**-ju-"l wörk)

fix firm (förm)

fodrász hairdresser (**heer**-dre-sz"r)

fog tooth - teeth (tút'- tít')

fogás *(étel)* course (korsz)

fogaskerekű vasút cogwheel rail (**kåg**-wíl-rél)

fogfájás toothache (**tút'**-ék)

fogkefe toothbrush (**tút'**-brås)

fogkrém toothpaste (**tút'**-pészt)

foglalkozás occupation (åk-ju-**pé**-s"n)

foglalkozni vmivel to deal with - dealt (tu **díl** wid'- delt)

foglalt reserved (ri-**zörvd**)

fogorvos dentist (**den**-tiszt)

fogpiszkáló toothpick (**tút'**-pik)

fok degree (di-**grí**); **[20]°C** twenty degrees Celsius (**twen**-ti-di-**gríz** **szel**-szi-"sz)

fokhagyma garlic (**gár**-lik)

folyamat process (**prå**-szesz); **folyamatban van** it's in progress (**itsz**-in **prå**-gresz)

folyni to flow (tu fló)

folyó river (**ri**-v"r)

folyópart riverside (**ri**-v"r-**szájd**)

folyosó corridor (**ko**-ri-dór)

folytatni to continue (tu k"n-**tin**-jú)

fontos important (im-**por**-t"nt)

fordítani to turn (tu törn)

fordítás *(szöveg)* translation (trensz-**lé**-s"n)

fordítva the other way round (d'i-å-d'ör-**wéj** **raund**)

fordulni to turn (tu törn); **Forduljon balra/jobbra!** Turn to the left/right (**törn** tu-d"-**left/rájt**)

forgalmas busy (**bi**-zi)

forgalmi dugó traffic jam (**tre**-fik-**dzsem**)

forgalom traffic (**tre**-fik); **forgalom elől elzárva** closed to traffic (**klózd**-tu-**tre**-fik); **forgalomelterelés** detour/diversion (**dí**-túr, dáj-**vör**-zs"n)

forma shape (sép)

forró hot (hát)

fotel easy chair (**í**-zi-**cseer**)

főfogás main course (**mén**-kórsz)

főiskola college (**kå**-lidzs)

főképpen mostly (**mószt**-li)

föld earth (ört'); **a földön** on earth (ån-**ört'**)

földalatti *(fn) (GB)* underground (**ån**-dör-**graund**), *(US)* subway (**szåb**-wéj)

Földközi-tenger Mediterranean Sea (me-di-ter-**ré**-ni-"n **szí**)

földszint ground floor/first floor (**graund**-flór/**förszt** flór)

... fölé above ... (e-**båv**)

főleg mostly (**mószt**-li)

főnök boss (bosz)

főtitkár Secretary General (**szek**-re-t"-ri **dzse**-ne-r"l)

főtt tojás boiled egg (**bojld** eg)

főváros capital (city) (**ke**-pi-t"l **szi**-ti)

főzelék vegetable (**vedzs**-te-b"l)

főzni to cook (tu kuk)

francia French (frencs)

Franciaország France (**freensz**)

friss fresh (fres)

frissen mázolva wet paint (wet pént)

frissítő *(ital)* refreshment (ri-**fres**-ment)

frizura hairdo (**heer**-dú)

fúj a szél the wind is blowing (d" **wind**-iz-**bló**-ing)

furcsa strange (sztréndzs)

futball soccer (**szå**-k"r)

futni to run - ran (tu ran - ren)

fű grass (grász); **Fűre lépni tilos!** Keep off the grass! (**kíp**-åff d" **grász**)

füge fig (fig)

(attól) függ it depends on (it-di-**pendsz** ån)

független independent (in-di-**pen**--d"nt)

59

függetlenül attól regardless (ri-**gárd**-lesz)
függöny curtain (**kör**-t"n)
fül ear(s) (írz)
fülhallgató earphone (**ír**-fón)
fülke *(vasuti)* compartment (k"m-**part**-ment)
fürdeni to bathe (tu béd')
fürdés/fürdő bath *(US)* (b<u>ee</u>t') *(GB)* (bát')
fürdőkád bathtub (b<u>ee</u>t'/**bát'**-tab)
fürdőköpeny bathrobe (b<u>ee</u>t'-rób)
fürdőruha swimming suit (**szwi**-ming-**szjút**)
fürdősapka swimming cap (**szwi**-ming-**kep**)
fürdőszoba bathroom (b<u>ee</u>t'-rúm)
füst smoke (szmók)
füstölt smoked (szmókd)
fűszer spice (szpájsz)
fűszeres *(étel)* spicy (**szpáj**-szi)
fűtés heating (**hí**-ting)
füzet copybook (**kå**-pi-buk)
fűző *(nő̃)* girdle (gör-d"l)

G

galamb pigeon (**pi**-dzs"n)
gallér collar (**kå**-l"r)
galuska noodle (**nú**-d"l)
garancia guarantee (gå-rån-**tí**)
garantálni to guarantee (tu **gå**-rån-tí)
garázs garage (gå-**rádzs**)
gáz gas (<u>gee</u>sz)
gazdag rich (rics)
gazdagság richness (**rics**-nesz)
gazdaság economy (e-**kå**-nå-mi)
gazdasági economic (e-**kå**-nå-mik)
gazdaságos economical (i-kå-**nå**-mi-k"l)
gázpedál accelerator (ek-sze-le-**ré**-t"r)
generáció generation (dzse-ne-**ré**-s"n)
gép machine (m"-**sín**)
gépesítés mechanization (me-kå-náj-**zé**-s"n)
gépírónő typist (**táj**-piszt)
gépkocsi automobile (ó-t"-m"-**bíl**)
gerinc spine (szpájn)
gesztenye chestnut (**cseszt**-nåt)
gimnázium secondary school (**sze**-k"n-de-ri-**szkúl**)
gitár guitar (gi-**tár**)
gólya stork (sztork)
golyóstoll ballpoint pen (**ból**-pojnt pen)
gomb button (**bå**-t"n)
gomba mushroom (**mås**-rúm)
gombóc dumpling (**dåmp**-ling)
gombostű pin (pin)
gondatlanság carelessness (**ker**-lesz-nesz)
gondolat thought (t'ót)
gondolni/gondolkodni to think - thought (tu t'ink - t'ót); **Azt
    gondoltam ...** I thought ... (áj-**t'ót**)
gondos careful (**ker**-ful)
goromba rude (rúd)

61

gömbölyű round (r<u>å</u>und)

görög Greek (grík)

görögdinnye watermelon (**wó**-t"r-**me**-l"n)

Görögország Greece (grísz)

gőz steam (sztím)

Gratulálok! Congratulations! (k"n-grå-tju-**lé**-s"nz)

gumi *(anyag)* rubber (r<u>å</u>-b"r)

gumiabroncs *(US)* tire, *(GB)* tyre (**tá**-j"r)

gurulni to roll (tu ról)

gyakori frequent (**frík**-v"nt)

gyakorlatilag practically (**prek**-ti-k"-li)

gyakorlott experienced (eksz-**pí**-ri-enszd)

gyakorolni to practice (tu **prek**-tisz)

gyakran often (å-f"n)

gyalog menni to walk (tu wók)

gyalogátkelőhely pedestrian crossing (pe-**deszt**-ri-"n **krå**-szing)

gyalogos pedestrian (pe-**deszt**-ri-"n)

gyalogtúra walking tour (**wó**-king-**túr**)

gyanus suspicious (szåsz-**pí**-s"sz)

gyapjú *(fn)* wool (wúl)

gyár factory (**fek**-t"-ri)

gyártani to produce (tu pro-**djúsz**)

gyártmány product (**prå**-dåkt)

gyémánt diamond (**dá**-j"-m"nd)

gyenge week (wík)

gyere ide come here(!) (**kåm**-hír)

gyerünk let's go(!) (letsz-gó)

gyógyfürdő medicinal bath (me-di-szi-n"l-b<u>ee</u>t')

gyógyítani to heal (tu híl)

gyógymód therapy (**t'e**-r"-pi)

gyógyszer medicine (**med**-szin)

gyógyszertár pharmacy (**får**-må-szi)

gyógyulás healing (**hí**-ling)

gyógyvíz medicinal water (me-di-szi-n"l **wó**-t"r)

gyomor stomach (**sztå**-m"k)

gyomorégés heartburn (**hárt**-börn)

gyomorrontás indigestion (in-di-**dzsesz**-s"n)

gyors quick (kvik)

gyorsan quick(ly) (**kvik**-li)

gyorshajtás speeding (**szpí**-ding)

gyönyörű wonderful (**wån**-d"r-ful)

győzni to win (tu win); **Győztem!** I win! (**áj**-win)

győztes winner (**wi**-n"r)

gyufa match (m<u>ee</u>cs)

gyufásskatulya matchbox (**mecs**-båksz)

gyújtógyertya spark-plug (**szpárk**-plåg)

gyulladás inflammation (in-flåm-**mé**-s"n)

gyűjtemény collection (kol-**lek**-s"n)

gyűjteni to collect (tu k"l-**lekt**)

gyűlés meeting (**mí**-ting)

gyümölcs fruit (frút)

gyümölcslé juice (dzsúsz)

gyűrű ring (ring)

H

ha if (if)
háború war (wór)
hacsak nem unless (ån-lesz)
hadsereg army (ár-mi)
Hága The Hague (d"-hég)
hagyma onion (ón-j"n)
hagyni to leave - left (tu lív - left); **Hagyj(on) békén!** Leave me
    alone! (lív-mí-e-lón); **Hagyja!** Leave it! (lív-it)
hagyományos traditional (trå-**di**-s"-n"l)
haj hairs (heerz)
hajadon single (**szin**-g"l)
hajkefe hairbrush (**heer**-brås)
hajlakk hairspray (**heer**-szpréj)
hajlékony flexible (**flek**-szi-b"l)
hajnal dawn (dåon)
hajó ship (sip)
hajókirándulás boat trip (**bót** trip)
hajszárító hairdrier (**heer**-drá-j"r)
hajvágás haircut (**heer**-kåt)
hal fish (fis)
haladás progress (**pró**-gresz)
halál death (det')
hálás grateful (**grét**-ful)
Halászbástya Fishermen's bastion (**fi**-ser-menz **besz**-tj"n)
halk soft (szåft)
hall *(fn)* hall (hól)
hallani to hear - heard (tu hír - hörd); **Hallotta?** Have you heard?
    (**hev**-jú **hörd**)
hallgatni to listen (tu **li**-szen)
hallgató *(telefon)* receiver (ri-**szí**-v"r)
hallókészülék hearing aid (**hí**-ring-**éd**)
hálóing nightgown (nájt gaun)
hálókocsi sleeping car (**szlí**-ping-**kár**)
hálószoba bedroom (bed-rúm)

halott dead (ded)
hálózsák sleeping bag (**szlí**-ping-**beg**)
hamar*(osan)* soon (szún)
hamis false (fólsz)
hamutartó ashtray (**es**-tréj)
hanem but (båt)
hang 1. *(emberi)* voice (vojsz); 2. *(más)* sound (sz<u>au</u>nd)
hanglemez record (**re**-k"rd)
hanglemezbolt record shop (**re**-k"rd-**såp**)
hangos loud (l<u>au</u>d)
hangverseny concert (**kån**-sz"rt)
hány(?) how many? (**h<u>au</u>-me**-ni); **Hány óra?** What's the time?
       (**wåtsz**-d"-**tájm**); **Hanyas busz megy ... felé?** Which bus
       goes to ...? (wics-båsz góz-tu); **Hány csomagja van?** How
       many bags have you got? (**h<u>au</u>**-me-ni-**begz** hev-jú-**gåt**)
hányinger nausea (**nó**-szi-")
hány órakor(?) at what time(?) (et **hwåt**-tájm)
hányni to vomit (tu-**wå**-mit)
hányszor(?) how many times(?) (**h<u>au</u>**-me-ni **tájmsz**)
haragos angry (**eng**-ri)
haragudni to be angry (tu **bí** eng-ri); **Ne haragudjék rám!** Don't be
       angry with me! (**dont**-bí-**eng**-ri wid'-**mí**)
harang bell (bell)
harapni to bite - bit (tu bájt - bit)
Harapós kutya! Beware of the dog! (bi-w<u>ee</u>r åv-d"-**dåg**)
harisnya stockings (**sztå**-kingz)
harisnyanadrág tights (tájtsz)
harmadik third (t'örd)
harminc thirty (**t'ör**-ti)
három three (t'rí)
háromnegyed (3/4) three quarters (t'rí kvó-t"rz); **3/4 [6]** a quarter to
      [6] (e-**kvó**-t"r tu **sziksz**)
háromszáz three hundred (**t'rí hånd**-red)
háromszögű triangular (tráj-**en**-gju-l"r)
has belly (**be**-li)
hashajtó laxative (**låk**-szå-tív)
hasmenés diarrh(o)ea (**dá**-j"-ri)

65

hasonló similar (**szi**-mi-l"r)

hasonlóan similarly (**szi**-mi-l"r-li)

használni to use (tu júz); **használat előtt felrázandó** shake well before use (**sék**-wel bi-**fór**-júsz); **használati utasítás** directions for use (di-**rek**-s"nz-for-**júsz**)

használt used (júzd); **használt autó** used car (júzd-kár)

használt cikkek boltja second hand shop (sze-k"nd-hend **såp**)

haszos useful (**júsz**-ful)

hat six (sziksz)

hát back (bek)

hatalmas huge (hjúdzs)

határ border (bór-d"r)

határállomás border station (**bór**-d"r-**szté**-s"n)

határidő deadline (**ded**-lájn)

határozat resolution (ri-zål-**jú**-s"n)

hatás effect (e-**fekt**)

hátizsák knapsack (**nep**-szek)

hátra(felé) backwards (**bek**-w"rds)

hátrány disadvantage (disz-ed-**ven**-tidzs)

hátsó ülés back seat (bek-szít)

háttér background (**bek**-gra̱und)

hattyú swan (szwán)

hátul at the back (et-d"-**bek**)

hátulról from behind (fråm-bi-**hájnd**)

hatvan sixty (sziksz-ti)

havazik it's snowing (itsz-**sznó**-ing)

havi monthly (**mănt'**-li)

ház house (ha̱usz)

haza (hon) native country (**né**-tiv-**kånt**-ri)

hazafelé home (hóm)

házas married (**me**-rid)

házasodni to get married (tu **get me**-rid)

házaspár couple (kå-p"l)

házasság marriage (**me**-ridzs)

háziállat domestic animal (då-**mesz**-tik e-ni-m"l)

háztömb block (blåk)

hazudni to lie (tu láj)

66

hazulról from home (fråm-**hóm**)
hegedű violin (**vá**-jo-lin)
hegy mountain (**maun**-ten)
helikopter helicopter (he-li-**kap**-t"r)
hely place (plész)
helyes *(igaz)* correct (k"-rekt)
... helyett instead of ... (in-**szted**-åv)
helyettes deputy (**de**-pju-ti)
helyettesíteni to substitute (tu **száb**-szti-tjút)
helyfoglalás reservation (ri-zör-**vé**-s"n)
helyi local (**ló**-k"l)
helyzet situation (szi-tju-**é**-s"n)
hentes butcher (**bu**-cs"r)
hét (7) seven (**sze**-v"n)
hét week (wík)
hetenként week by week (**wík**-báj-**wík**)
hétfő Monday (**mån**-déj)
heti weekly (**wík**-li)
hetilap weekly (magazine) (**wík**-li **me**-ge-zin)
hétköznap weekday (**wík**-déj)
hétvége weekend (**wík**-end)
hetven seventy (**sze**-v"n-ti)
hiába in vain (in-**vén**)
hiány shortage (**sor**-tidzs)
hiányozni *(pl. iskolából)* to be absent (tu bí **eb**-sz"nt)
hiba mistake (misz-**ték**)
híd bridge (bridzs)
hideg cold (kóld)
hideg étel cold meal (**kóld**-míl)
hidegtál cold plate (**kóld**-plét)
hinni to believe (tu bi-**lív**); **Azt hiszem** I think... (áj **t'ink**)
hírek news (nyúz)
hírtelen suddenly (**szå**-den-li)
hit faith (fét')
hitel credit (**kre**-dit)
hivatal office (**å**-fisz)
hivatalos official (å-**fi**-s"l)

67

hívni to call (tu kól)

hízni to gain weight (tu **gén wét**)

hó snow (sznó)

hogy *(ksz.)* that (d'et); **Hogy vagy?** How are you? (h<u>au</u>-**ár**-jú); **Hogy tetszik?** How do you like? (h<u>au</u>-du-jú-**lájk**); **Hogy mondják ezt angolul?** How do you say that in English? (h<u>au</u>-du-jú **széj**-d'et in-**ing**-lis)

hogyan? how? (h<u>au</u>)

hol? where? (w<u>ee</u>r); **Hol kell átszállnom?** Where do I have to change? (w<u>ee</u>r-du-áj hev-tu-**cséndzs**); **Hol vagyunk most?** Where are we now? (w<u>ee</u>r-ár-wí **n<u>au</u>**)

hold moon (mún)

holland Dutch (dåcs)

Hollandia The Netherlands (d" **ne**-d'ör-lendsz)

holmi belongings (bi-**lån**-gingsz)

holnap tomorrow (tu-**må**-ró)

holnap reggel next morning (nekszt-**mór**-ning)

holnapután the day after tomorrow (d"-**déj** áf-t"r-tu-**må**-ró)

homlok forehead (**får**-id)

homok sand (szend)

hónap month (månt')

honnan(?) from where(?) (fråm-**w<u>ee</u>r**)

honvágy homesickness (**hóm**-szik-nesz)

hordani *(ruhát)* to wear - wore (tu w<u>ee</u>r - wór)

hordár porter (**pór**-t"r)

horgászni to angle (tu **en**-g"l)

horvát Croatian (kró-**é**-s"n)

Horvátország Croatia (kró-**é**-så)

hosszú long (lång)

hosszúság length (lengt')

hova(?) where(?) (w<u>ee</u>r); **Hova akar menni?** Where do you want to go? (w<u>ee</u>r-du-jú **wånt**-tu-gó); **Hová való?** Where are you from? (w<u>ee</u>r-ár-jú-**fråm**)

-hoz/-hez/-höz to (tu)

hozni to bring - brought (tu bring - brót); **Hozzon nekem ...** Bring me ... (**bring**-mí)

hozzánk to us (tu-**åsz**)

hozzászokni to get accustomed (tu **get**-e-**kåsz**-t"md)
hölgy lady (**lé**-di)
hőmérő thermometer (t'ör-mo-**mí**-t"r)
hőmérséklet temperature (**tem**-pre-csör)
hőség heat (hít)
húg younger sister (**jån**-g"r-**szisz**-t"r)
húsbolt butcher's (**bu**-cs"rz)
húsleves broth (bråt')
Húsvét Easter (**ísz**-t"r)
húsz twenty (**twen**-ti)
huszonegy twenty-one (**twen**-ti-**wån**)
huzatos draughty (**dráf**-ti)
húzni to pull (tu pul)
hűséges faithful (**fét'**-ful)
hűlés cold (kóld)
hűs cool (kúl)
hűtőszekrény refrigerator (re-fri-dzsi-**ré**-t"r)
hűvös chilly (**csi**-li)

I

ibolya violet (**vá**-j"-let)
idáig this far (d'isz-fár)
ide here (hír); **ide figyelj(!)** look here(!) (luk-hír)
ideg nerve (nörv)
Idegeneknek tilos a bemenet private (**práj**-v"t)
idegenforgalom tourism (**tú**-ri-z"m)
ideges nervous (**nör**-v"sz)
ideiglenes temporary (**tem**-po-r"-ri)
idejében in time (in-**tájm**)
idén this year (**d'isz** jír)
idény season (**szí**-z"n)
idő time (tájm)
időben on time (ån-**tájm**)
időjárás weather (**we**-d'"r)
időjárásjelentés weather report (**we**-d'"r-ri-**port**)
várható időjárás weather forecast (**we**-d'"r-**fór**-kászt)
időközben meanwhile (**mín**-wájl)
ifjúság youth (jút')
ifjúsági szálló youth hostel (**jút'**-håsz-tel)
-ig till (til)
igaz true (trú); **Ez igaz!** That's true! (d'etsz-trú); **Igaza van!** You are
     right! (**jú**-ár **rájt**)
igazán really (**rí**-li)
igazgató director (di-rek-t"r)
igazolás certificate (ször-**ti**-fi-k"t)
igazság truth (trút')
igen yes (jesz)
ígéret promise (**prå**-misz)
így this way (**d'isz**-wéj)
igyekezni to strive - strove (tu sztrájv - sztróv)
illetékes responsible (risz-**pån**-szi-b"l)
ilyen such (szåcs)
ilyen jó/szép so nice/good (**szó**-nájsz/gud)
íly módon this way (**d'isz**-wéj)

ima prayer (pre͟er)

indiai Indian (**in**-di-"n)

indián red Indian (**red-in**-di-"n)

indulás departure (di-**pár**-csör)

indulni to start off (tu **sztárt**-åff)

induló vonatok/repülők departures (di-**pár**-csörz); **Mikor indul a következő vonat ... felé?** When does the next train leave for ...? (**wen**-dåz-d"-**nekszt-trén lív**-for)

influenza flu (flú)

információ information (in-for-**mé**-s"n)

ing shirt (sört)

ingyen free of charge (**frí**-áv-**csárdzs**)

ingyenes free (frí)

injekció shot (såt)

inkább rather (**rå**-d'ör)

innen from here (fråm-hír)

inni drink - drank (drink - drenk)

intézet institute (insz-ti-**tjút**)

ipar industry (in-**dåszt**-ri)

ír *(mn)* Irish (**áj**-ris)

irány direction (di-rek-s"n); **Jó irányba megyek ... felé?** Is this the right direction to ...? (**Iz**-d'isz-d" **rájt**-di-**rek**-s"n tu); **ellenkező irányban** in the opposite direction (**in**-d'i **å**-po-zit-di-**rek**-s"n)

írás writing (ráj-ting)

irat document (**dåk**-ju-ment)

írni to write - wrote (tu rájt - rót)

író writer (**ráj**-t"r)

íróasztal desk (deszk)

iroda office (**å**-fisz)

irodalom literature (**lit**-ri-csör)

írógép typewriter (**tájp**-ráj-t"r)

Írország Ireland (**á**-j"r-lend)

is too (tú)

iskola school (szkúl)

iskolaév school year (**szkúl**-jír)

ismeretlen unknown (**ån**-nón)

ismerni to know - knew (tu nó - nyú)

ismerős *(fn)* acquaintance (ek-**vén**-t"nsz)

ismerős *(mn)* familiar (fe-**mí**-li-"r)

ismert well-known (**wel**-nón)

ismét again (e-**geen**)

ismételni to repeat (tu ri-pít); **Ismételje meg!** Please, repeat it! (**plíz**, ri-**pít**-it)

Isten god (gåd)

istentisztelet (church) service (**csörcs-ször**-visz)

ital drink (drink)

itallap wine list (**wájn** liszt)

itt here (hír)

itt nyílik open here(!) (**ó**-p"n-**hír**)

ittas drunk (drånk)

ittas vezetés drunk drive (drånk-drájv)

íz taste (tészt)

izgalmas exciting (iksz-**száj**-ting)

izgatott excited (iksz-**száj**-tid)

Izland Iceland (**ájsz**-lend)

ízlés taste (tészt)

ízléses tasteful (**tészt**-ful)

J

január January (**dzsen**-ju-"-ri)
Japán Japan (dzse-**pen**)
japán Japanese (dzse-pe-**níz**)
járatszám flight-number (**flájt-nåm**-b"r)
járda sidewalk (**szájd**-wók)
jármű vehicle (**vi**-e-k"l)
járvány *(fn+mn)* epidemic (e-pi-**de**-mik)
játék play (pléj)
játékbolt toy shop (toj-såp)
játékszer toy (toj)
játszani to play (tu pléj)
javítóműhely repair shop (ri-**peer**-såp)
jég ice (ájsz)
jégrevű ice show (**ájsz**-só)
jegy ticket (**ti**-kit)
jegyet váltani to book a ticket (tu **buk**-e **ti**-kit)
jegyelővétel advance booking (ed-**vensz-bu-**king)
jegygyűrű wedding ring (**we**-ding-**ring**)
jegypénztár box office (**boksz-å**-fisz)
jegyzék list (liszt)
jel signal (**szig**-n"l)
jelen *(fn)* present (**pre**-zent)
jelen lenni to be present (tu **bí** pre-zent)
jelenlét presence (**pre**-zensz); **jelenlétemben** in my presence (in-**måj-pre**-zensz)
jelenleg at present (et-**pre**-zent)
jelenség phenomenon - phenomena (fe-**nå**-me-non - fe-nå-me-**ná**)
jelenteni to report (tu ri-**port**)
jelentés report (ri-**port**)
jelentkezni to register (tu **re**-dzsisz-t"r)
jelentőség importance (im-**pór**-t"nsz); **Nincs jelentősége.** It has no importance. (**it**-hez **nó**-im-**por**-t"nsz)
jelleg character (**ke**-rek-t"r)
jellegzetes characteristic (ke-rek-t"-**risz**-tik)

jó good (gud)

jobb(an) better (**be**-t"r); **Jobban van.** He/She feels better. (hí/sí-**fílz-be**-t"r)

jobb *(oldal)* right (rájt)

jobbra to the right (tu-d"-**rájt**)

Jó éjszakát Good night! (gud-nájt)

Jó estét! Good evening! (gud-**ív**-ning)

Jó mulatást! Have a nice time. (hev-e-**nájsz-tájm**)

Jó napot! *(kb délig)* Good morning(!) (gud **mór**-ning); *(délután)* Good afternoon(!) (gud **áf**-t"r-nún)

Jó utazást! Have a nice trip. (hev-e-**nájsz-trip**)

jog law (ló)

joghurt yog(h)urt (**jo**-gurt)

jogosítvány driver's license (**dráj**-v"rsz-**láj**-szensz)

jól well (wel); **Minden jól megy.** Everything goes well. (**ev**-rit'ing **góz-wel**); **Jól érzem magam.** I feel fine. (áj-**fíl-fájn**)

Jöjjön ide! Come here! (kåm-hír)

jönni to come - came (tu kåm - kém); **Honnan jön?** Where are you coming from? (**weer**-ár-jú kå-ming-fråm)

jövedelem income (**in**-kåm)

jövő *(fn)* future (**fjú**-csör)

jövő év/jövőre next year (**nekszt**-jír); **jövő héten/hónapban** next week/month (nekszt-wík/månt')

július July (dzsu-**láj**)

június June (dzsún)

jutni vhová to get to - got to (tu **get**-tu - **gåt** tu); **Hogyan jutok ...-ba?** How can I get to ...? (**hau**-ken-áj get-tu)

kabát coat (kót)

kacsa duck (dåk)

kacsasült roast duck (rószt-dåk)

kajszibarack apricot (**ép**-ri-kåt)

kakaó cocoa (**kó**-kó)

kakas cock (kåk)

kalap hat (het)

kalauz guard (gárd)

Kanada Canada (**ke**-ne-d")

kanadai Canadian (k"-**né**-di-en)

kanál spoon (szpún)

kanyarodni to turn (tu törn)

kapcsolat connection (k"n-nek-sön); **ezzel kapcsolatban** in this connection (in-**d'isz**-k"n-**nek**-sön)

kapni to get, to receive (tu get, tu ri-**szív**)

Kaphatok egy ...? Can I get a ...? (ken-áj **get**-e)

káposzta cabbage (**ke**-bidzs)

kapu gate (gét)

kar arm (árm)

kár damage (**de**-midzs)

De kár! What a pity! (wåt-e-**pi**-ti)

karácsony Christmas (Xmas) (**kriszt**-m"sz)

karalábé kohlrabi (**kól**-rå-bi)

karambol accident (**ek**-szi-d"nt)

karfiol cauliflower (**kau**-li-**flau**-"r)

karikagyűrű wedding ring (we-ding-ring)

karkötő bracelet (**brész**-let)

karóra wrist-watch (**riszt**-wåcs)

karrier career (ke-**rír**)

kártérítés indemnification (in-dem-ni-fi-**ké**-s"n)

kártya card (kárd)

kassza cashier (**ke**-sir)

katona soldier (**szól**-dzs"r)

katonai military (**mi**-li-te-ri)

kávé coffee (**kå**-fi)

kávéskanál teaspoon (**tí**-szpún)

kazetta cassette (**ke**-szet)

kazettás magnó cassette recorder (**ke**-szet-ri-**kór**-d"r)

kb. *(körülbelül)* approximately (e-**prok**-szi-met-li)

kedd Tuesday (**tjúz**-déj)

kedvem van ... I feel like ... (**áj-fíl**-lájk)

kedvenc favorite (**fé**-v"-rit)

kedves kind (kájnd); **Nagyon kedves Öntől.** It's very kind of you.
(itsz ve-ri-**kájnd**-åv-**jú**); **Kedves [Péter](,)** Dear [Peter], (dír
pí-t"r)

kedvező favorable (**fé**-vö-re-b"l)

kefe brush (brås)

kék blue (blú)

keksz biscuit (**bisz**-kvit)

kelet East (íszt)

keleti eastern (**ísz**-t"rn)

kelkáposzta kale (kél)

kell must (måszt); **Mennem kell.** I must go. (áj-**måszt**-gó); **Kell
nekem egy ...** I need a ... (áj-**níd**-e)

kellene ought (ót); **Mennem kellene.** I ought to go. (áj-**ót**-tu-**gó**)

kemény hard (hárd)

keménytojás hard-boiled egg (**hárd-bojld**-eg)

kemping camping (**kem**-ping)

kempingezni to camp (tu kemp)

kendő kerchief (**kör**-csíf)

kényelmes comfortable (**kåm**-for-te-b"l)

kényelmetlen helyzet uneasy situation (**an**-í-zi szi-tju-**é**-s"n)

kenyér bread (bred)

kép picture (**pik**-csör)

képernyő TV-screen (**tí-ví**-szkrín)

képes vmire able (**é**-b"l)

képes levelezőlap picture postcard (**pik**-csör-**pószt**-kárd)

képes újság magazine (**me**-ge-zín)

képtár gallery (**ge**-lö-ri)

Képzelje el! Imagine! (i-**me**-dzsin)

képzés training (**tré**-ning)

kérdés question (**kves**-csön)

kérdezni to ask (tu ászk); **Szeretnék kérdezni valamit.** I'd like to ask something. (**ájd**-lájk-tu **ászk-szåm**-t'ing)

kerek round (r<u>aun</u>d)

kerék wheel (wíl)

kerékpár bicycle (**báj**-szi-k"l)

kérem please (plíz)

kérés request (rik-**veszt**)

kereset *(bér)* salary (**sze**-l"-ri)

kereskedelem commerce (**kåm**-mersz)

kereskedelmi commercial (k"m-mör-s"l)

keresni vmit to look for (tu luk-**for**)

keresni *(pénzt)* to earn (tu örn); **Mennyit keres [évente]?** How much do you make [a year]? (h<u>au</u>-måcs du-ju-**mék** e-**jír**)

kereszt cross (kråsz)

keresztény Christian (**kris**-cs"n)

kereszteződés intersection (in-tör-**szek**-s"n)

keresztnév Christian name (**kris**-cs"n-**ném**)

keresztül through (t'rú)

kérni to ask (tu ászk); **Kérhetek egy [darab papírt]?** May I ask for a [piece of paper]? (mé-áj-**ászk** for-e-**písz-av-pé**-p"r)

kert garden (**gár**-d"n)

kertmozi open air cinema/movies (ó-p"n-er **szi**-ne-må/**mú**-viz)

kerület district (**disz**-trikt)

kerülni vmibe to cost *(+te)* (tu kåszt); **Mibe kerül ez?** What does this cost? (**wåt**-dåz-d'isz-**kåszt**)

kerülő út detour (**dí**-túr)

kés knife (nájf)

késedelem delay (di-**léj**)

keserű bitter (**bi**-t"r)

késés delay (di-**léj**)

késik *[a vonat]* [the train] is delayed (d"-**trén**-iz di-**léjd**)

keskeny narrow (**ne**-ró)

késő van it is late (it-iz-**lét**)

később later (**lé**-t"r)

kész ready (**re**-di)

készíteni to prepare (tu pri-**peer**)

készpénz cash (kes)

készpénzzel fizetni to pay in cash (tu **péj**-in-**kes**)

kesztyű gloves (glåvz)

kétágyas szoba double room (då-b"l-**rúm**)

két-harmad two thirds (**tú**-t'ördsz)

kétség doubt (d<u>aut</u>); **Nincs kétségem.** I have no doubt. (**áj**-hev **nó**-d<u>aut</u>)

kétszer twice (twájsz)

kettő two (tú)

keverni to mix (tu miksz)

kevés little (**li**-t"l); **Kevés a pénzem.** My money is not enough. (**máj**-må-ni-iz **nåt**-i-**nåf**)

kevesebb less (lesz)

kéz hand (hend)

kezdeni to begin - began (tu bi-**gin** - bi-**gen**)

kezdet beginning (bi-**gi**-ning)

kezdőbetűk initials (i-**ni**-s"lz)

kezdődni to start (tu sztárt)

kezelés treatment (**trít**-ment)

kezet fogni to shake hands - shook (tu **sék**-hendz - suk)

kézifék handbreak (**hend**-brék)

kézipoggyász hand-luggage (**hend**-lå-gidzs)

ki(?) who(?) (hú)

ki*(felé)* out (<u>aut</u>)

kiabálni to shout (tu s<u>aut</u>)

kiadás *(pénz)* expenses (iksz-**pen**-sziz)

kiadó szoba room for rent (**rúm**-for-**rent**)

kiállítás exhibition (iksz-hi-**bi**-s"n)

kiárusítás clearance sale (**klí**-rensz-**szél**)

kicserélni to exchange (tu iksz-**cséndzs**)

kicsi small (szmól); **egy kicsit** a little (e-**li**-t"l)

kicsomagolni to unpack (tu ån-**pek**)

kiderült, hogy ... it turned out that ... (it-**törnd**-<u>aut</u> d'et)

kié *[ez a táska?]* whose [bag is this]? (**húz**-beg iz-**d'isz**)

kiegészítő jegy supplementary ticket (szåp-le-**men**-t"-ri **ti**-kit)

kiejtés pronunciation (pro-nån-szi-**é**-s"n)

kifejezés expression (iksz-**pre**-s"n)

kifogás excuse (iksz-**kjúz**)

78

kihagyni to leave out (tu lív-<u>aut</u>)
kihez(?) to whom(?) (tu-**húm**)
kijárat exit (**eg**-zit)
kijönni to come out - came (tu kåm-<u>aut</u> - kém)
kik(?) who(?) (hú)
kikapcsolódás relaxation (ri-lek-**szé**-s"n)
kiket(?) whom(?) (húm)
kikötő port (port)
kilátás view (vjú)
kilátótorony look-out tower (**luk**-<u>aut</u> **tau**-"r)
kilenc nine (nájn)
kilencven ninety (**nájn**-ti)
kimenni to go out - went (tu gó-<u>aut</u> - went)
Kína China (**csáj**-nå)
kinek/kiknek(?) to whom(?) (tu-**húm**); **Kinek a[helye] ez?** Whose
     [seat] is this? (**húz-szít** iz-**d'isz**)
kint outside (<u>aut</u>-szájd)
kinyitni to open (tu ó-p"n)
kipróbálni to try out (tu **tráj**-<u>aut</u>)
kirakat shop window (**såp**-win-dó)
király king (king)
királyné/királynő queen (kvín)
kirándulás excursion (iksz-**kör**-zs"n)
kirándulni to make an excursion (tu **mék**-en-iksz-**kör**-zs"n)
kis small (szmól)
kisasszony Miss (misz)
kisbaba baby (**bé**-bi)
kisebb smaller (**szmó**-l"r)
kisfiú little boy (**li**-t"l-**boj**)
kislány little girl (**li**-t"l-**görl**)
kissé somewhat (**szám**-wåt)
kiszállni to get out (tu **get**-<u>aut</u>)
kit(?) whom(?) húm
kitölteni to fill in (tu **fil**-in); **Töltse ki ezt az űrlapot!** Please, fill in
     this form! (**plíz**, **fil**-in **d'isz**-form)
kitűnő excellent (**ek**-sze-l"nt)
kiválasztani to select (tu sze-**lekt**)

79

kíváncsi curious (**kjú**-ri-"sz)
kívánni to wish (tu wis)
kívánság wish (wis)
kivándorolni to emigrate (tu **e**-mig-rét)
kivel? with whom? (wid'-**húm**)
kivétel exception (ik-**szept**-s"n)
kivéve, ha except if (ik-**szep**-**if**)
kívül outside (**aut**-szájd)
klíma climate (**kláj**-m"t)
klinika clinics (**kli**-niksz)
kockacukor lump sugar (**låmp**-**su**-g"r)
kocsi *(autó)* car (kár)
kocsival by car (báj-**kár**)
kolbász sausage (**szå**-szidzs)
koldus beggar (**be**-g"r)
kolléga(nő) colleague (**kå**-líg)
kolostor cloister (**klójsz**-t"r)
kombiné slip, step-in (szlip, **sztep**-in)
komoly serious (**szí**-ri-"sz)
komp *(hajó)* ferry boat (**fe**-ri-bót)
komplikált complicated (k"m-pli-**ké**-tid)
konferencia conference (**k''n**-fe-rensz)
kongresszus congress (**kån**-gresz)
kontinens continent (**kån**-ti-nent)
konzerv canned food (kend-fúd)
konzervdoboz tin can (tin-ken)
konzervnyitó can-opener (**ken**-ó-pe-n"r)
konzulátus consulate (**kån**-szju-let)
konyak brandy (**bren**-di)
konyha kitchen (**ki**-cs"n)
kopasz bald (bóld)
kopogni to knock (tu nåk)
koponya skull (szkål)
kor age (édzs)
korábban/korábbi earlier (ör-li-"r)
korai early (**ör**-li)

korán early (ör-li); **kora reggel** early in the morning (ör-li-ind"-mór-ning)

korcsolyázás skating (szké-ting)

kórház hospital (håsz-pi-t"l)

kormány(zat) government (gå-v"r-ment)

kománykerék steering wheel (sztí-ring-wíl)

korszerű up-to-date (åp-tu-dét)

kórterem ward (word)

korty gulp (gålp)

kórus choir (kvá-j"r)

kosár basket (bász-kit)

kóstolni to taste (tu tészt)

kotta sheet music (sít-mjú-zik)

kozmetika beauty parlo(u)r (bjú-ti-pár-l"r)

kő stone (sztón)

köd fog (fåg)

ködös foggy (få-gi)

köhögés cough (káf)

köhögni to cough (tu káf)

kölcsön loan (lón)

kölcsönös mutual (mjú-csu-"l)

kölccönözni to lend (tu lend)

kölnivíz eau-de-Cologne (ó-dö-ko-lony)

költeni *(pénzt)* to spend money - spent (tu szpend-må-ni - szpent)

költő poet (på-et)

költözni to move (tu múv)

költség(ek) expenses (iksz-pen-sziz)

könny tear (tír)

könnyebb(en) easier (í-zi-"r)

könnyen easily (í-zi-li)

könnyű easy (í-zi)

könyök elbow (el-bó)

könyv book (buk)

könyvesbolt bookstore (buk-sztór)

könyvtár library (lájb-r"-ri)

kör circle (ször-k"l)

köret garnishing (gár-ni-sing)

81

környék surroundings (szö-**raun**-dingsz)
környezet environment (en-**váj**-ron-ment)
köröm nail (nél)
körömlakk nail-polish (nél-**på**-lis)
körömreszelő nail-file (nél-**fá**-j"l)
körös-körül round and round (**raund**-end-**raund**)
körte pear (**peer**)
körtér circus (**ször**-k"sz)
körút boulevard (**bu**-l"-várd)
... körül round ... (**ráund**)
körülbelül approximately (e-**pråk**-szi-met-li)
körülmény(ek) conditions (k"n-**di**-s"nz)
körvonal outline (**aut**-lájn)
köszönni to greet (tu grít)
köszönöm szépen thank you very much (**t'enk**-ju-ve-ri-**måcs**)
köszönet thanks (t'enksz)
kötelesség duty (**djú**-ti)
kötelezettség obligation (åb-li-**gé**-s"n)
kötelező compulsory (k"m-**pål**-szö-ri)
kötni *(kézimunka)* to knit (tu nit)
kötöttáru knitwear (**nit**-w<u>ee</u>r)
kötszer bandage (**ben**-didzs)
kövér fat (fet)
követelni to demand (tu di-**mánd**)
következő next (neksz); **Ki a következő?** Who's next? (**húz-neksz**)
... következtében in consequence of ... (in-**kån**-zek-vensz-**åv**)
követni to follow (tu **få**-ló)
követség embassy (**em**-bå-szi)
közben meanwhile (**mín**-wájl)
... közé between ... (bi-**twín**)
közel near (nír); **a közeljövőben** in the near future (in-d"-**nír fjú**-csör)
közeledni to approach (tu e-**prócs**)
közeli nearby (**nír**-báj)
közép middle (**mi**-d"l)
Közép-Amerika Central America (**szent**-r"l-å-**me**-ri-kå)
Közép-Európa Central Europe (**szent**-r"l-**ju**-rop)

középen in the middle (in-d"-**mi**-d"l)
középiskola secondary school (**sze**-k"n-de-ri-**szkúl**)
közigazgatás administration (ed-mi-ni-**sztré**-s"n)
közlekedés traffic (**tre**-fik)
közlekedési lámpa traffic light (**tre**-fik-lájt)
közlekedési szabályok traffic rules (**tre**-fik-rúlz)
közölni to tell (tu tel)
közönség audience (ó-di-ensz)
közös common (**kå**-m"n)
közösség community (kåm-**ju**-ni-ti)
között 1. *(kettő között)* between (bi-twín); 2. *(több között)* under (**ån**-dör)
központ center (**szen**-t"r)
köztársaság republic (ri-**påb**-lik)
közül out of (<u>aut</u>-åv)
közvetlenül directly (di-**rekt**-li)
közvetlen kocsi *(vasút)* through carriage (**t'rú**-ke-ridzs)
közvetve indirectly (in-di-**rekt**-li)
krém cream (krím)
kritizálni to criticize (tu **kri**-ti-szájz)
krumpli potato (po-**té**-tó)
krumplipűré mashed potato (mesd-po-**té**-tó)
kukorica *(US)* corn (korn), *(GB)* maize (méz)
kulcs key (kí)
kultúra culture (**k"l**-csör)
kulturális cultural (**kål**-csö-r"l)
kupak cap (kep)
kuplung clutch (klåcs)
kúra cure (kjúr)
kutatás research (ri-**zörcs**)
kutya dog (dåg)
küldemény shipment (sip-ment)
küldeni to send - sent (to szend - szent)
küldöttség delegation (de-le-**gé**-s"n)
külföldi *(fn)* foreigner (**få**-ri-n"r)
külföldön/külföldre abroad (e-**bród**)
külön [szoba] separate [room] (**szep**-ret **rúm**)

különböző different (**di**-fe-r"nt)
különbség difference (**di**-fe-r"nsz)
különféle various (**ve**-ri-"sz)
különjárat chartered (**csár**-t"rd)
különleges special (**szpe**-s"l)
különlegesség speciality (**szpe**-s"l-ti)
különös strange (sztréndzs)
különösen mert especially because (e-**szpe**-s"-li bi-**kóz**)
külső outer (<u>**au**</u>-t"r)
külváros suburb (**száb**-örb)
küzdelem struggle (**sztrå**-g"l)

L

láb leg (leg)
lábfej foot - feet (fut - fít)
labda ball (ból)
labor(atórium) lab(oratory) (le-bo-ra-t"-ri)
lábszár leg (leg)
lábujj toe (tó)
láda case (kész)
lágy soft (szåft)
lágytojás soft-boiled egg (**szåft**-bojld-**eg**)
lakás *(US)* apartment (å-**párt**-ment); *(GB)* flat (flet)
lakáscím home address (**hóm**-e-dresz)
lakás telefonszám home number (**hóm-nåm**-b"r)
lakat padlock (**ped**-låk)
lakni to live (tu liv)
lakókocsi caravan (**ke**-r"-ven); trailer (**tré**-l"r)
lakónegyed residential district (re-zi-**den**-s"l **disz**-trikt)
lakosság population (påp-ju-**lé**-s"n)
lakótelep housing estate (**hau**-zing-esz-**tét**)
lámpa lamp (lemp)
lánc chain (csén)
landolni to land (tu lend)
láng flame (flém)
langyos lukewarm (**lúk**-worm)
lány girl (görl)
lánykori név maiden name (**mé**-d"n-**ném**)
lánya vkinek daughter (**dó**-t"r)
lap page (pédzs)
lapos flat (flet)
lapos tányér dinner plate (**di**-n"r-**plét**)
lárma noise (nojsz)
lassabban slowlier (szló-**li**-"r)
lassan slowly (**szló**-li); **Lassan hajts(!)** Drive slowly! (**drájv szló**-li)
lassú slow (szló)
látni to see - saw (tu szí - szó); **Nem látom.** I cannot see. (áj **ke**-nåt-**szí**)

látnivaló sight-to-see (**szájt**-tu-**szí**)
látogatás visit (**vi**-zit)
látogató visitor (**vi**-zi-t"r)
látszat appearance (e-**pí**-rensz); **Ön betegnek látszik.** You look ill.
    (**jú**-luk **il**)
láz fever (**fí**-v"r); **Lázam van.** I've got a temperature. (**ájv**-gåt e
    temp-re-csör)
laza loose (**lúz**)
lazac salmon (**szó**-mon)
leejteni to drop (tu dråp)
leendő future (**fjú**-cs"r)
leesni to fall down - fell (tu **fól**-d<u>au</u>n - fel)
lefeküdni *(aludni)* to go to bed (tu-**gó** tu-**bed**)
lefelé downwards (**d<u>au</u>n**-w"rdsz)
lefordítani *(szöveget)* to translate (tu trånsz-**lét**)
legalább at least (et-**líszt**)
legalsó lowermost (**ló**-"r-mószt)
legbelső innermost (**i**-n"r-**mószt**)
legelőször first of all (**förszt**-åv-**ól**)
legfeljebb at most (et-**mószt**)
legfrissebb hírek the latest news (d"-**lé**-teszt-**njúz**)
leginkább mostly (**mószt**-li)
légiposta air mail (<u>eer</u>-mél)
legjobb best (beszt)
legkésőbb ...-kor at ... the latest (et d"-**lé**-teszt)
legkisebb smallest (**szmó**-leszt)
legközelebbi nearest (**ní**-reszt)
legnagyobb biggest (**bi**-geszt)
legrosszabb worst (wörszt)
legtöbb most (mószt)
Legyen olyan szíves ... Will you be so kind ... (**wil**-jú-bí szó-**kájnd**)
lehelet breath (bret')
lehetetlen impossible (im-**på**-szi-b"l)
lehetőleg possibly (**på**-szib-li)
lehetőség possibility (på-szi-**bi**-li-ti)
lehetséges possible (**på**-szi-b"l)
leírás description (de-**szkrip**-s"n)

leírni to write down - wrote (tu **rájt-d**aun - rót); **Írja le a nevét!**
Write down your name! (**rájt-d**aun jór-**ném**)
lejárat expiration (eksz-pÁj-**ré**-s"n)
Lekéstem a vonatom/buszom. I missed my train/bus. (áj-**miszd**
máj-**trén/båsz**)
lekvár preserve (pri-**zörv**)
lélegzet breath (bret'); **Tartsa vissza a lélegzetét!** Hold your breath!
(**hóld**-jor-**bret'**)
Iélek soul (sz**ó**ul)
lelkes enthusiastic (en-**t'ú**-zi-åsz-tik)
lelkipásztor pastor (**pász**-t"r), minister (**mi**-nisz-t"r)
lemérni *(súlyt)* to weigh (tu wé)
lemezjátszó record player (re-k"rd-**plé**-j"r)
lengyel Polish (**pó**-lis)
Lengyelország Poland (**pó**-lend)
lenn below (bi-**ló**)
lenni to be - was (tu **bí** - wåz)
lényeges essential (e-**szen**-s"l)
lenyelni to swallow (tu szwå-ló)
lépcső stairs (szterz)
lépcsőház staircase (**szter**-kéz)
lepedő bedsheet (**bed**-sít)
lépés step (sztep)
lépni to step (tu sztep)
lesz it will be (it-wil-**bí**); **Holnap [kedd] lesz.** It will be [Tuesday]
tomorrow. (it-wil-**bí** tjúz-dé tu-**må**-ró); **Nyitva lesz(nek)
holnap?** Will you be open tomorrow? (**wil**-jú-bí ó-p"n-tu-
må-ró)
leszállás *(repülő)* landing (**len**-ding)
letenni to put down (tu **put**-d**aun**)
létezni to exist (tu eg-**ziszt**)
Lettország Latvia (**let**-vi-")
leülni to sit down - sat (tu **szit**-d**aun** - szet); **Üljön le!** Sit down,
please! (**szit**-d**aun**, plíz)
levágni to cut (off) (tu **kåt**-åff)
levegő air (**ee**r)
levél letter (**le**-t"r)

levelezés correspondence (k"-resz-**pån**-densz)
levelezőlap post card (**pószt**-kárd)
levélfelvétel letters (**le**-t"rz)
levéltávirat letter telegram(me) (**le**-t"r-**te**-le-gr"m)
leves soup (szup)
levetni *(ruhát)* to take off - took (tu **ték**-åff - tuk)
levetkőzni to undress (tu **ån**-dresz)
lexikon encyclopedia (en-szájk-lo-**pí**-di-å)
liba goose - geese (gúz - gíz)
libamáj goose liver (**gúz**-li-v"r)
libegő chair lift (cse̱e̱r-lift)
lift *(US)* elevator (i-le-**vé**-t"r), *(GB)* lift (lift)
likőr liqueur (li-kőr)
lila lilac (**láj**-l"k)
limonádé lemonade (**le**-mo-néd)
lista list (liszt)
liszt flour (fla̱u̱r)
Litvánia Lithuania (li-t'u-**é**-ni-")
ló horse (horsz)
logikus logical (**lå**-dzsi-k"l)
lopni to steal - stole (tu **sztíl** - sztól)
lovagolni to ride - rode (tu rájd - ród)
lovastúra mounted tour (**ma̱u̱n**-tid-túr)
lóverseny horse race (**horsz**-rész)
lökhajtásos repülő jet (plane) (dzset-plén)
lökhárító bumper (**båm**-p"r)
lövés shot (såt)
lusta lazy (**lé**-zi)
luxus *(fn + mn)* luxury (**låg**-zs"-ri)
lyuk hole (hól)

M

ma today (tu-**déj**)
ma este this evening (**d'isz**-ív-ning)
ma éjjel tonight (tu-**nájt**)
macska cat (ket)
madár bird (bőrd)
mag seed (szíd)
magán *(ügy)* private (affair) (**práj**-v"t-e-f<u>ee</u>r)
magánszállás private accomodation (**práj**-v"t-e-**ko**-mo-dé-s"n)
magas high (háj)
magasság height (hájt)
magnetofon tape recorder (**tép**-ri-**kór**-d"r)
magnószalag recording tape (ri-**kór**-ding-**tép**)
magyar *(fn + mn)* Hungarian (hån-ge-ri-"n)
Magyarország Hungary (hån-g"-ri)
magyarul in Hungarian (in-hån-**ge**-ri-en)
máj liver (**li**-v"r)
majdnem almost (**ól**-mószt)
majom monkey (**mån**-ki)
május May (méj)
mák poppy seed (**på**-pi-**szíd**)
málna raspberry (**rez**-bö-ri)
mandarin tangerine (**ten**-dzsö-rín)
mandula almond (**ó**-mond)
manikűr manicure (**me**-ni-kjúr)
már already (**ól**-re-di)
maradék rest (reszt)
maradni to stay (tu sztéj); **Maradjon itt!** Stay here! (**sztéj**-hír)
március March (márcs)
margarin margarine (**már**-dzsö-**rín**)
marhahús beef (bíf)
máris(?) so soon(?) (szó-**szún**)
márka brand (brend)
már nem no longer (nó-**lån**-g"r); **Már nincs itt!** He/She is no longer
here. (**hí sí-iz** nó-**lån**-g"r-**hír**)

máról hólnapra overnight (ó-v"r-nájt)

márvány marble (**már**-b"l)

más other (å-d'ör); **Más egyebet?** Anything else? (e-ni-t'ing-**elsz**)

másfél one and a half (**wån**-end-e- *(US)* **heef**/*(GB)* **háf**)

máshol elsewhere (**elsz**-w<u>ee</u>r)

másik other (å-d'ör)

máskor another time (e-**nå**-d'ör-tájm)

másnap the next day (d"-**nekszt**-déj)

második second (**sze**-k"nd)

másodperc second (**sze**-k"nd)

másodszor for the second time (for-d"-**sze**-k"nd-**tájm**)

mások the others (d'í-å-d'örz)

másolat copy (**kå**-pi)

másvalaki somebody else (szám-**bå**-di-elsz)

másvalami something else (**szåm**-t'ing-elsz)

mászni to climb (tu klájm)

masszázs massage (m"-**százs**)

mazsola raisin (**ré**-zin)

meddig(?) 1. *(hely)* how far (h<u>au</u>-**fár**?); 2. *(idő)* how long? (h<u>au</u>-**lång**); **Meddig tart ...?** How long does it take ...? (h<u>au</u>-**lång**-dåz-it **ték**)

medve bear (b<u>ee</u>r)

még still (sztil)

még [öt] [five] more (**fájv**-mór)

megállapítani to establish (tu esz-**teeb**-lis)

megállapodás agreement (eg-**rí**-ment)

megállapodni to agree (tu e-**grí**)

megállni to stop (tu sztåp); **Itt álljon meg!** Stop here, please! (**sztåp**-hír, **plíz**)

megálló(hely) stop (sztåp)

megbeszélés discussion (disz-**kå**-s"n)

még egyszer once more (**wånsz**-mór)

megegyezés agreement (e-**grí**-ment)

megélhetési költségek costs of living (**kósztsz**-åv-**li**-ving)

megengedni to allow (tu e-**ló**); **Megengedné nekem ...?** Would you please allow me ... ? (**wud**-jú-pliz e-**ló**-mí)

megérinteni to touch (tu tåcs)

megérkezni to arrive (tu e-**rájv**)

megérteni to understand (tu ån-dör-**sztend**)

meggy sour cherry (sz<u>aur</u>-cse-ri)

meghalni to die (tu dáj)

meghívás invitation (in-vi-**té**-s"n)

meghívni to invite (tu in-**vájt**)

meghosszabbítani to prolong (tu pro-**lång**)

meghűlni to catch cold - caught (tu **kecs kóld** - kót)

megígérni to promise (tu **prå**-misz)

még inkább all the more so (**ól**-d"-**mór**-szó)

megint again (e-**geen**)

mégis yet (jet)

még ... is even (**í**-v"n)

megismerkedni to get acquainted - got (tu **get**-e-**kvén**-tid - gåt)

megismételni to repeat (tu ri-**pít**)

megjegyezni *(emlékezni)* to remember (tu ri-**mem**-b"r)

megjegyzés remark (ri-**márk**)

megjelenni to appear (tu e-**pír**)

megkapni to receive (tu ri-**szív**)

megkérdezni to ask (tu ászk)

megkóstolni to taste (tu tészt)

megköszönni to thank (tu t'enk); **Szeretném megköszönni a
    látogatását!** I'd like to thank you for your visit! (ájd-**lájk**-tu-
    t'enk-ju-for-jor-**vi**-zit)

meglátogatni to visit (tu **vi**-zit)

meglehetősen rather (**rå**-d'ör)

meglepetés surprise (ször-**prájz**)

meglepő surprising (ször-**práj**-zing)

megmagyarázni to explain (tu iksz-**plén**)

megmenteni to save (tu szév)

megmondani to tell - told (tu tel - tóld)

megmosakodni/megmosni to wash (tu wås)

megmutatni to show (tu só)

megnézni to look (tu luk)

megnyerni to win (tu win)

megpróbálni to try (tu tráj)

megrendelni to order (tu **ór**-d"r)

mégsem still not (**sztil nåt**)

megszámolni to count (tu k<u>au</u>nt)

megtalálni to find - found (tu fájnd - f<u>au</u>nd)

megtanulni to learn (tu lörn)

megtisztítani to cleanse (tu klenz)

megtörténni to happen (tu **he**-p"n)

megtudakolni to find out - found (tu **fájnd-<u>aut</u>** - f<u>au</u>nd)

megtudni to learn (tu lörn)

megváltoz(tat)ni to change (tu cséndzs)

megvásárolni to buy - bought (tu báj - bót)

méh bee (bí)

mekkora(?) how big? (**h<u>au</u>**-big)

meleg warm (wórm); **Meleg van.** It's warm. (itsz-**wórm**); **Melegem
          van.** I am warm. (**áj**-em-**wórm**)

mell breast (breszt)

... mellé beside ... (bi-**szájd**)

mellékállomás extension (iksz-**ten**-s"n)

... mellett next to ... (**nekszt**-tu)

mellkas chest (cseszt)

melltartó bra (brá)

mély deep (díp)

melyik(?) which (wics); **Melyik út vezet ... felé?** Which way is to
          ...? (**wics**-wéj iz-**tu**)

mélyvíz deep water (**díp**-wó-t"r)

menetrend time table (**tájm**-te-b"l)

menni to go - went (tu gó - went); **Hova megy?** Where are you
          going? (**w<u>ee</u>r**-ár-ju **gó**-ing)

mentők ambulance (**em**-bju-l"nsz)

menü menu (**men**-ju)

mennydörgés thunder (**t'ån**-dör)

mennyi(?) how much(?) (**h<u>au</u>**-måcs)

mennyiség quantity (**kvån**-ti-ti)

mentén along (e-**lång**)

méret size (szájz)

mérkőzés match (mecs)

mérnök engineer (en-dzsi-**nír**)

merre(?) which way(?) (**wics**-wéj)

mert because (bi-**kóz**)
mesterséges artificial (år-ti-**fi**-s"l)
messze far away (**fár**-e-wéj)
metró *(US)* subway (sz**å**b-wéj); *(GB)* underground (**ån**-dör-gr**aund**)
méz honey (**hå**-ni)
mezőgazdaság agriculture (eg-ri-**kål**-csör)
meztelen naked (**né**-ked)
mi we (w**í**)
mi(csoda)? what? (w**å**t)
mialatt while (w**á**jl)
... miatt because of ... (bi-**kóz**-åv)
Mibe kerül ez a....? How much does this...cost? (h**au**-måcs d**å**z-d'isz
    k**å**sat)
mielőtt before (bi-**fór**)
mienk ours (<u>aurz</u>)
miért(?) why? (w**á**j)
miért ne(?) why not? (w**á**j-**nåt**)
miféle(?) what kind of? (w**å**t-**kájnd**-åv)
mihelyt as soon as (**ez**-szún-**ez**)
mikor(?) when? (wen); **Mikor megy vissza ...?** When do you return
    ...? (**wen**-du-jú ri-**törn**)
miközben while (w**á**jl)
mikrohullámú sütő microwave oven (**májk**-ró-wév **å**-v"n)
millió million (**mi**-li-"n)
milyen(?) what is ... like? (w**å**t-iz l**á**jk)
mindegy it's all the same (itsz-**ó**l-d"-**szém**)
mindegyik each (**í**cs)
minden every (**ev**-ri)
mindenesetre in any case (in-**e**-ni-**kész**)
mindenhol everywhere (**ev**-ri-w<u>eer</u>)
minden jegy elkelt sold out (sz**ó**ld-<u>aut</u>)
mindenki everybody (**ev**-ri-b**å**-di)
mindennap each day (**í**cs-déj)
mindenütt everywhere (**ev**-ri-w<u>eer</u>)
mindig always (**ó**l-wéjz)
mindkettő both (b**ó**t')
mind ... mind both ... and (b**ó**t' ... end)

miniszter minister (**mi**-nisz-t"r)

miniszterelnök prime minister (**prájm**-mi-nisz-t"r)

minisztérium ministry (**mi**-niszt-ri)

minket us (åsz)

mint as (ez)

minta sample (**szám**-p"l)

mintha as if (**ez**-if)

minusz minus (**máj**-n"sz)

minusz 5 fok 5 degrees below zero (fájv di-**gríz** bi-**ló-zí**-ró)

mióta(?) since when(?) (**szinsz**-wen)

mise mass (m<u>ee</u>sz)

mit(?) what? (wåt)

mivel *(ksz.)* since (szinsz)

mód way (wéj)

modern up-to-date (**åp**-tu-dét)

módszer method (**me**-t'od)

mogyoró hazelnut (**hé**-z"l-nåt)

mondani to say (tu széj)

mosakodni to wash up (tu **wås**-åp)

mosdókagyló wash basin (**wås**-bé-szin)

mosni to wash (tu wås)

mosoda laundry (**lånd**-ri)

mosoly smile (szmájl)

mosolyogni to smile (tu szmájl)

most now (n<u>au</u>)

mostohaanya stepmother (**sztep**-må-d'ör)

Moszkva Moscow (**mosz**-k<u>au</u>)

motor engine (**en**-dzsin)

motorbicikli motorcycle (mo-to-**száj**-k"l)

mozgás movement (**múv**-ment)

mozgássérült handicapped (**hen**-di-kepd)

mozgólépcső escalator (esz-kå-**lé**-t"r)

mozi *(US)* movies (**mú**-viz), *(GB)* cinema (**szi**-ne-må)

mozogni to move (tu múv)

mögé/mögött behind (bi-**hájnd**)

múlt *(fn)* past (pászt)

múlt hét/év last week/year (**lászt**-wík/jír)

[2 hét] múlva in [two weeks] (in **tú**-wíksz)
munka work (wörk)
munkaidő working time/hours (**wör**-king-tájm/<u>au</u>rz)
munkanélküli unemployed (**án**-em-plojd)
munkás worker (**wör**-ker)
mustár mustard (**mász**-tård)
mutatni to show (tu só)
múzeum museum (mju-**zí**-um)
műanyag plastic (**plesz**-tik)
működni to operate (tu **å**-p"-rét)
műsor program (**pró**-grem)
műszaki technical (**tek**-ni-k"l)
műszer instrument (**insz**-tru-ment)
műtét operation (å-p"-**ré**-s"n)
műveletlen uneducated (**án**-e-dju-ké-tid)
művelt educated (**e**-dju-ké-tid)
művész artist (**ár**-tiszt)
művészet art (árt)

N

nadrág trousers (**trau**-z"rsz)
nagy big (big)
nagyanya grandmother (grend-**må**-d'ör)
nagyapa grandfather (grend-**fá**-d'ör)
nagybácsi uncle (**ån**-k"l)
nagybetű capital letter (**ke**-pi-t"l **le**-t"r)
Nagy-Britannia Great Britain (**grét**-**bri**-t"n)
nagyfeszültség high voltage (**háj**-**vol**-tidzs)
nagykövetség embassy (**em**-bå-szi)
nagynéni aunt (ánt)
nagyobb bigger (**bi**-g"r)
nagyon very (**ve**-ri)
nagypéntek Good Friday (**gud**-**fráj**-dé)
nagyszerű great (grét)
nagyszülők grandparents (grend-**pee**-rentsz)
-nál/-nél with (wid')
nap *(24 óra)* day (déj)
nap *(égitest)* sun (szån)
napfény sunshine (**szån**-sájn)
napilap daily paper (**dé**-li **pé**-p"r)
napos sunny (**szå**-ni)
napozni to lie in the sun (tu **láj** in-d"-**szån**)
nappal during the day (**djú**-ring-d"-**déj**)
napról-napra day by day (**déj**-báj-**déj**)
napszemüveg sunglasses (**szån**-glá-sziz)
napszúrás sunstroke (**szån**-sztrók)
naptár calender (**ke**-len-d"r)
narancs orange (**å**-råndzs)
nászutasok honeymooners (**hå**-ni-**mú**-n"rz)
náthás common cold (**ka**-m"n **kóld**)
nedves wet (wet)
néger black (blek)
négy four (fór)
negyed quarter (**kvó**-t"r)
negyedév quarter of a year (**kvó**-t"r-åv-e-**jír**)

negyedik fourth (fort')

negyedóra quarter of an hour (kvó-t"r åv-en-**aur**)

negyven forty (**for**-ti)

néha sometimes (**szám**-tájmz)

néhány a few (e-**fjú**)

nehéz 1. *(súly)* heavy (**he**-vi); 2. *(átv.)* difficult (**di**-fi-k"lt)

nekem van I have (áj **hev**)

neki van he/she has (hí/sí **hez**)

nekünk van we have (wí **hev**)

nélkül without (wid'-**aut**)

nem 1. *(tagadás)* no, not (nó, nåt); **Nem számít.** It doesn't matter. (it-då-z"nt-**me**-t"r); 2. *(férfi-nő)* sex (szeksz)

nem bejárat no entrance (**nó**-en-trensz)

nemdohányzó non-smoker (nån-**szmó**-k"r)

német German (**dzsör**-men)

Németország Germany (**dzsör**-me-ni)

nem működik out of order (aut-åv-**or**-d"r)

nemrég recently (**rí**-szent-li)

nemzet nation (**né**-s"n)

nemzeti national (**ne**-sö-n"l)

nemzetközi international (in-t"r-**ne**-sö-n"l)

nép people (**pí**-p"l)

népművészet folk art (**fók**-árt)

népszerű popular (**påp**-ju-l"r)

népviselet folk costume (**fók**-kåsz-tjúm)

Nesze(!) Here you are(!) (**hír**-jú-ár)

név name (ném)

Neve(?) Your name(?) (jor-**ném**)

nevetni to laugh (tu láf)

névjegy visiting card (**vi**-zi-ting **kárd**)

nézetem szerint in my opinion (in-**máj**-o-**pí**-ni-"n)

nézni to look (tu luk)

nincs there is not (d'er iz nåt); **Nincs időm/pénzem.** I have no time/money. (áj-hev **nó**-tájm/**må**-ni); **Nincs itt!** 1. *(személy)* He/She is not here. (hí/sí iz-**nåt**-hír); 2. *(tárgy)* It's not here. (itsz-**nåt**-hír)

noha though (d'**óu**)

normális normal (**nor**-m"l)
Norvégia Norway (**nor**-véj)
nő woman - women (**wu**-men - **wi**-men)
női divat ladies' fashions (**lé**-diz-**fe**-s"nz)
nők ladies (**lé**-diz)
nőni to grow - grew (tu gró - grú)
nős married (**me**-rid)
nőtlen single (**szin**-g"l)
növény plant (pleent)
nővér sister (**szisz**-t"r)
nulla zero (**zí**-ró)
nyak neck (nek)
nyakkendő tie (táj)
nyaklánc necklace (**nek**-lész)
nyár summer (**szå**-m"r)
nyaralóhely resort place (ri-**zort**-plész)
nyelv 1. *(testrész)* tongue (tång); 2. *(beszélt)* language (**leng**-vidzs)
nyers raw (ró)
nyilvános WC public conveniences (**påb**-lik k"n-**ví**-ni-en-sziz)
nyitni to open (tu **ó**-p"n)
nyitott/nyitva open (**ó**-p"n)
nyolc eight (ét)
nyolcvan eighty (**é**-ti)
nyomni to press (tu presz)
nyugat west (weszt)
nyugati western (**wesz**-t"rn)
nyugdíj pension (**pen**-s"n)
nyugdíjas retired (ri-**tá**-j"rd)
nyugodt calm (kám)
nyugtató sedative (**sze**-då-tiv)
nyúl rabbit (**re**-bit)

óceán ocean (ó-s"n)
oda there (d'<u>ee</u>r)
óhaj desire (di-**zá**-j"r)
óhajtani to desire (tu di-**zá**-j"r)
ok reason (**rí**-z"n)
okmány document (**dák**-ju-ment)
okos clever (**kle**-v"r)
oktatás education (e-dju-**ké**-s"n)
október October (åk-**tó**-b"r)
olaj oil (ojl)
olasz Italian (i-**tel**-jen)
Olaszország Italy (**i**-t"-li)
olcsó cheap (csíp)
olcsóbb cheaper (**csí**-p"r)
oldal side (szájd)
olló scissors (**szi**-z"rz)
olvasás reading (**rí**-ding)
olvasni to read - read (tu ríd - red)
olyan *(mint)* such (as) (**szåcs** ez)
olykor-olykor from time to time (fråm-**tájm**-tu-**tájm**)
-on/-en/-ön on (ån)
onnan from there (fråm-**d'<u>ee</u>r**)
opera opera (**åp**-rå)
operaház opera house (**åp**-rå-h<u>au</u>sz)
operett operetta (**å**-pe-re-tå)
óra 1. *(idő)* hour (<u>au</u>r); 2. *(szerkezet)* watch (wåcs)
órákig for hours (for-**<u>au</u>**-"rz)
óránként every hour (ev-ri-**<u>au</u>r**)
órás watchmaker (**wåcs**-mé-k"r)
orgona 1. *(virág)* lilac (**láj**-låk); 2. *(hangszer)* organ (**ór**-g"n)
óriási gigantic (dzsáj-**g"n**-tik)
orosz Russian (**rå**-s"n)
oroszlán lion (**lá**-j"n)

Oroszország Russia (rå-så)

orr nose (nóz)

ország country (**kånt**-ri)

országos national (**ne**-sö-n"l)

országút highway (**háj**-wéj)

orvos doctor (**dåk**-t"r); **Orvoshoz kellene mennem.** I ought to see a
    doctor. (áj-**ót**-tu-szí e-**dåk**-t"r)

orvosság medicine (**med**-szin)

osztály class (klász)

osztottpályás út divided highway (di-**váj**-did **háj**-wéj)

osztrák Austrian (**ósz**-trí-"n)

osztriga oyster (**oj**-szt"r)

óta since (szinsz)

ott there (d'<u>ee</u>r)

otthon *(fn)* home (hóm)

otthon *(hat.)* at home (et-**hóm**)

óvatos cautious (**kó**-s"sz)

Ö, Ő

ő 1. *(férfi)* he (hí); 2. *(nő)* she (sí)

ők they (d'éj)

őket them (d'em)

ökölvívás boxing (**båk**-szing)

ökörfarkleves oxtail soup (**åksz**-tél-szup)

öltöny suit (szjút)

öltözni to dress (tu dresz)

öltöző dressing-room (**dre**-szing-rúm)

ön(ök) you (jú)

önéletrajz cv (curriculum vitae) (szí-ví, kå-**ri**-kju-l"m váj-**ti**)

öngyújtó lighter (**láj**-t"r)

önkiszolgálás self-service (**szelf**-ször-visz)

önműködő automatic (ó-to-**me**-tik)

ördög devil (**de**-vil)

öreg old (óld)

örök eternal (í-**t''r**-nel)

örökség inheritance (in-**he**-ri-tensz)

öröm joy (dzsoj)

örömmel gladly, with pleasure (**gled**-li, wid'-**ple**-zs"r)

örülni to be glad (tu-bi-**gled**); **Örülök, hogy látom.** I'm glad to see you. (ájm-**gled**-tu-**szí**-jú)

Örvendek(!) Pleased to meet you(!) (**plízd**-tu-**mít**-jú)

ősz *(fn) (US)* fall (fól), *(GB)* autumn (ó-t"mn)

ősz *(mn)* grey-haired (**gréj**-heerd)

őszibarack peach (pícs)

őszinte sincere (szin-**szír**)

összeg sum (szåm)

összekeverni to mix (tu miksz)

ősszel *(US)* in the fall, *(GB)* in the autumn (in-d"-**fól**/ó-t"mn)

összes all (the) (**ól**-d")

összesen total (**tó**-t"l)

ösztöndíj scholarship (**szkå**-l"r-sip)

öt five (fájv)

őt 1. *(férfit)* him (him) 2. *(nőt)* her (hör)

ötlet idea (**áj**-di-")

101

ötnapos munkahét five day week (**fájv**-déj-wík)
ötödik fifth (fift')
ötven fifty (**fif**-ti)
öv belt (belt)
övé 1. *(férfié)* his (hiz) 2. *(nőé)* hers (hörz)
övék theirs (d'éerz)
övezet zone (zón)
őz deer - deer (dír)
őzhús venison (**ve**-ni-sz"n)
özvegy widow (**wi**-dó)

paciens patient (**pé**-s"nt)

pad bench (bencs)

padló floor (flór)

palack bottle (**bå**-t"l)

palacsinta pancake (**pen**-kék)

pálinka brandy (**bren**-di)

palota palace (**pe**-l"sz)

pályafutás career (k"-**rír**)

pályaudvar railroad/railway station (**rél**-ród/**rél**-wéj-**szté**-s"n)

panasz complaint (k"m-**plént**)

panaszkodni to complain (tu k"m-**plén**)

panoráma panorama (p"-no-**rá**-m")

pap priest (príszt)

papír paper (**pé**-p"r)

papírpénz bill (bil)

papírszalvéta paper napkin (**pé**-p"r-**nep**-kin)

papírzsebkendő (paper) tissue (**pé**-p"r-**ti**-sú)

paprika pepper (**pe**-p"r)

paprikás csirke paprika chicken (p"p-ri-**kå-csi**-k"n)

papucs slippers (**szli**-p"rz)

pár (2 db) pair (p<u>ee</u>r); **egy pár [cipő]** a pair of [shoes] (e-**pe-er**-av-**súz**); **egy pár (darab) [könyv]** a couple of [books] (e-**ka**-p"l-av-**buksz**)

paradicsom tomato (to-**mé**-tó)

párás humid (**hju**-mid)

paraszt peasant (**pe**-z"nt)

páratartalom humidity (hju-**mi**-di-ti)

pardon(!) sorry(!) (**szå**-ri)

parfűm perfume (pör-**fjúm**)

párhuzamos parallel (**på**-rå-lel)

park park (párk)

parkolni to park (tu párk); **Parkolni tilos(!)** No parking! (**nó** pár-king)

parkolóhely parking place (**pár**-king-plész)

parkolóóra parking meter (**pár**-king-**mí**-t"r)
parlament Parliament (**pår**-lå-ment)
párna pillow (**pi**-ló)
párolt stewed (sztjúd)
part *(tó)* shore (sór), *(folyó)* bank (benk)
párt party (**pár**-ti)
partner partner (**párt**-n"r)
patak creek (krík)
patika chemist's (**ke**-misztsz)
pattogatott kukorica popcorn (**påp**-korn)
pech bad luck (**bed**-låk)
pecsenye roast (rószt)
pecsét stamp (sztemp)
pedál pedal (**pe**-d"l)
pedig but (båt)
pedikűr pedicure (**pi**-di-kjúr)
pékség bakery (**bé**-k"-ri)
példa example (ig-**zám**-p"l)
például for instance (for-**in**-sztensz)
pelenka diaper (**dá**-jå-p"r)
péntek Friday (**fráj**-dé)
pénz money (**må**-ni)
pénzesutalvány money order (**må**-ni-ór-d"r)
pénztár cash-desk (**kes**-deszk)
pénztárca purse (pörsz)
pénzügyi financial (fáj-**nen**-s"l)
pénzváltás exchange office (iksz-**cséndzs**-å-fisz)
perc minute (**mi**-nit); **[5] perc múlva** in [5] minutes (in **fájv**-mi-nitsz); **[5] perc múlva [7] óra** [5] minutes before [7] (**fájv** mi-nitsz-bi-**fór** sze-v"n); **[5] perccel múlt [7]** [5] minutes past [7] (**fájv** mi-nitsz **pászt** sze-v"n)
percenként every minute (**ev**-ri-**mi**-nit)
peron platform (**plet**-form)
persze of course (åv-**kórsz**)
petrezselyem parsley (**pársz**-li)
pezsgő champagne (sem-**pén**)

104

pihenés rest (reszt); **Pihenésre van szükségem.** I need a rest. (áj-
   níd-e-reszt)
pihenni to rest (tu reszt)
pillanat moment (**mó**-ment); **Egy pillanat!** Just a moment! (**dzsászt**-
   e-**mó**-ment)
pillanatnyilag for the moment (for-d"-**mó**-ment)
pilóta pilot (**páj**-l"t)
pince cellar (**sze**-l"r)
pincér waiter (**wé**-t"r)
ping-pong table tennis (**té**-b"l-**te**-nisz)
pipa pipe (pájp)
pipázni to smoke a pipe (tu **szmók**-e-pájp)
pirítós toast (tószt)
piros red (red)
pirula pill (pil)
piskóta finger-biscuit (**fin**-g"r-bisz-kvit)
piszkos dirty (dör-ti)
piszok dirt (dört)
pisztráng trout (tra<u>ut</u>)
pizsama pajamas, pyjamas (p"-**dzsá**-mász)
plakát poster (**pósz**-t"r)
plusz plus (plász)
pocak pot-belly (**påt**-be-li)
pogggyász luggage (**lå**-gidzs)
pohár glass (glász); **egy pohár [víz]** a glass of [water] (e-**glász**-åv
   wó-t"r)
pokol hell (hel)
pokróc blanket (**blen**-k"t)
polc shelf (self)
politika politics (**på**-li-tiksz)
politikai political (po-**li**-ti-k"l)
pompás splendid (**szplen**-did)
pongyola dressing gown (**dre**-szing-ga<u>un</u>)
pontos 1. *(időben)* punctual (**pånk**-tju-"l); 2. *(összeg)* exact (ig-**zekt**)
pontosan *(így)* exactly (so) (ig-**zekt**-li szó)
ponty carp (kárp)
por dust (dåszt)

porcellán china (**csáj**-nå)
poros dusty (**dåsz**-ti)
porszívó vacuum cleaner (**vek**-jum-klí-n"r)
portás doorkeeper (**dór**-kí-p"r)
portó postage (**pósz**-tidzs)
Portugália Portugal (**por**-tju-g"l)
posta post office (**pószt**-å-fisz)
postai irányítószám *(US)* ZIP-code (**zip**-kód), *(GB)* postcode
        (**pószt**-kód)
postaköltség postage (**pósz**-tidzs)
postaláda mail box (**mél**-båksz), letter box (**le**-t"r-båksz)
postás postman (**pószt**-men)
pótágy extra bed (**eksz**-trå-bed)
pótalkatrész spare part (**szpeer**-párt)
pótmama baby sitter (**bé**-bi-**szi**-t"r)
pörkölt *(fn)* stew (sztjú)
pörkölt *[kávé]* roasted [coffee] (**rósz**-tid-**kå**-fí)
Prága Prague (prág)
praktikus practical (**prek**-ti-k"l)
precíz precise (pri-**szájz**)
prém fur (för)
próba test (teszt)
probléma problem (**pråb**-lem)
problematikus problematic (pråb-le-**m"**-tik)
program program (**pró**-gr"m)
propaganda 1. *(politikai)* propaganda (prå-på-**gen**-då) 2. *(üzleti)*
        promotion (pro-**mó**-s"n)
púder facepowder (**fész**-pau-d"r)
puha soft (szåft)
pulóver pullover (pul-**ó**-v"r)
pulzus pulse (pålsz)
pulyka turkey (**tör**-ki)
Pünkösdvasárnap Whitsunday (**wit**-szån-dé)

R

-ra/-re on (ån)
rabbi rabbi (**re**-báj)
rablás robbery (**rå**-b"-ri)
radiátor radiator (re-di-**é**-t"r)
rádió radio (**ré**-di-ó)
rádióállomás radio station (**ré**-di-ó-szté-s"n)
rádiókészülék radio set (**ré**-di-ó-**szet**)
ragasztó glue (glú)
rágni to chew (tu csú)
rágógumi chewing gum (**csú**-ing-gåm)
rajz drawing (**dró**-ing)
rajzolni to draw - drew (tu dró - drú)
rák 1.*(állat)* shrimp, crayfish, lobster (shrimp, **kréj**-fis, **låbsz**-t"r);
    2.*(kór)* cancer (**ken**-sz"r)
rakni to put - put (tu put)
raktár warehouse (**weer**-h<u>au</u>sz)
randevú date (dét)
rántotta scrambled eggs (**szkrem**-b"ld-egz)
rántott hús breaded pork chops (**bre**-did **pórk**-csåpsz)
rázni to shake - shook (tu sék - suk)
reagálni to react (tu ri-**ekt**)
reakció reaction (ri-**ek**-s"n)
reális real (rfl)
recepció reception desk (ri-**szep**-s"n-deszk)
recept 1.*(orvosi)* prescription (pre-**szkrip**-s"n); 2.*(étel)* recipe (**re**-szö-pi)
református reformed (ri-**fórmd**)
régen a long time ago (e-lång-**tájm**-e-gó)
régebben earlier (**ör**-li-"r)
regény novel (**ná**-v"l)
reggel *(fn)* morning (**mór**-ning)
reggel *(hat.)* in the morning (in-d"-**mór**-ning)
reggeli breakfast (**brek**-f"szt)
reggelizni to have breakfast (tu hev **brek**-f'szt)

reggeltől-estig from morning till night (frám-**mór**-ning til-**nájt**)
régi old (óld)
régóta long (lång)
rekamié couch (<u>kau</u>cs)
rekedt hoarse (hórsz)
reklám publicity (påb-**li**-szi-ti)
reklamáció complaint (k"m-**plént**)
remek splendid (**szplen**-did)
remélhetőleg hopefully (**hóp**-fu-li)
remélni to hope (tu hóp); **Remélem!** I hope so! (áj-**hóp**-szó)
remény hope (hóp)
reménytelen hopeless (**hóp**-lesz)
rémes terrible (**te**-ri-b"l)
rend order (**ór**-d"r)
rendben van(!) all right(!) (**ól**-rájt)
rendelés order (**ór**-d"r)
rendelni to order (tu **ór**-d"r)
rendeltetési hely destination (desz-ti-**né**-s"n)
rendes ordinary (**ór**-di-n"-ri)
rendetlenség disorder (diz-**ór**-d"r)
rendkívüli extraordinary (eksz-trå-**ór**-di-n"-ri)
rendőr policeman (po-**lísz**-men)
rendőrség police (po-**lísz**)
rendszámtábla number plate (nåm-b"r-plét)
rendszer 1.*(ált.)* system (**szisz**-t"m); 2.*(pol.)* regime (re-**zsím**)
rendszeresen regularly (**reg**-ju-l"r-li)
rendszerint as a rule (ez-e-**rúl**)
répa carrot (**ke**-rot)
repülés flight (flájt)
repülni to fly - flew (tu fláj - flú)
repülőgép airplane (<u>ee</u>r-plén)
repülőtér airport (<u>ee</u>r-port)
rész part (párt)
részben partly (**párt**-li)
részeg drunk (drånk)
részlet detail (**dí**-tél)
részletes detailed (**dí**-téld)

108

részletesen in detail (in-**dí**-tél)

részt venni to take part (tu **ték**-párt)

résztvevő participant (pår-**ti**-szi-p"nt)

részvétel participation (pår-ti-szi-**pé**-s"n)

retek radish (re-dis)

retikül handbag (**hend**-beg)

rettenetes terrible (**te**-ri-b"l)

rettenetesen terribly (**te**-rib-li)

retúrjegy *(US)* round-trip ticket, *(GB)* return-ticket (**raund**-trip/ri-**törn ti**-kit)

reuma rheumatism (**rú**-må-ti-z"m)

réz copper (**kå**-p"r)

ribizli red currants (red-**kör**-rentsz)

riporter reporter (ri-**pór**-t"r)

ritkán seldom (**szel**-d"m)

rizs rice (rájsz)

róka fox (fåksz)

rokkant maimed (mémd)

rokon*(ok)* relative(s) (**re**-lå-tivz); **Rokonoknál vagyok.** I am staying with relatives. (áj-em-<u>szté</u>-jing' wid-**re**-lå-tivz)

rokonság *(rokoni viszony)* relationship (ri-**lé**-s"n-sip)

rokonszenves sympathetic (szim-på-**te**-tik)

-ról/-ről 1. *(konkrét)* from (fråm); 2. *(átv.)* about ("-b<u>au</u>t)

róla about him/her ("-b<u>au</u>t him/hör); **Rólam van szó.** It's about me. (itsz-"-b<u>au</u>t-mí)

rom ruin (rujn)

római katolikus Roman Catholic (<u>ró</u>-men-<u>ke</u>-t'o-lik)

Románia Ro(u)mania (ro-/ru-<u>mé</u>-ni-å)

romlott rotten (<u>rå</u>-t"n)

ropogós crisp (kriszp)

rossz bad (bad); **Rossz buszra/vonatra szálltam.** I took the wrong train/bus. (áj-<u>tuk</u> d"-<u>rång</u>-trén/båsz)

rosszabb worse (wörsz)

rossz minőségű of inferior quality (åv-in-<u>fí</u>-ri-"r <u>kvå</u>-li-ti)

rosszul érzem magam feel unwell (áj-<u>fíl</u> <u>ån</u>-wel)

rózsa rose (róz)

rózsaszínű pink (pink)

rozsda rust (råszt)
rozsdamentes acél stainless steel (<u>sztén</u>-lesz-<u>sztíl</u>)
rozskenyér rye bread (<u>ráj</u>-bred)
rögtön at once (et-<u>wånsz</u>)
röntgen X-ray (<u>eksz</u>-réj)
rövid short (sort)
rövidhullám short wave (<u>sort</u>-wév)
rövidítés abbreviation (e-bri-vi-**é**-s"n)
rövidített *[változat]* abridged version (e-**bridzsd**-**vör**-zsön)
rövidlátó short-sighted (sort-**száj**-tid)
rövidzárlat short circuit (**sort**-ször-k"t)
rugni to kick (tu kik)
rugó spring (szpring)
ruha dress (dresz)
ruhatár cloak-room (**klók**-rúm)
ruházat clothing (**kló**-d'ing)
rum rum (råm)
rumos tea tea with rum (**tí**-wid'-råm)
rúzs lipstick (**lip**-sztik)

saját own (ón)
saját magam myself (máj-**szelf**)
sajnálat regret (ri-**gret**)
sajnálni to regret (tu ri-**gret**)
Sajnálom! I'm sorry! (ájm **szá**-ri)
sajnos unfortunately (ân-**for**-csö-net-li)
sajt cheese (csíz)
sajtó press (presz)
sakk chess (csesz)
sakkozni to play chess (tu **pléj** csesz)
sál scarf (szkárf)
saláta 1.*(fejes)* lettuce (**le**-tusz); 2.*(köret)* salad (**sze**-led)
sampon shampoo (**sem**-pú)
sánta lame (lém)
sápadt pale (pél)
sapka cap (kep)
sár mud (måd)
sárga yellow (**je**-ló)
sárgadinnye cantaloupe (**ken**-t"-lup)
sárgarépa carrot (**ke**-rot)
sárgaréz copper (**kå**-p"r)
sarok corner (**kór**-n"r)
sáros muddy (**må**-di)
sas eagle (**í**-g"l)
sátor tent (tent)
sátorozni to camp (tu kemp)
sáv 1.*(csík)* stripe (sztrájp); 2.*(út)* lane (lén)
savanyú sour (sz<u>au</u>r)
savanyú uborka dilled pickles (**dild**-pi-k"lz)
seb wound (wund)
sebesség speed (szpíd)
sebességkorlátozás speed limit (**szpíd**-li-mit)
sebességváltó gear lever (**gír**-le-v"r)
sebesült injured (**in**-dzsörd)
sebész surgeon (**ször**-dzsön)

sebtapasz surgical plaster (**sör**-dzsi-k"l **plász**-t"r)
segíteni to help (tu help); **Segíthetek?** May I help you? (mé-áj-**help**-jú); **Segítene nekem...** Would you help me... (wud-jú **help**-mí)
segítség help (help)
segítséget nyújtani to aid (tu éd)
sehogyan no way (**nó**-wéj)
sehol nowhere (**nó**-w<u>ee</u>r)
sejteni to guess (tu gesz)
sekély shallow (**se**-ló)
selyem silk (szilk)
sem....sem neither...nor (**ní**-d"r/**náj**-d"ör **nor**)
semleges neutral (**njút**-r"l)
semlegesség neutrality (**njút**-re-li-ti)
semmi(t) nothing (**nå**-t'ing)
semmi esetre sem by no means (báj-**nó**-mínz)
semmi más(t) nothing else (**nå**-t'ing-elsz)
senki(t) nobody (**nó**-bå-di)
sértés offence (**å**-fensz)
sérülés injury (**in**-dzsö-ri)
sérült injured (**in**-dzsörd)
séta walk (wók)
sétahajó pleasure boat (**ple**-zsör-bót)
sétálni to take a walk (tu **ték**-e-**wók**)
Siessen(!) Hurry up(!) (**hö**-ri-åp); **Sietek.** I'm in a hurry. (ájm-in-e-**hö**-ri)
sietség hurry (**hö**-ri)
sietve in a hurry (in-e-**hö**-ri)
sík plain (plén)
siker success (szåk-**szesz**)
sikeres successful (szåk-**szesz**-ful)
sikerülni to succeed (tu szåk-**szíd**); **Nem sikerült elérni a vonatot.** I couldn't catch the train. (áj-**ku**-d"nt-**kecs**-d"-trén); **Nem sikerült a házasságom.** My marriage has failed. (máj-**me**-ridzs hez-**féld**)
síkos slippery (**szli**-p"-ri)
síkság plain (plén)

síma smooth (smúd')
sín rail (rél)
sírni to cry (tu kráj)
Skandinávia Scandinavia (szken-di-**né**-vi-")
Skócia Scotland (**szkåt**-lend)
skót Scotch (szkåcs)
sláger hit song (**hit**-szång)
slusszkulcs ignition key (ig-**ni**-s"n-kí)
só salt (szólt)
sofőr driver (**dráj**-v"r)
sógor brother-in-law (**brå**-d'ör-in-**ló**)
sógornő sister-in-law (**szisz**-t"r-in-**ló**)
soha never (**ne**-v"r)
sóhajtani to sigh (tu száj)
soha többé never again (**ne**-v"r-e-**geen**)
sok much/many (måcs/**me**-ni); **Ez túl sok.** That's too much. (d'etsz-
   tú-måcs); **Sok éven át.** For many years. (for **me**-ni-jírz)
sokáig for long (for-**lång**)
sokan many people (**me**-ni-**pí**-p"l)
sokk shock (såk)
sokkal kisebb/nagyobb much smaller/bigger (**måcs-szmó**-l"r/**bi**-
   g"r)
sokszor many times (**me**-ni-**tájmsz**)
sonka ham (hem)
sor 1.*(írás)* line (låjn); 2.*(mozi)* row (ró)
sorrend order (**or**-d"r)
sors fate (fét)
sort(nadrág) Bermuda shorts (bör-**mú**-då-**sortsz**)
sós salty (**szól**-ti)
sóska sorrel (**szå**-r"l)
sótartó salt-cellar (**szólt-sze**-l"r)
sovány 1.*(ember)* thin (t'in); 2.*(hús)* lean (lín)
sózott salted (**szól**-tid)
sör beer (bír)
sörnyitó bottle-opener (**bå**-t"l-ó-**pe**-n"r)
söröző beer house (**bír**-h<u>a</u>usz)
sőt even (**í**-v"n)

sötét dark (dárk)

sötétség darkness (**dárk**-nesz)

spanyol Spanish (**szpe**-nis)

Spanyolország Spain (szpén)

spárga *(étel)* asparagus (âsz-på-rå-g"sz)

speciális special (**szpe**-s"l)

spenót spinach (**szpí**-n"cs)

spórolni to save money (tu **szév** må-ni)

sport sports (szportsz)

sportoló sportsman/sportslady (**szportsz**-men/lé-di)

stadion stadium (**szté**-di-"m)

stb. etc./et cetera (et-**sze**-t"-rå)

stílus style (sztájl)

stoplámpa stop light (**sztåp**-lájt)

strand beach (bícs)

sugár ray (réj)

sugárzás radiation (re-di-**é**-s"n)

súly weight (wét)

súlyos *(átv.)* grave (grév)

suttogni to whisper (tu **wisz**-p"r)

süket deaf (def)

sült hús roast (rószt)

sürgős urgent (**ör**-dzsent)

sütemény cake (kék)

sütni 1.*(sütőben)* to bake (tu bék); 2.*(zsírban)* to fry (fráj)

Svájc Switzerland (**szvi**-c"r-lend)

svájci Swiss (szwisz)

Svédország Sweden (**szwí**-d"n)

szabad free (frí); **Szabad** [ide ülnöm]? May I [sit here]? (**mé**-áj **szit**-hír); **Szabad!** *(kopogásra)* Come in! (**kåm**-in)

szabadidő leisure time (**lí**-zsör-tájm)

szabadság freedom (**frí**-d"m), *(nyári)* holiday (**hå**-li-déj)

szabadtéri színpad open-air theater (ó-p"n-_ee_r-**t'i**-å-t"r)

szabály rule (rúl)

szabó tailor (**té**-l"r)

szag smell (szmel); **Jó szaga van.** It smells good. (it-**szmelz**-gud)

száj mouth (m_au_t')

szakács(nő) cook (kuk)
szakáll beard (bírd)
szakállas bearded (**bír**-did)
szakasz *(vasúti)* compartment (k"m-**párt**-ment)
szakember expert (**eksz**-pört)
szakma trade (tréd)
szakszervezet trade union (tréd-**jú**-ni-"n)
szaladni to run - ran (tu rån - ren)
szalag ribbon (**ri**-b"n)
szalámi salami (szå-**lá**-mi)
szállás accomodation (e-ko-mo-**dé**-s"n)
szállítani to transport (tu trensz-**pórt**)
szállni to fly - flew (tu fláj - flú)
szálloda hotel (hó-**tel**)
szalonna bacon (**bé**-k"n)
szalvéta napkin (**nep**-kin)
szám number (**nåm**-b"r)
számára for (for)
számítani vkire to count on (tu kaunt-ån)
számítógép computer (k"m-**pju**-t"r)
számla bill, invoice (bil, in-**vojsz**)
számolni to count (tu kaunt)
számos numerous (**nju**-me-r"sz)
szandál sandal (**szen**-d"l)
szándék intention (in-**ten**-s"n)
szándékosan on purpose (ån-**pör**-pösz)
szappan soap (szóp)
száraz dry (dráj)
száraz (vegy)tisztítás dry cleaning (dráj-klí-ning)
szárny wing (wing)
szárnyashajó hydrofoil (**hájd**-ro-fojl)
száz hundred (**hånd**-red)
század *(100 év)* century (**szen**-csö-ri)
százalék percent (pör-**szent**)
szebb nicer (**náj**-sz"r)
szédülés dizziness (**di**-zi-nesz); **Szédülök.** I feel dizzy. (áj-**fíl di**-zi)
szeg nail (nél)

szegény poor (púr)
szegfű carnation (kár-né-s"n)
szegfűszeg clove (klóv)
szék chair (cs<u>ee</u>r)
székesegyház cathedral (ke-**t'íd**-r"l)
székhely seat, headquarters (szít, **hed**-kwó-t"rz)
szekrény closet (**klå**-zet)
szél wind (wind)
széle vminek edge (edzs)
szeles windy (win-di)
széles broad (bród)
szélesség width (widt')
szelet slice (szlájsz)
szelíd gentle (**dzsen**-t"l)
szellemes witty (**wi**-ti)
szélvédő windshield (wind-sfld)
szem eyes (ájz)
szemben opposite to (**å**-p"-zit-tu)
személy person (**pör**-sz"n)
személyazonossági igazolvány identity card (áj-**den**-ti-ti-**kárd**)
személyes personal (**pör**-szö-n"l)
személyesen personally (**pör**-szö-n"-li)
személyi adatok personal data (**pör**-szö-n"l **dé**-tå)
személyzet staff, *(jármű)* crew (sztáf, krú)
szemét garbage (**gár**-bidzs)
szemöldök eyebrows (**áj**-bróz)
szempilla eyelashes (**áj**-le-siz)
szemteler arrogant (**år**-ro-g"nt)
szemüveg glasses (**glá**-sziz)
szendvics sandwich (szend-vics)
szén coal (kól)
szent saint (szént)
szenvedni to suffer (tu **szå**-f"r)
szenzáció sensation (szen-**szé**-s"n)
szenzációs sensational (szen-**szé**-sö-n"l)
szép beautiful (**bjú**-ti-ful)
szépség beauty (**bjú**-ti)

szeptember September (szep-**tem**-b"r)
Szerbia Serbia (**Ször**-bi-")
szerda Wednesday (**wendz**-déj)
szerelem love (låv); **Szerelmes vagyok beléd.** I'm in love with you.
    (**ájm**-in-**låv**-wid'-**jú**)
szerelő mechanic (me-**ká**-nik)
szerencse luck (låk)
szerencsés lucky (**lå**-ki)
szerencsétlen unlucky (**ån**-lå-ki)
szerény modest (**må**-deszt)
szeretet love (låv)
szeretett beloved (bi-**lå**-v"d)
szeretni to love (tu låv); **Nagyon szeretlek.** I love you very much.
    (áj-**låv**-jú ve-ri-måcs); **Szeretek [olvasni].** I like to [read].
    (áj-**lájk**-tu-ríd); **Szeretném...** I'd like to... (ájd-**lájk**-tu);
    Szeretném tudni... I'd like to know... (ájd-**lájk**-tu nó)
szerint according to (e-**kor**-ding-tu)
szerintem in my opinion (in-**máj**-o-pí-ni-"n)
szerpentin(út) winding road (**wájn**-ding-ród)
szerszám instrument (**in**-sztru-ment)
szervezet organization (or-ge-náj-**zé**-s"n)
szervezni to organize (tu **or**-ge-nájz)
szesz spirit (**szpi**-rit)
szeszes ital alcoholic drink (el-ko-**hó**-lik-**drink**)
szekszuális sexual (**szek**-su-"l)
szezon season (**szí**-z"n)
sziget island (**áj**-lend)
szigorú strict (sztrikt)
szigorúan tilos strictly forbidden (**sztrikt**-li-for-**bi**-d"n)
szikla rock (råk)
szilárd firm (förm)
szilva plum (plåm)
Szilveszter New Year's Eve (**njú**-jírz-**ív**)
szimpátia sympathy (**szim**-pe-t'i)
szimpatikus sympathetic (szim-**pe**-te-tik)
szín color (**kå**-l"r)
színdarab play (pléj)

117

színes film/kép/tv color film/picture/tv (**kå**-l"r film/**pik**-csör/**tí**-ví)
színész actor (**ek**-t"r)
színésznő actress (**ek**-tresz)
színház theater (**t'í**-"-tör)
szinkronizált dubbed (dåbd)
színpad stage (sztédzs)
szint level (**le**-v"l)
színtelen colorless (**kå**-l"r-lesz)
szintén also (**ól**-szó)
szintetikus synthetic (szin-**t'e**-tik)
szinvonal standard (szten-d"rd)
szív heart (hárt)
szivacs sponge (szpåndzs)
szivar cigar (szi-**gár**)
szivélyes hearty (**hár**-ti)
szíves kind (kájnd); **Szíves engedelmével.** With your kind
    permission. (wid'-jor-**kájnd** pör-**mi**-s"n)
szívesen welcome (**wel**-kåm)
szívesség favor (**fé**-vör); **Tenne nekem egy szívességet!** Would you
    do me a favor! (wuḍ-ju-**dú**-mí e-**fé**-vör)
szívinfarktus heart attack (**hárt**-e-tek)
szláv Slavic (**szle**-vik)
szlovák Slovak (**szlå**-vók)
Szlovákia Slovakia (szlo-**vé**-ki-")
Szlovénia Slovenia (szlo-**ví**-ni-")
szó word (wörd)
szobaszám room number (**rúm**-nåm-b"r)
szobor statue (**szte**-tjú)
szocialista socialist (**szó**-s"-liszt)
szódavíz soda water (**szó**-då-**wó**-t"r)
szokás habit (**he**-bit)
szokásos usual (**jú**-zsu-"l)
szokatlan unusual (ån-**jú**-zsu-"l)
szoknya skirt (szkört)
szolgálat service (**ször**-visz)
szolgálatban lenni to be on duty (tu bí-ån-**djú**-ti)
szolgáltatás service (**ször**-visz)

118

szombat Saturday (**sze**-tör-dé)

szomjas thirsty (**t'örsz**-ti); **Szomjas vagyok.** I am thirsty. (**áj** em-**t'örsz**-ti)

szomorú sad (szed)

szomorúság sadness (szed-nesz)

szomszéd neighbor (**né**-bör)

szomszédos neighboring (**né**-bö-ring)

-szor/-szer/-ször times (tájmsz)

szórakozás amusement (e-**mjúz**-ment)

szórakozni to have fun (tu hev fån)

szórakozott absent-minded (**eb**-sz"nt-**májn**-did)

szórakoztató amusing (e-**mjú**-zing)

szórakoztató művész entertainer (en-tör-**té**-n"r)

szóra sem érdemes(!) never mind (ne-v"r-**májnd**)

szorgalmas diligent (**di**-li-dzsent)

szósz gravy (**gré**-vi)

szótag syllable (**szi**-lå-b"l)

szótár dictionary (**dik**-s"n-e-ri)

szőke blonde (blånd)

szökődút fountain (f<u>au</u>n-ten)

szőlő grape (grép)

szőnyeg *(US)* rug, *(GB)* carpet (rag, **kár**-p"t)

szőr hair (h<u>ee</u>r)

szőrme fur (för)

szörnyű terrific (te-**ri**-fik)

szöveg text (tekszt)

szövet cloth (klåt')

szövetkezet cooperative (ko-å-p"-rå-tiv)

szúnyog mosquito (mosz-**kí**-tó)

szuterén basement (**béz**-ment)

szűk narrow *(ruha)*, tight (**ne**-ró, tájt)

szükség need (níd); **Szükségem van a [segítségére]!** I need [your help]! (áj-**níd**-jor-**help**)

szükég esetén in case of emergency (in-**kész**-åv e-mör-dzsen-szi)

szükséges necessary (**ne**-sze-sz"-ri)

szükséglet demand (di-**mánd**)

szükségtelen unnecessary (ån-**ne**-sze-sz"-ri)

119

szülészet maternity ward (må-**tör**-ni-ti-**wórd**)
születés birth (bört')
születésnap birthday (**bört'**-déj)
születési hely és idő time and place of birth (tájm-end-**plész**-åv-
       bört'); **[Budapesten] születtem.** I was born in [Budapest].
       (**áj**-woz-**born**-in)
szülők parents (**pee**-rentsz)
szünet pause (póz)
szünidő vacation (ve-**ké**-s"n)
szüret vintage (**vin**-tidzs)
szürke gray, grey (gréj)
szürkület dusk (dåszk)
szvetter sweater (**szve**-t"r)

(T) tanuló vezető (L) learner driver (**lör**-n"r-**dráj**-v"r)
tabletta pill (pil)
tábor camp (kemp)
tábortűz campfire (**kemp**-**fá**-j"r)
tag member (**mem**-b"r)
tág wide (wájd)
tágas spacious (**szpé**-s"sz)
táj scenery (**szí**-n"-ri)
tájékozott well-informed (**wel**-**in**-formd)
tájékoztatás information (in-for-**mé**-s"n)
tájékoztatásul for your information (for-**jor**-in-for-**mé**-s"n)
tájékoztatni to inform (tu in-**form**)
takarékoskodni to save up (tu **szév**-åp)
takarítani to tidy (up) (tu **táj**-di åp)
takaró blanket, cover (**blen**-k"t, **kå**-v"r)
tál dish (dis)
talaj soil (szojl)
találka date (dét)
találkozni to meet - met (tu mít - met); **Hol találkozzunk?** Where
    shall we meet? (**weer**-sel-**wí**-**mít**); **Találkoztam X úrral.** I
    met Mr. X. (**áj**-**met**-**misz**-t"r eksz)
találkozó meeting (**mí**-ting)
találni to find - found (tu fájnd - **fa**und)
talált tárgyak lost and found (**lå**szt-end-**fa**und)
talán perhaps (pör-**hepsz**)
tálca tray (tréj)
talp sole (szól)
tanács advice (ed-**vájsz**)
tanár teacher (**tí**-cs"r)
tánc dance (dánsz)
táncolni to dance (tu dánsz)
tánczene dance music (**dánsz**-**mjú**-zik)
tanfolyam course (kórsz)
tanítani to teach - taught (tu tícs - tót)

tanítás teaching (**tí**-csing)
tankolni to tank (tu tenk)
tankönyv textbook (**tekszt**-buk)
tanu witness (**wit**-nesz)
tanulás/tanulmány study (**sztå**-di)
tanulmányút study tour (**sztå**-di-**túr**)
tanulni to learn (tu lörn)
tanuló *(fn)* pupil (**pjú**-pil)
tányér plate (plét)
tapasztalat experience (eksz-**pí**-ri-"nsz)
táplálék nourishment (**nö**-ris-ment)
taps applause (ep-**lóz**)
tárcsázni to dial (tu **dá**-j"l)
tárgy object (åb-**dzsekt**)
tárgyalás talks (tóksz)
tarifa fee (fí)
társ companion (k"m-**pe**-njon)
társadalom society (szo-**szá**-j"-ti)
társadalombiztosítás social security (**szó**-s"l-szek-**ju**-ri-ti)
társalgás conversation (k"n-ver-**zé**-s"n)
társalogni to chat (tu cset)
társaság society (szo-**szá**-j"-ti)
társasutazás conducted tour (k"n-**dåk**-tid-**túr**)
tartalék reserve (ri-**zörv**)
tartalék alkatrész spare part (**szper**-párt)
tartalom contents (**kån**-tentsz)
tartály tank (tenk)
tartani vmit to hold - held (tu hóld - held); **Tartsa a vonalat!** Hold
    the line, please! (**hóld**-d"-**lájn** plíz)
tartani *(időben)* to last (tu lászt)
tartós durable (**djú**-rå-b"l)
tartózkodás stay (sztéj)
tartózkodási engedély residence permit (**re**-zi-densz **pör**-mit)
tartózkodási időtartam duration of stay (dju-**ré**-s"n-åv-**sztéj**)
tartozni to owe (tu ó); **Tartozik nekem [5 dollárral]**. You owe me
    [five dollars]. (ju-**ó**-mí **fájv**-då-l"rsz)
tartozni vkihez/vmihez to belong to (tu bi-**lång**-tu)

122

táska bag (beg)
táv distance (**disz**-t"nsz)
tavaly last year (**lászt-jír**)
tavasz spring (szpring)
tavasszal in spring (in-**szpring**)
távcső field-glasses (**fíld-glá**-sziz)
távirat cable (**ké**-b"lz)
táviratozni to send a cable (tu **szend**-e-**ké**-b"l)
távlat perspective (**pör**-szpek-tiv)
távol far (fár)
távoli far-away (**fár**-e-wéj)
Távol-Kelet Far East (**fár-íszt**)
távollét absence (**eb**-sz"nsz)
távolság distance (**disz**-t"nsz)
távolsági beszélgetés long distance call (**lång**-disz-t"nsz-**kól**)
távolsági busz out of town bus (**aut**-åv-**taun** båsz)
távozni to leave - left (tu lív - left)
taxi taxi, cab (**tek**-szi, keb)
taxiállomás taxi-stand (**tek**-szi-**sztend**)
tbc tb, TB (tí-bí)
te you (jú)
tea tea (tí)
teafőző tea kettle (**tí**-ke-t"l)
teáscsésze tea cup (**tí**-kåp)
teáskanna teapot (**tí**-påt)
teázni to drink tea - drank (tu **drink**-**tí** - drenk)
technika technics (tek-**níksz**)
technologia technology (tek-**nå**-lå-dzsi)
téged you (jú)
tegnap yesterday (**jesz**-tör-déj)
tegnapelőtt the day before yesterday (d"-**déj**-bi-fór-**jesz**-t"r-déj)
tegnap este last night (**lászt-nájt**)
tehén cow (kau)
tehéntúró curd (körd)
teher load (lód)
teherautó *(US)* truck, *(GB)* lorry (tråk, **lo**-ri)
tehetséges talented (**te**-len-tid)

123

tej milk (milk)

tejcsárda milkbar (**milk**-bár)

tejcsokoládé milk chocolate (**milk**-cså-kå-let)

tejeskávé coffee with milk (kå-fí-wid'-**milk**)

tejfel sour cream (sz**au**r-**krím**)

tejszín cream (krím)

tejszínhab whipped cream (**wipd**-krím)

tejtermékek dairy products (**dé**-ri-prå-dåktsz)

tekercsfilm roll film (**ról**-film)

tekintetbe venni to take into consideration (tu-**ték**-in-tu-k"n-**szi**-de-ré-s"n)

tél winter (**win**-t"r)

tele full (ful)

telefon (tele)phone (te-le-**fón**)

telefonálni to phone (tu fón)

telefonfülke phonebooth (**fón**-bút')

telefonhívás phone call (**fón**-kól)

telefonkagyló receiver (ri-**szí**-v"r)

telefonkönyv telephone directory (te-le-**fón**-di-**rek**-t"-ri)

telefonszám phone number (**fón**-nåm-b"r)

télen in winter (in-**wín**-t"r)

televízió television (te-le-**ví**-zs"n)

televiziót nézni to watch tv (tu wåcs **tí**-ví)

télikabát winter coat (**win**-t"r-kót)

telik (időbe) it takes... (it-**téksz**); [**1 órába**] **tellett** It took me [an hour] (it-**tuk**-mí-en **au**r)

teljes complete (k"m-**plít**)

teljes ellátás full board (**ful**-bórd)

teljesen completely (k"m-**plít**-li)

teljesíteni to fulfil (tu **ful**-fil)

teljes név full name (**ful**-ném)

teljesülni to come true - came (tu **kåm-trú** - kém)

téma topic (**tå**-pik)

temetés burial (**bö**-ri-"l)

temető cemetery (**sze**-met-ri)

templom church (csörcs)

tendencia trend (trend)

tenger sea (szí)
tengerentúl(i) overseas (ó-v"r-**szíz**)
tengerpart coast (kószt)
tenisz tennis (**te**-nisz)
teniszpálya tennis court (**te**-nisz-**kort**)
tenni to do - did (tu dú - did)
tény fact (fekt)
tenyér palm of hand (**pám**-áv-**hend**)
tényező factor (**fek**-t"r)
tényleges actual (**ek**-tju-"l)
tépni to tear - tore (tu t<u>ee</u>r - tór)
tér(*ség*) space (szpész)
térd knee (ní)
terelő út detour (**dí**-túr)
terem hall (hól)
terhes (*nő*) pregnant (**preg**-n"nt)
tértivevény return receipt (ri-**törn**-ri-**szít**)
terjedelem volume (vål-**júm**)
térkép map (mep)
termálfürdő thermal bath (**t'ör**-m"l-**bát'**)
termék product (**prå**-dåkt)
termékeny fertile (**för**-tá-j"l)
termelés production (prå-**dåk**-s"n)
természet nature (**né**-csö-r)
természetesen of course (åv-**kórsz**)
természettudományok natural sciences (**ne**-csö-r"l-**szá**-jen-sziz)
természetvédelmi terület wild life conservation (**wájld**-**lájf**-k"n-szer-**vé**-s"n)
terminológia terminology (tör-mi-**nå**-lå-dzsi)
térti jegy (*US*) roundtrip ticket, (*GB*) return ticket (**ra<u>u</u>nd**-trip/ri-**törn**-ti-kit)
terület territory (**te**-ri-to-ri)
terv plan (plen)
tervezés planning (**ple**-ning)
tervezni to plan (tu plen)
Tessék! (**Itt van!**) Here you are! (**hír**-ju-**ár**); **Tessék!** (kopogásra) Come in! (**kåm**-in); **Tessék?** I beg your pardon. (áj-**beg**-jor-**pár**-d"n)

test body (**bå**-di)
testvér brother (<u>brå</u>-t"r)
testvéri fraternal (frå-**tör**-n"l)
teteje top (tåp)
tétovázni to hesitate (tu **he**-zi-tét)
tető roof (rúf)
tetszeni to like (tu låjk); **Hogy tetszik?** How do you like it? (<u>hau</u>-du-ju **lájk**-it); **Ez tetszik nekem.** I like this. (áj-**lájk**-d'isz); **Ön tetszik nekem.** I like you. (áj-**lájk**-jú); **Tetszése szerint.** As you like. (ez-jú-**lájk**)
tett deed (díd)
tévedés mistake (misz-**ték**)
tévedésből by mistake (**báj**-misz-ték); **Tévedtem.** I was wrong. (áj-woz-**rång**); **Ön téved.** You are wrong/mistaken. (ju-ár-**rång**/misz-té-k"n)
tevékeny active (**ek**-tiv)
tevékenység activity (ek-**ti**-vi-ti)
tévékészülék TV set (**tí**-ví-szet)
téves kapcsolás wrong number (**rång-nåm**-b"r)
textil textile (**teksz**-tá-j"l)
ti/titeket you (jú)
a ti...tek your... (jor)
tied/tietek yours (jorz)
tigris tiger (táj-g"r)
tilos forbidden (for-**bi**-d"n)
Tilos az átjárás No trespassing (nó-**tresz**-pá-szing)
Tilos a bemenet No admittance (nó-ed-**mi**-tensz)
Tilos a dohányzás No smoking (nó-**szmó**-king)
Tilos a fürdés No swimming (nó-**szwi**-ming)
Tilos a parkolás No parking (nó-**pár**-king)
tiltakozni to protest (tu prå-**teszt**)
tinta ink (ink)
tipikus typical (**ti**-pi-k"l)
tipus type (tájp)
tiszt officer (**å**-fi-sz"r)
tiszta pure, *(szoba)* clean (pjúr, klín)
tiszta gyapjú pure wool (pjúr-wúl)

126

tisztaság cleanness (**klín**-nesz)
tisztázni to clear (up) (tu **klír**-åp)
Tisztelt X úr(,) Dear Mr. X, (**dír** misz-t"r eksz)
tisztítani to clean (tu klín)
tisztító dry cleaner (**dráj**-**klí**-n"r)
titkár(nő) secretary (**szek**-re-t"-ri)
titkárság secretariat (**szek**-re-t"-ri-et)
titokzatos mysterious (misz-**tí**-ri-"sz)
tíz ten (ten)
tizedik tenth (tent')
tizenegy eleven (í-**le**-v"n)
tizenhárom thirteen (t'ör-**tín**)
tizenhat sixteen (sziksz-tín)
tizenhét seventeen (sze-v"n-tín)
tizenkettő twelve (tw"lv)
tizenkilenc nineteen (nájn-tín)
tizennyolc eighteen (é-**tín**)
tizenöt fifteen (fif-**tín**)
tízórai snack (sznek)
tó lake (lék)
toalett (WC) lavatory (**le**-v"-to-ri)
tojás egg (eg)
tojásfehérje white (of an egg) (**wájt** åv-en-**eg**)
tojássárgája yolk (of an egg) (**jolk** åv-en-**eg**)
-tól/-től from... (fråm)
toll feather (**fe**-d'ör)
tolmács interpreter (in-**tör**-pre-t"r)
tolmácsolni to interpret (tu in-**tör**-pret)
tolni push (pus)
tolókocsi wheelchair (**wíl**-cs<u>ee</u>r)
tolvaj thief (t'íf)
torma horseradish (**horsz**-re-dis)
torna gymnastics (dzsim-**nesz**-tiksz)
tornacipő gym shoes (**dzsim**-súz)
torok throat (t'rót)
torokfájás sore throat (**szór**-t'rót)
torony tower (<u>**tau**</u>-"r)

127

tovább further (**för**-d'er); **Nem tudok tovább várni!** I cannot wait
    any longer. (áj-**ke**-nåt-wét e-ni-**lån**-g"r)
továbbadni to pass on (tu **pász**-ån)
további additional (e-**di**-s"-nel)
több more (mór); **Nincs több!** There's no more. (d'<u>ee</u>rz **nó-mór**)
többé-kevésbé more or less (**mór**-or-**lesz**)
többek között among others (e-**mång**-å-d'örsz); *(a)* **többiek** the
    others (d'i-**å**-d'örsz)
több mint more than (**mór**-d'en)
többnyire mostly (**mószt**-li)
többség majority (me-**dzsö**-ri-ti)
többször several times (**sze**-ve-r"l-**tájmsz**)
tőke capital (**ke**-pi-t"l)
tökéletes perfect (**pör**-fikt)
tökéletesen perfectly (**pör**-fikt-li)
tőle from him *(férfi)*/from her *(nő)* (fråm-**him/hör**)
tőlem from me (fråm-**mí**)
tölgy oak (ók)
tölteni 1.*(folyadékot)* to pour (tu púr); 2.*(időt)* to spend - spent
    (szpend - szpent)
töltőtoll fountain pen (**f<u>au</u>n**-t"n-pen)
töltött káposzta stuffed cabbage (szt**åffd-ke**-bidzs)
tömeg mob, crowd (måb, kr<u>au</u>d)
tömegcikk mass product (**m<u>ee</u>sz-prå**-dåkt)
tömegkommunikációs eszközök mass media (m<u>ee</u>sz-**mí**-di-")
törékeny fragile (**fre**-dzsá-j"l)
törhetetlen unbreakable (ån-**bré**-ke-b"l)
törni *(vt/vi)* to break - broke (tu brék - brók)
Törökország Turkey (**tör**-ki)
törölni *(pl. rendelést)* to cancel (tu **ken** sz"l)
törött broken (bró-k"n)
történelem history (**hisz**-t"-ri)
történelmi historical (hisz-**to**-ri-k"l)
történet story (**szto**-ri)
történni to happen (tu **he**-p"n); **Mi történt?** What happened? (wåt-
    he-p"nd)
törülköző towel (**t<u>au</u>**-"l)

törvény law (ló)
törvényes legal (**lí**-g"l)
trafik tobacco shop (to-**be**-kó-såp)
tragédia tragedy (**tre**-dzsö-di)
tragikus tragic (**tre**-dzsik)
tranzitvízum transit visa (**tren**-zit-**ví**-z")
tréfa joke (dzsók)
trikó undershirt (**ån**-d"r-shört)
trombita trumpet (**tråm**-pet)
tubus tube (tjúb)
tucat dozen (**dá**-z"n)
tudakozó inquiries (in-**kvá**-je-riz)
tudni to know - knew (tu nó - njú); **Tudom, hogy...** I know that...
    (áj-nó d'et); **Nem tudom.** I don't know. (áj-**dont**-nó); **Meg**
    tudom érteni... I can understand... (áj-ken-ån-d"r-**sztend**);
    Nem tudom [felemelni]. I cannot [lift] it. (áj-**ke-nåt** lift-it);
    Nem tudok segíteni Önnek. I cannot help you. (áj-**ke-nåt**
    help-jú)
tudomásom szerint to my knowledge (tu-máj-**nå**-lidzs)
tudomány science (**szá**-j"nsz)
tudományos scientific (**szá**-j"n-ti-fik)
...túl beyond... (bi-**jánd**)
túl sok/kevés too much/little (**tú**-måcs/**li**-t'l)
tulipán tulip (**tjú**-lip)
túlsúly excess weight (ek-**szesz**-wét)
túlzás exaggeration (eg-**ze**-dzs"-ré-s"n)
túra tour (túr)
túrista tourist (**tu**-riszt)
turizmus tourism (**tú**-ri-z"m)
túró curds (kördz)
tű needle (**ní**-d"l)
tüdő lungs (lángz)
tüdőgyulladás pneumonia (nju-**mó**-ni-")
tükör mirror, looking glass (**mi**-r"r, **lu**-king-glász)
tükörtojás fried eggs (**frájd**-egz)
türelem patience (**pé**-s"nsz)
türelmes patient (**pé**-s"nt)

129

türelmetlen impatient (im-**pé**-s"nt)
tűz fire (**fá**-j"r)
tűzálló fireproof (**fá**-j"r-prúf)
tűzijáték fireworks (**fá**-j"r-**wörksz**)
tűzoltók *(US)* fire department, *(GB)* fire brigade (**fá**-j"r-di-**párt**-
　　ment/bri-**géd**)
tv tv (**tí-ví**)
tyúk hen (hen)

U

uborka cucumber (**kjú**-kåm-b"r)
udvarias polite (po-**lájt**)
udvariatlan impolite (**im**-po-lájt)
ugrani to jump (tu dzsåmp)
ugrás jump (dzsåmp)
úgy that way (**d'et**-wéj)
ugyanakkor at the same time (et-d"**szém-tájm**)
ugyanaz(t) the same (d"-**szém**)
ugyanígy the same way (d"-**szém-wéj**)
ugyanis namely (**ném**-li)
ugyanott the same place (d"-**szém**-plész)
úgynevezett so-called (**szó**-kóld)
új new (njú)
újból again (e-**geen**)
új év new year (**njú**-jír)
ujj finger (**fin**-g"r)
újra again (e-**geen**)
újság news (njúz)
újságíró journalist (**dzsör**-ne-liszt)
újságosbódé newsstand (**njúz**-sztend)
Ukrajna Ukraine (**jú**-krén)
ultrahang ultrasound (**ålt**-rå-szaund)
unalmas boring (**bó**-ring)
unoka grandchild - children (**grend**-csájld - child-r"n)
úr lord (lord)
(X.) úr Mr. X. (**misz**.-t"r eksz)
urak gents, gentlemen (dzsentsz, **dzsent**-"l-men)
Uram Sir! (szőr)
uralom rule (rúl)
URH (rádió) FM (ef-em)
úriember gentleman - men (**dzsen**-t"l-men - men)
úszás swimming (**szwi**-ming)
úszni to swim - swam (tu szwim - szwem)
úszó swimmer (**szwi**-m"r)

uszoda swimming pool (**szwi**-ming-púl)
úszósapka swimming cap (**szwi**-ming-kep)
út way (wéj)
után after (**áf**-t"r); **Csak Ön után!** After you! (**áf**-t"r-jú)
utánvéttel C.O.D. (szí-ó-dí)
utas passenger (**pe**-szen-dzsör)
utazás journey (**dzsör**-ni)
utazási iroda travel agency (**tre**-v"l-**é**-dzsen-szi)
utazni to travel (tu **tre**-v"l)
utca street (sztrít)
útelágazás road junction (**ród-dzsånk**-s"n)
út elzárva road closed (**ród-klózd**)
útépítés road works (**ród-wörksz**)
útikalauz guidebook (**gájd**-buk)
útiköltség fare (f<u>ee</u>r)
útkereszteződés intersection (**in**-t"r-**szek**-s"n)
útközben underway (**ån**-dör-wéj)
útlevél passport (**pász**-port)
útlevélvizsgálat passport control (**pász**-port-**kån-tról**)
utószezon off-season (**åf**-szí-z"n)
utoljára for the last time (for-d"-**lászt-tájm**)
utolsó last (lászt)
útvonal route (rút)
uzsonna snack (sznek)

Ü

üdítőitalok refreshments (ri-**fres**-mentsz)
üdülőhely holiday resort (**hå**-li-déj-ri-**zort**)
üdvözlet greetings (**grí**-tingsz); **Szívélyes üdvözlettel** with best
      regards (wid'-**beszt**-ri-**gárdsz**)
üdvözölni to greet (tu **grít**)
ügy matter (**me**-t"r)
ügyeljünk a tisztaságra no littering (**nó-li**-t"-ring)
ügyes skillful (**szkil**-ful)
ügylet deal (**díl**)
ügyvéd lawyer (**ló**-j"r)
ülés *(hely)* seat (szít); **Üljön le!** Sit down, please! (**szit**-d<u>au</u>n, **plíz**)
ülni to sit - sat (tu **szit** - **szet**); **Hol ül Ön?** Which is your seat? (**wics**-
      iz-**jor**-szít)
ünnep holiday (**hå**-li-déj)
ünnepelni to celebrate (tu **sze**-le-brét)
ünneplés celebration (sze-leb-**ré**-s"n)
úr space (szpész)
üres empty (**emp**-ti)
űrhajó spaceship (**szpész**-sip)
űrlap form (form)
ürmös vermouth (**vör**-mút)
űrrepülés space flight (**szpész**-flájt)
ütni to beat - beat (tu **bít** - **bít**)
üveg 1.*(anyag)* glass (glász); 2.*(palack)* bottle (**bå**-t"l)
üzemanyag fuel (fjú-"l)
üzenet message (**me**-szidzs)
üzenni to send a message (tu **szend**-e-**me**-szidzs)
üzlet 1.*(ügylet)* business (**biz**-nisz); 2.*(bolt)* shop, store (såp, sztór)
üzletember businessman (**biz**-nisz-men)

vacsora supper (szå-p"r)

vacsorázni to have supper (tu hev-szå-p"r)

vad *(mn)* wild (wájld)

vadász hunter (hån-t"r)

vadászat hunting (hån-ting)

vadászni to hunt (tu hånt)

vágni to cut - cut (tu kåt - kåt)

vagy or (or)

vagy...vagy either...or (*(US)* í-d'ör/*(GB)* áj-d'ör...**or**)

vágy desire (di-zá-j"r)

vagyok I am (**áj-em**)

vagyunk we are (**wí-ár**)

vaj butter (bå-t"r)

vajas kenyér buttered bread (bå-törd-**bred**)

vajon whether (**we**-d'ör)

vak blind (blájnd)

vaku flash gun (**fles**-gån)

-val/-vel with (wid')

valaha *(is)* ever (e-v"r)

valahogyan somehow (**szåm**-h<u>au</u>)

valahol somewhere (**szåm**-w<u>ee</u>r)

valaki somebody (**szåm**-bå-di)

valami something (**szåm**-t'ing)

válasz reply (rip-**láj**)

választani to choose - chose (tu csúz - csóz)

választások elections (i-**lek**-s"nz)

váll shoulder (**sól**-d"r)

vállalat company (**kåm**-pe-ni)

vallás religion (ri-**lí**-dzs"n)

vallásos religious (re-**lí**-dzs"sz)

vállfa hanger (**hen**-g"r)

válni vmivé to become - became (tu bi-**kåm**- bi-**kém**)

valóban really (**rí**-li)

valódi real (rfl)

valóság reality (ri-**e**-li-ti)

valóságos real (ríl)
valószínüleg likely (**lájk**-li)
válság crisis - crises (**kráj**-szisz - kráj-**szíz**)
változás change (cséndzs)
változatlan unchanged (án-cséndzsd)
változni to change (tu cséndzs)
valuta currency (**kö**-ren-szi)
vám customs (**kász**-t"mz)
vámkezelés customs clearance (**kász**-t"mz-**klí**-rensz)
vámmentes duty free (**djú**-ti-frí)
vámvizsgálat customs control (**kász**-t"mz-kán-**tról**)
van is (iz); **Van egy [újság]ja?** Have you got a [newspaper]? (hev-jú-**gát**-e **njúz**-pé-p"r)
vanilia vanilla (vá-**nil**-lá)
vár castle (**ká**-sz"l)
várakozás waiting (**wé**-ting)
várakozás tilos no waiting (**nó wé**-ting)
váratlanul unexpectedly (án-iksz-**pek**-ted-li)
várni to wait (tu wét); **Várjon rám!** Wait for me. (**wét**-for-mí)
várólista waiting list (**wé**-ting-**liszt**)
város town, *(nagy)* city (t<u>au</u>n, **szi**-ti)
városközpont city center (szi-ti-**szen**-t"r)
városnézés sightseeing (tour) (**szájt**-szí-ing-túr)
váróterem waiting room (**wé**-ting-**rúm**)
varrni to sew (tu szó)
vas iron (**áj**-r"n)
vasalni to iron (tu **áj**-r"n)
vasaló flat iron (flet-**áj**-r"n)
vásár fair (f<u>ee</u>r)
vásárlás shopping (**så**-ping)
vasárnap Sunday (**szån**-dé)
vásárolni to buy - bought (tu báj - bót)
vastag thick (**t'ik**)
vasút *(US)* railroad (**rél**-ród), *(GB)* railway (**rél**-wéj)
vászon linen (**li**-n"n)
vatta cotton-wool (**kå**-t"n-**wúl**)
váza flower vase (**fl<u>au</u>**-"r-**véz**)

vécé lavatory (**lå**-v"-to-ri)

vécépapír toilet paper (**toj**-let-**pé**-p"r)

védekezés defense (di-**fensz**)

vége end (end)

vegetariánus vegetarian (ve-dzsi-**te**-ri-"n)

végig till the end (**til**-d'í-**end**)

végleges final (**fáj**-n"l)

végösszeg total sum (**tó**-t"l-**szåm**)

végre at last (et-**lászt**)

végtagok limbs (limz)

végzettség qualification (kvå-li-fi-**ké**-s"n)

végül finally (**fáj**-n'l-li)

vegyes mixed (mikszd)

vékony thin (t'in)

vele with him/with her (**wid'**-**him/hör**)

velem with me (**wid'**-**mí**)

vélemény opinion (o-**pín**-jon)

véleményem szerint in my opinion (in **máj**-o-**pín**-jon)

véletlenül incidentally (in-szi-**den**-t"-li)

vendég guest (geszt)

vendéglátás hospitality (hász-pi-**te**-li-ti)

vendéglő restaurant (**resz**-to-rån)

venni to take - took (tu ték - tuk)

Vegyen (még) Help yourself (**help**-jor-szelf)

vér blood (blåd)

vércsoport blood group (**blåd**-grup)

véres bloody (**blå**-di)

vérnyomás blood pressure (**blåd**-pre-sör)

vers poetry, poem (**pó**-et-ri, **pó**-em)

verseny competition, contest (k"m-pe-**ti**-s"n, **kån**-teszt)

vérzés bleeding (**blí**-ding)

vese kidney (**kid**-ni)

vesekő kidney stone (**kid**-ni-**sztón**)

veszély danger (**dén**-dzsör)

veszélyes dangerous (**dén**-dzsö-r"sz)

vészfék emergency break (e-**mör**-dzsen-szi-brék)

vészkijárat emergency exit (e-**mör**-dzsen-szi-**eg**-zit)

vezetni to lead - led (tu líd - led)
vezető leader (lí-d"r)
vicc joke (dzsók)
vicces funny (få-ni)
vidám gay, merry (géj, me-ri)
vidéken in the country (in-d"-kånt-ri)
vígjáték comedy (kå-m"-di)
vigyázat caution (kå-s"n); **Vigyázat autó** Beware of traffic (bi-
    weer-åv-tre-fik); **Vigyázat lépcső** mind the steps (májnd-
    d"-sztepsz); **Vigyázat, a tetőn dolgoznak** danger, work
    overhead (dén-dzsör, wörk ó-v"r-hed)
vigyázz(!) look out(!) (luk-aut)
vihar storm (sztorm)
világ world (wörld); **az egész világon** all over the world (ól-ó-v"r-d"-
    wörld)
világháború world war (wörld-wór)
világhírű world famous (wörld-fé-m"sz)
világítás lighting (láj-ting)
világos bright (brájt)
világűr outer space (au-t"r-szpész)
villa fork (fork)
villamos streetcar, tram (sztrít-kár, trem)
villany electricity (i-lek-tri-szi-ti)
villanyborotva electric razor (i-lek-trik-ré-z"r)
villanykörte bulb (bålb)
vinni to carry (tu ke-ri)
virág flower (flau-"r)
virágbolt flower shop (flau-"r-såp)
Virágvasárnap Palm Sunday (pálm-szån-dé)
virsli Vienna sausage (vi-e-nå-szå-szidzs)
viselkedés behavio(u)r (bi-hév-jor)
Viszont kívánom(!) The same to you(!) (d"-szém-tu-jú)
Viszontlátásra(!) So long(!) Bye-bye(!) (szó-lång, báj-báj)
vissza back (bek)
visszaadni to return (tu ri-törn)
visszafordulni to turn back (tu törn-bek)
visszajáró pénz (the) change (d"-cséndzs)

visszapillantó tükör rearview mirror (**rír**-vjú-**mi**-r"r)
visszatéríteni *(pénzt)* to refund (tu ri-**fånd**)
visszatérni to return (tu ri-**törn**)
vitorlás *(hajó)* sailing boat (**szé**-ling-**bót**)
vitorlázás sailing (**szé**-ling)
vívás fencing (**fen**-szing)
víz water (**wó**-t"r)
vízibusz water bus (**wó**-t"r-**båsz**)
vízisielés water skiing (**wó**-t"r-**szkí**-ing)
vízum visa (**ví**-z")
vízumot kérni to apply for a visa (tu e-**pláj**-for-e-**ví**-z")
vizsga exam(ination) (**eg**-zåm-i-**né**-s"n)
vizsgázni to pass an exam (tu **pász**-en-**eg**-z"m)
voltam I was (áj-**woz**)
vonal line (lájn)
vonat train (trén)
vontatni to tow (tu tó)
völgy valley (**ve**-li)
Vöröskereszt Red Cross (**red**-**kråsz**)

•

W

WC lavatory (**la**-v"-to-ri)

Z

zabpehely oatflakes (**ót**-fléksz)
zacskó bag (beg)
zaj noise (nojz)
zajos noisy (**noj**-zi)
zakó coat (kót)
zápor shower (<u>sau</u>-"r)
zár lock (låk)
zárni to close (tu klóz)
záróra closing time (**kló**-zing-**tájm**)
zárva closed (klózd)
zászló flag (fleg)
zavarni to disturb (tu disz-**törb**); **Zavarhatom?** May I disturb you?
    (**mé**-áj-disz-**törb**-jú)
zavartalanul undisturbed (**ån**-disz-törbd)
zebra zebra (**zíb**-r")
zeller celery (**sze**-l"-ri)
zene music (**mjú**-zik)
zenei musical (**mju**-zi-k"l)
zenekar orchestra (**or**-keszt-rå)
zenész musician (mju-**zi**-s"n)
zivatar thunderstorm (**t'ån**-dör-**sztorm**)
zokni socks (száksz)
zongora piano (**pjá**-nó)
zöld green (grín)
zöldpaprika green pepper (**grín**-pe-p"r)
zöldség vegetable (**vedzs**-ti-b"l)
zsák sack (szek)
zsákutca dead end street (**ded**-end-**sztrít**)
zseb pocket (**på**-kit)
zsebkendő handkerchief (**hend**-kör-csíf)
zseblámpa flashlight (**fles**-lájt)
zsemle bun, roll (bån, ról)
zsidó *(fn)* Jew (dzsú)
zsidó *(mn)* Jewish (**dzsú**-is)
zsinagóga synagogue (**szi**-nå-góg)

zsír lard (lárd)
zsíros fat (fet)
zsúfolt crowded (**kr<u>au</u>**-did)
zuhany shower (**s<u>au</u>**-"r)
zuhanyozni to take a shower - took (tu **ték**-e-**s<u>au</u>**-"r - tuk)

ENGLISH-HUNGARIAN

PREFACE

The 7,000 entries in this dictionary were carefully selected in order to offer you the most useful vocabulary words and expressions, including the English words which you are most likely to use during a visit to Hungary and the Hungarian words that you are most likley to see over doors, in shops, and on signs.

There is also plenty of supplemental information to ease your Hungarian experience. All the basic information regarding the dictionary and the Hungarian language is provided in the *How to Use This Dictionary* and *Key to Pronunciation* sections. An *Index of Geographical Names* lists the most important Hungarian locations with their pronunciations and descriptions. This is followed by a *Practical Conversion Guide*, with all the measures you may need during a trip. A selection of *Typical Hungarian Dishes* groups food in their menu order with their pronunciations and descriptions. Finally, there is a list of *Original Hungarian First Names* with their meanings and orgins, and a list of *Holidays in Hungary*.

HOW TO USE THIS DICTIONARY

This dictionary contains the basic and essential vocabulary words along with some important phrases and expressions. Expressions can be found under the word considered to be the most important one in the sentence. Negative sentences are arranged under the relevant verb, e.g.: <u>I don't have</u> under <u>have</u>, <u>I don't want</u> under <u>want</u>. Warnings like <u>no entry</u> or <u>no parking</u>, however, are all listed under <u>no</u>. The expressions include complete and incomplete sentences—a part in square brackets can be changed as the situation requires. In either case the necessary word or words are to be looked up separately in the dictionary.

Both the American and British spelling and meaning of a word are indicated where necessary. *GB* refers to the British usage, *US* refers to the American.

Words which are very similar in spelling are presented side by side, e.g.: *theater/theatre*.

Following are various symbols you will come across in the dictionary:

/   marks a choice between two (occasionally more) words within one sentence: *my hands/feet are cold = my hands are cold* or *my feet are cold*.

( )   Words or parts of words in round brackets can be disregarded without any change to its meaning e.g. *optimist(ic) = optimista* means that the Hungarian word is the same (i.e. *optimista*) for both *optimist* and *optimistic*.

[ ]   A word or words in square brackets can be replaced by any other word that suits the situation. For example, in *at [5] o'clock*, *five* can be replaced by any appropriate numeral.

...   Three bold dots usually follow an English word and precede a Hungarian one. This means that the order of words is reversed in the foreign language. For example, *because of ...* = *... miatt* indicates this order: *because of Peter = Péter miatt.*

.... Four dots at the end of a phrase mean that the phrase can be completed in various ways. For example, *I want to buy...* can be supplemented by any object the user would like.

Entries that are spelled alike but are different parts of speech are properly indicated.

Within expressions, verbs are often presented in their inflected form, e.g.: it **occurs** to me.

If an English noun is generally used in plural form but the Hungarian word remains singular (typically with parts of the body like *ears, eyes, legs,* etc.) the English plural is put in round brackets and the Hungarian word is given in singular. In a few instances Hungarian may also use plural. In these cases, the Hungarian plural also appears in round brackets.

If an entry word has several meanings, they are numbered and explained. It is possible in some instances that an English word has more than one meaning but only the most useful Hungarian equivalent is indicated.

Following the entry word set in boldface type is the Hungarian equivalent(s), then the pronunciation. You will be surprised to find that Hungarian pronunciation is not as terrible as you may have presumed. To make it as easy for you as possible, only letters of the English alphabet are used in the phonetic respellings. Nevertheless, we suggest that you also study the *Key to Pronunciation*.

Three sounds that exist in British pronunciation (in words like *duty*, *new* or *tube*) are indicated by dy, ny and ty and are connected underneath to indicate that unlike English, these sounds are not to be pronounced as separate syllables; e.g. in contrast to English *lady* or *many*, Hungarian *lády* (lágy) or *meny* are monosyllabic words. To help users pronounce Hungarian words more easily and correctly, they are divided into syllables in the phonetic transcription.

For additional details on pronunciation see also the Pronunciation section in the *Introduction to the Hungarian Language*.

KEY TO PRONUNCIATION

HUNGARIAN LETTER	PHONETIC SYMBOL	ENGISH EXAMPLE
a	ah	c*u*t, h*u*t
á	á	c*a*r, f*a*r
b	b	*b*ed, *b*it
c	ts	ca*ts*, bi*ts*
cs	tch	*ch*eek, wit*ch*
d	d	*d*o, *d*irt
e	e	t*e*n, g*e*t
é	ay	c*a*ke, b*a*y
f	f	*f*ig, *f*ur
g	g	*g*et, *g*un
gy	<u>dy</u>	*d*ue, *d*uty
h	h	*h*en, *h*it
I	i	h*i*t, s*i*ck
í	ee	n*ee*d, l*ea*d
j, ly	y	*y*es, *y*ou
k	k	*k*id, *k*it
l	l	*l*eg, *l*ot
m	m	*m*ore, *m*en
n	n	*n*et, *n*o
ny	<u>ny</u>	Ke*ny*a, *n*ew
o	o	b*o*y, h*o*rn
ó	ó	t*o*re, g*o*al
ö	ö	k*ö*nnen
ő	ő	b*i*rd, t*u*rn

HUNGARIAN EXAMPLE	PRONUNCIATION
alma, kakas	ahl-mah, kah-kahsh
hálás, banán	hál-lásh, bah-nán
baba, banán	bah-bah, bah-nán
cukor, vicc	tsoo-kor, vits
csak, vacsora	tchahk, vah-tcho-rah
darab, vadállat	dah-rahb, vahd-ál-laht
emelet, bezárni	e-me-let, be-zár-ni
édes, elég	ay-desh, e-layg
futni, fehér	foot-ni, fe-hayr
gáz, még	gáz, mayg
gyufa, hagyni	dyoo-fah, hahdy-ni
három, vihar	há-rom, vi-hahr
hitel, virág	hi-tel, vi-rág
híd, víz	heed, veez
jég, lyuk	yayg, yook
kacsa, kávé	kah-tchah, ká-vay
lány, levegő	lány, le-ve-gő
mód, menni	mód, men-ni
nem, nagy	nem, nahdy
nyár, lány	nyár, lány
bor, torok	bor, to-rok
tó, háló	tó, háló
köd, zöld	köd, zöld
kő, erős	kő, e-rősh

HUNGARIAN LETTER	PHONETIC SYMBOL	ENGLISH EXAMPLE
p	p	*p*et, *p*in
r	r	*r*ed, *r*ing
s	sh	*sh*eep, *sh*y
sz	s	*s*ing, *s*it
t	t	*t*en, *t*ape
ty	<u>ty</u>	*t*ube, *t*une
u	oo	h*oo*k, f*oo*t
ú	ú	f*oo*d, m*oo*n
ü	ü	d*ü*nn
ű	ű	k*ü*hl, r*ue*
v	v	*v*an, *v*et
z	z	*z*oo, *z*ip
zs	zh	plea*s*ure, mea*s*ure

HUNGARIAN EXAMPLE	PRONUNCIATION
lámpa, patak	lám-pah, pah-tahk
rend, rizs	rend, rizh
síp, sál	sheep, shál
szó, kész	só, kays
tenger, tépni	ten-ger, tayp-ni
tyúk, kutya	<u>ty</u>úk, koo-<u>ty</u>ah
puha, tudni	poo-hah, tood-ni
hús, húsz	húsh, hús
tükör, szürke	tü-kör, sür-ke
fű, hűvös	fű, hű-vösh
van, kávé	vahn, ká-vay
zöld, kéz	zöld, kayz
zsír, rizs	zheer, rizh

INTRODUCTION TO THE
HUNGARIAN LANGUAGE

Most European languages, including English, French and Spanish,
belong to the Indo-European language family. Thus they are more or
less closely related to one another. The only exceptions in Europe are
Hungarian, Estonian, Finnish and Lappish. The Lapps do not have a
state of their own. They live in the northern regions of Norway,
Sweden and Finland, as well as in the northwestern extremeties of
Russia. Hungarian, however, is not so closely related to the others.
The Finno-Ugric Family—as the name implies— has two main
branches: the Finnish-Permian Group and the Ugric Group, with
Hungarian belonging to the latter one.

     The fact that Hungarian is not related to English explains
some structural differences. For example, in all European languages,
the act of possessing is expressed the same way— mostly by a word
of common origin (*to have*). But in Hungarian one says *nekem van*
(*to me there is*). Another structural difference is that Hungarian does
not use prepositions but suffixes instead. The English eqivalent of <u>in
house</u> is <u>házban</u> in Hungarian.

     A further peculiarity of the Finno-Ugric languages is the so-
called "vocal harmony." This means that in root-words either *a, á, o,
u* (i.e. so-called deep vowels) or *e, é, i, ö, ü* (so-called high vowels)
occur. Therefore, certain endings may have two (sometimes three)
forms in order to ensure this vocal harmony. This way the Hungarian
equivalent of *in* is the ending *-ban* or *----ben*; e.g. *házban* or
teremben.

     International words exist only in a limited number. Thanks to
the great linguistic innovation movement at the turn of the 18th and
19th centuries, many new Hungarian words came into use. The
Greek/Latin *theatron/theatrum* can be found in practically all
European languages from English *theater* to Russian *teatr*. Until the
18th century, Hungarian also used the Latin *teátrum*, but then it was
replaced by the new word *színház* (scene + house). International
words are used mostly for modern concepts like *gáz* (gas), *film* or
televízió (tv). In many cases the "Hungarian made" and the
international words exist side by side, like *kerékpár* and *bicikli* (both

meaning bicycle).

For all these reasons Hungarian seems to be a difficult language to learn. But despite this there are native Americans, Frenchmen, Poles, etc., who speak Hungarian fluently. The grammatical summary that follows does not intend to substitute for a detailed Hungarian grammar. It only aims at giving a taste of the Hungarian language.

Alphabet

The Hungarian language is rather rich both in consonants and vowels. Diphthongs are used only in dialects. The alphabet is as follows:

a á b c cs d dz dzs e é f g gy h i í j k l ly
m n ny o ó ö ő p r s sz t ty u ú ü ű v z zs

In foreign words, q, x and w are also used.

Pronunciation

The majority of consonants, *b, d, f, h, k, l, m, n, r, t, v, z*, sound exactly or roughly the same as in English. There are additional ones which are common, but Hungarian uses a different letter for them, like *c* for *ts*, *dzs* for *j*, *s* for *sh*, etc. There are three further sounds that exist in the British pronunciation: *gy, dy, ny* and *ty* in words like *due* or *duty*, *Kenya* or *new*, *tube*, or *tune*.

It should be noted here that a *double consonant* (bb, dd, gg, etc.) has a totally different function in Hungarian as compared with English or German. In English they are always pronounced short, making the preceding vowel also sound short (no*dd*ed— no*t*ed, la*tt*er — la*t*er). In Hungarian they have absolutely no effect on the preceding vowel and should always be pronounced long, e.g. *mellé* (mel-*l*ay).

The **vowels** may be troublesome here and there since some of them are unknown in English. An important feature is that they all appear in pairs: for each vowel there is a short and a long version, and it makes a difference in meaning whether it is short or long: *kor* = *age*, *kór* = *malady*, *tör* = *he breaks*, *tőr* = *dagger*. The pairs are as

153

follows: **a** (*ah*) sounds similar to *o* in *o*ven or g*u*n (American pronunciation); **á** as in c*a*r, f*a*r; **e** as in t*e*n, g*e*t; **é** (*ay*) as in n*a*y, l*a*ne; **i** as in h*i*t, k*i*t; **í** (*ee*) as in h*ee*d, n*ee*d; **o** as in b*o*y, h*o*rn; **ó** is closest to English *o*, in g*o*, n*o* (especially in American pronunciation); **u** (*oo*) as in b*oo*k, l*oo*k; **ú** as in sch*oo*l, f*oo*d; **ő** is very similar to the sound in b*i*rd, t*u*rn, etc. or German S*öh*ne; **ö** is its shorter pair, e.g. in German k*ö*nnen, K*ö*ln; **ü/ű** exist in German or French: *ü* as in K*ü*ste, d*ü*nn; *ű* as in T*ü*r, k*üh*l or r*ue*.

Stress is always on the first syllable. Since stress is permanent, it is not marked in the dictionary. Stress does not alter the sound to the slightest degree, it only makes it emphatic. It follows from this that each and every letter is always pronounced the same way, regardless of its position whether it is in a stressed or unstressed syllable. Thus a short vowel can occur also in a stressed and a long one in an unstressed syllable. Concluding this section is a quick exercise in short and long Hungarian sounds:

> patak (pah-tahk) = short vowel + short consonant
> pattan (paht-tahn) = short vowel + long consonant
> látom (lá-tom) = long vowel + short consonant
> láttam (lát-tahm) = long vowel + long consonant

Orthography

Hungarian orthography is relatively simple since most of the words are written as they are pronounced (or pronounced as they are written). For native Hungarians the letter *ly* may present difficulties since it sounds the same way as *j*. But for historic reasons the earlier *ly* is kept in many words.

Only proper names are written with capitals including the word *Isten* (god).

The Article

Like the English language, Hungarian has a definite and indefinite article. The definite article is *a (ah)* or *az (ahz)* used just like *a* and *an* in English, i.e. depending on whether the word that follows begins with a consonant or a vowel: *a fésű, az asztal*.

The indefinite article is *egy (edy)*, the same word as the numeral one. This has only one form.

Nouns

Hungarian— like all the other Finno-Ugric languages— has no gender. Therefore, *ő* may mean *he, she* or *it*, respectively. It is also common in all these languages that they use singular nouns after words like *many, few, all*, etc. as well as after numerals. The same goes for human organs that exist in pairs like eyes, ears or legs. In Hungarian, these are regarded as units and therefore used in the singular. If a person has only one ear, one eye or one leg, this is regarded as half a unit and thus a one-eyed person is called "half-eyed" and a one-legged "half-legged."

Plural is denoted by *-k*. The nouns can end in any vowel or consonant but after consonants they take a connecting vowel: *fésű (comb); fésűk, szék (chair); szék-e-k (cf. garden / gardens, watch / watches)*.

Due to the fact that Hungarian uses suffixes instead of prepositions, it has a score of **cases**. Here we mention only the most common suffix, the one denoting objective accusative: *-t*. (Here again the suffix can be preceded by a connecting vowel: *fésűt, széket*; in plural: *fésűket, székeket*.

Verbs

The Hungarian language is rich in verbs especially since certain meanings are expressed with affixes rather than auxiliary verbs: I write = *írok*, I am writing = *írogatok*, I can write = *írhatok*. Prefixes added to a basic verb change its meaning. Let's take the verb *írni (to write)* as an example. We have *beírni* (write in), *átírni* (rewrite), *felírni* (prescribe), *leírni* (put or write down), *összeírni* (take the census), *hozzáírni* (add to it in writing), *melléírni* (write next to it), etc.

Conjugation

The Infinitive has only one form ending in *-ni: írni*. (This is the form that you find in the dictionary.) Cutting off this *-ni* you get the root to which the personal suffixes are added. There are three moods: Imperative (with 6 persons), Conditional (Present and Past) and Indicative (Present, Past and Future).

Indicitive

Present Tense: *ír-o-k, ír-sz, ír-ɸ, ír-u-nk, ír-tok, ír-nak.*

Past Tense is indicated by a *-t* (-d or -ed in English) added to the verb and followed by the personal suffixes: *ír-t-am, ír-t-ál, ír-t, ír-t-unk, ír-t-atok, ír-t-ak.*

Future Tense is formed with the help of the auxiliary *fog*, but today's Hungarian prefers to use the present tense also for denoting future: *írni fogok, írni fogsz, írni fog, írni fogunk, írni fogtok, írni fognak.*

Conditional

Present Tense is formed with the suffix *-ná or -né* followed by the personal suffixes: *ír-né-k, ír-ná-l, ír-na, ír-ná-nk, ír-ná-tok, ír-ná-nak.*

Past Tense is formed from the past of the indicative with the auxiliary *volna* added: *írtam volna, írtál volna, írt volna, írtunk volna, etc.*

Imperative

Imperatives have a general suffix *-j* followed by the personal suffixes: *ír-j-ak, ír-j-ál, ír-j-on, ír-j-unk, ír-j-atok, ír-j-anak.* In every mood the 3rd person singular is also used for politely addressing people, often accompanied by the personal pronoun *Ön* (singular) or

Önök (plural). Since Hungarian, like German, French, Spanish, etc., has two forms for the 2nd person (singular and plural), an English verb has four different meanings: for example, *you write* may mean: *te írsz, Ön ír* (singular), *ti írtok, Önök írnak* (plural).

Passive Voice does not exist any longer though it was used until the early 20th century.

Another peculiarity of the language is that in all moods and tenses it has a transitive and intransitive conjugation, each with a different set of personal suffixes; e.g.: I sit = *ülök,* I write the letter = *írom a levelet.*

There is no gerund in Hungarian but there is a **participle** with present and past forms: *hozó, viselő* (bringing, wearing); *hozott, viselt* (brought, worn).

By arranging several suffixes in a row, the Hungarian language is able to express a complicated meaning in one (though long) word: I may have loved you = s*zeret/het/t/el/ek* (five words in English with 16 letters, one word in Hungarian with 14 letters).

The conjugation of *lenni* (to be) is also irregular in Hungarian:

Indicative

> Present: *vagyok, vagy, van, vagyunk, vagytok, vannak*
> Past: *voltam, voltál, volt, voltunk, voltatok, voltak*
> Future: *leszek, leszel, lesz, leszünk, lesztek, lesznek*

Conditional

> Present: *lennék, lennél, lenne, lennénk, lennétek, lennének*
> Past: *lettem volna, lettél volna, lett volna, lettünk volna,*
>   *lettetek volna, lettek volna*
> Imperative: *legyek, légy, legyen, legyünk, legyetek, legyenek*

Also irregular is the Present Tense of *menni* (to go): *megyek, méssz, megy, megyünk, mentek, mennek.*

Adjectives

Used as attributes they are unchanged in forms: *a szép ház, a szép házat, a szép házban,* etc.

Comparative

The Comparative is formed by adding -*bb* (frequently with a connecting sound): *keserű* (bitter) - *keser<u>űbb</u>*

kedves (lovely) - *kedves<u>ebb</u>*

The Superlative is formed with the prefix *leg-* added to the comparative form: *<u>leg</u>keserűbb, <u>leg</u>kedvesebb*.

Personal Pronouns

Singular	1st	2nd	3rd
<u>Nominative</u>	én	te	ő
<u>Accusative</u>	engem	téged	őt
<u>Dative</u>	nekem	neked	neki

Plural	1st	2nd	3rd
<u>Nominative</u>	<u>mi</u>	<u>ti</u>	<u>őket</u>
<u>Accusative</u>	minket	titeket	őket
<u>Dative</u>	nekünk	nektek	nekik

Adverbs

As in English, adverbs can be derived from adjectives, e.g.:

szép - szép<u>en</u> (beautiful— beautiful<u>ly</u>)

pontos - pontos<u>an</u> (exact— exact<u>ly</u>)

ABBREVIATIONS

Common Hungarian Abbreviations

ált	(általános)	general
a.m.	(annyi mint)	as many/much as
cm	(centiméter)	centimeter
db	(darab)	piece
de.	(délelőtt)	a.m.
dkg	(dekagramm)	100 grams
dr.	(doktor)	doctor
du.	(délután)	p.m.
fszt.	(földszint)	ground floor
Ft.	(fornit)	forint
kb.	(körülbelül)	approx.
kft.		Ltd.
kg.	(kiló(gram)	1,000 grams
km	(kilométer)	1,000 meters
krt	(körút)	boulevard
l	(liter)	liter
m	(méter)	meter
mm	(milliméter)	1/1,000 meter
pl.	(például)	e.g.
pu.	(pályaudvar)	railroad station
rt.		Inc.
stb.	(s a többi)	etc.
u.	(utca)	street
ui.	(ugyanis)	namely
Ui.	(utóirat)	P.S.
ún.	(úgy-nevezett)	so-called

Abbreviations Used in This Dictionary

abbr.	abbreviated
acc.	accusative
adj.	adjective
adv.	adverb

colloq.	colloquial
conj.	conjunction
dat.	dative
GB	British English usage
intr.	intransitive
n.	noun
nom.	nominative
pl.	plural
sb.	somebody
sing.	singular
sth.	something
trans.	transitive
US	American English usage
v.	verb

ENGLISH-HUNGARIAN
Dictionary

a, an egy (e<u>dy</u>)

ability képesség (kay-pesh-shayg)

able képes (kay-pesh); **I am not able [to walk].** Nem tudok [járni]. (Nem too-dok [yár-ni])

about *[my future]* a [jövőm]ről (ah yö-vőm-ről)

above *[my head]* [fejem] felett (fe-yem fe-lett); **it's above** fent van (fent vahn)

abroad 1. *(direction)* külföldre (kül-föld-re); 2. *(position)* külföldön (kül-föl-dön)

absence távollét (tá-vol-layt)

absent távollevő (tá-vol-le-vő); **He is absent.** Ő nincs itt. (O nintch itt.)

academic year tanév (tahn-ayv)

academy akadémia (ah-kah-day-mi-ah)

A.C. váltóáram (vál-tó-á-rahm)

accent 1. *(stress)* hangsúly (hahng-súy); 2. *(mark)* ékezet (ay-ke-zet)

accept elfogadni (el-fo-gahd-ni); **I cannot accept it.** Nem fogadhatom el. (Nem fo-gahd-hah-tom-el.)

acceptable elfogadható (el-fo-gahd-hah-tó)

accident baleset (bahl-e-shet)

acquaintance (person) ismerős (ish-me-rősh)

across át (át); **across the street** a túlsó oldalon (ah túl-shó ol-dah-lon)

act cselekedni (tche-le-ked-ni)

active tevékeny (te-vay-ke<u>ny</u>)

activity tevékenység (te-vay-ke<u>ny</u>-shayg)

actor színész (see-nays)

actress színésznő (see-nays-nő)

actual tényleges (tay<u>ny</u>-le-gesh)

acute akut (ah-koot)

A.D. i.u. = időszámításunk után (i-dő-sá-mee-tá-shoonk oo-tán)

additional további (to-váb-bi)

address *(n.)* cím (tseem)

address *(v.)* *(a letter)* megcímezni (meg-tsee-mez-ni)

admission price belépődíj (be-lay-pő-deey)
adult felnőtt (fel-nőtt)
advance booking jegyelővétel (ye<u>d</u>y-e-lő-vay-tel)
advantage előny (e-lő<u>ny</u>)
adventure élmény (ayl-may<u>ny</u>)
advertisement hírdetés (heer-de-taysh)
advertise hírdetni (heer-det-ni)
affair ügy (ü<u>dy</u>)
affiliation munkahely (moon-kah-hey)
afford nyújtani (<u>ny</u>ooy-tah-ni); **I can't afford it.** Nem engedhetem
     meg magamnak. (Nem en-ged-he-tem meg mah-gahm-nahk.)
afraid félni (fayl-ni); **Don't be afraid!** Ne félj! (Ne fay)
Africa Afrika (ahf-ri-kah)
after... ... után (oo-tán)
afternoon délután (dayl-oo-tán); **in the afternoon** délután (dayl-oo-
     tán); **this afternoon** ma délután (mah dayl-oo-tán)
after-shave lotion borotválkozás utáni arcvíz (bo-rot-vál-ko-zásh
     oo-tá-ni ahrts-veez)
afterwards azután (ahz-oo-tán)
again újra (úy-rah)
against... ... ellen (el-len)
age kor (kor)
agency ügynökség (ü<u>dy</u>-nök-shayg)
agenda napirend (nah-pi-rend)
agent ügynök (ü<u>dy</u>-nök)
[two days] ago [két nappal] ezelőtt (kayt nahp-pahl ez-e-lőtt)
agree 1. *(to sth)* beleegyezni (be-le-e-<u>dy</u>ez--ni); 2. *(with sb)*
     egyetérteni (e-<u>dy</u>et-ayr-te-ni); **I agree with you.** Egyetértek
     Önnel.(E-<u>dy</u>et ayr-tek ön-nel.); **Do you agree?** Egyetért? (E-
     <u>dy</u>et ayrt?)
agricultural mezőgazdasági (me-ző-gahz-dah-shá-gi)
agriculture mezőgazdaság (me-ző-gahz-dah-shág)
agreement megállapodás (meg-ál-lah-po-dásh)
aim cél (tsayl)
air levegő (le-ve-gő)
air conditioned léghűtéses (layg-hű-tay-shesh)
airline légi társaság (lay-gi-tár-shah-shág)

air mail légiposta (lay-gi-posh-tah)
airplane repülőgép (re-pü-lő-gayp)
airport repülőtér (re-pü-lő-tayr); **airport bus** repülőtéri busz (re-pü-lő-tay-ri boos)
awkward furcsa (foor-tchah)
alarm clock ébresztőóra (ayb-res-tő-ó-rah)
alcohol alkohol (ahl-ko-hol)
alcoholic drink szeszes ital (se-sesh i-tahl)
all minden (min-den); **all day/night** egész nap/éjjel (e-gays nahp/ay-yel); **all of us** mindnyájan (min-nyá-yahn); **all right** rendben van (rend-ben vahn)
allow megengedni (meg-en-ged-ni); **Please, allow me to...** Kérem, engedje meg, hogy... (kay-rem en-ged-ye meg hody)
All Saint's Day Mindenszentek (min-den-sen-tek)
almighty Mindenható (min-den-hah-tó)
almond mandula (mahn-doo-lah)
almost csaknem (tchok-nem)
alone egyedül (e-dye-dül)
already már (már)
also is (ish)
altar oltár (ol-tár)
always mindig (min-dig)
[I] am *(see also* **be***)* vagyok (vah-dyok)
A.M. *(radio)* középhullám (kö-zayp-hool-lám)
a.m. *(in the morning)* délelőtt (abbr: de) (dayl-e-lőtt)
ambulance mentő (men-tő); **Call the ambulance!** Hívja a mentőket! (Heev-yah ah men-tő-ket!)
America Amerika (Ah-me-ri-kah)
American amerikai (ah-me-ri-kah-i)
among között (kö-zött)
amount összeg (ös-seg)
amusement szórakozás (só-rah-ko-zásh)
amusement park vidámpark (vi-dám-pork)
amusing szórakoztató (só-rah-koz-tah-tó)
ancient ősi (ő-shi)
and és (aysh); **and so on** és így tovább (aysh eedy to-vább)
angry dühös (dü-hösh)

165

animal állat (ál-laht)

ankle boka (bo-kah)

anniversary évforduló (ayv-for-doo-ló)

announcement bejelentés (be-ye-len-taysh)

annual éves (ay-vesh)

another egy másik (e<u>dy</u> má-shik)

answer *(n.)* felelet (fe-le-let)

answer *(v.)* felelni (fe-lel-ni)

antique shop régiségbolt (ray-gi-shayg-bolt)

anxious (worried) aggódó (ah-gó-dó)

anybody bárki (bár-ki)

anyhow bárhogyan (bár-ho-<u>dy</u>on)

anything bármi (bár-mi)

anywhere bárhol (bár-hol)

apart from... ...-tól eltekintve (tól el-te-kint-ve)

apartment *(US)* lakás (lah-kásh)

apologize elnézést kérni (el-nay-zaysht kayr-ni); **I apologize for
  being late.** Elnézést a késésért. (El-nay-zaysht ah kay-
  shaysh-ayrt.)

appear megjelenni (meg-ye-len-ni)

appetite étvágy (ayt-vá<u>dy</u>)

applause taps (topsh)

apple alma (ahl-mah)

apply alkalmazni (ahl-kahl-moz-ni)

approach *(v.)* közeledni (kö-ze-led-ni)

appropriate megfelelő (meg-fe-le-lő)

approval jóváhagyás (yó-vá-hah-<u>dy</u>ásh)

approximately körülbelül (kö-rül-be-lül)

apricot (sárga)barack (shár-gah bah-rotsk)

April április (áp-ri-lish)

argument érv (ayrv)

arm kar (kahr)

army hadsereg (hod-she-reg)

aroma aroma (ah-ro-mah)

around [the house] [a ház] körül (ah ház kö-rül)

arrival érkezés (ayr-ke-zaysh)

arrive megérkezni (meg-ayr-kez-ni); **When shall we arrive in ... ?** Mikor érkezünk ... -be? (Mi-kor ayr-ke-zünk -be?)

art művészet (mű-vay-set)

artist művész (mű-vays)

as mint (mint); **as if** mintha (mint-hah); **as soon as possible** mihelyt lehet (mi-heyt le-het); **as you like** ahogy tetszik (ah-ho_dy_ tet-sik)

ashtray hamutartó (hah-moo-tahr-tó)

Asia Ázsia (Á-zhi-ah)

ask *(sb.)* kérdezni (kayr-dez-ni); **May I ask you .... ?** Megkérdezhetem .... ? (Meg-kayr-dez-he-tem?)

ask *(for sth.)* kérni (kayr-ni)

asparagus spárga (shpár-gah)

association egyesület (e-_dye_-shü-let)

at *(place)* -on, -en; *(time)* -kor; **at [ten] a.m./p.m.** délelőtt/este [tíz]-kor (dayl-e-lőtt/esh-te teez-kor); **at any time** bármikor (bár-mi-kor); **at first** először (e-lő-sör); **at [2] o'clock** [két] órakor (kayt ó-rah-kor); **at home** otthon (ott-hon); **at least** legalább (leg-ah-láb); **at most** legfeljebb (leg-fel-yebb); **at once** azonnal (ah-zon-nahl); **at the same time** ugyanakkor (oo-_dy_ahn-ahk-kor)

Atlantic Ocean Atlanti óceán (Aht-lahn-ti ó-tse-án)

attend részt venni (rayst ven-ni)

attention figyelem (fi-_dye_-lem); **Attention, please!** Figyelem, figyelem! (Fi-_dye_-lem!)

audience közönség (kö-zön-shayg)

August augusztus (ah-oo-goos-toosh)

aunt néni (nay-ni)

Australia Ausztrália (ah-oost-rá-li-ah)

Austria Ausztria (ah-oost-ri-ah)

Austrian osztrák (ost-rák)

author szerző (ser-ző)

automatic automatikus (ah-oo-to-mah-ti-koosh)

autumn ősz (ős)

available kapható (kahp-hah-tó)

avenue sugárút (shoo-gár-út)

average átlag (át-lahg); **on an average** átlagosan (át-lah-go-shahn)

167

avoid elkerülni (el-ke-rül-ni)
await várni (vár-ni)
awake felébredni (fel-ayb-red-ni)
away el (el)
awful szörnyű (sör-nyű)

B

baby kisbaba (kish-bah-bah)
back *(n.)* hát (hát); *(adv.)* vissza (vis-sah)
backwards visszafelé (vis-sah-fel-lay)
bacon szalonna (sah-lon-nah); **bacon and eggs** sonka tojással (shon-kah to-yásh-shahl)
bad rossz (ross)
bag zacskó (zahtch-kó)
baggage poggyász (pody-dyás)
bake sütni (shüt-ni)
baked sült (shült)
bakery pékség (payk-shayg)
balcony erkély (er-kay)
bald kopasz (ko-pahs)
ball labda (lahb-dah)
ballet balett (bah-lett)
ballpoint pen golyóstoll (go-yósh-toll)
banana banán (bah-nán)
bandage [a wound] [sebet] bekötözni (she-bet be-kö-töz-ni)
bank 1. *(money)* bank (bahnk); 2. *(river)* part (pahrt)
banknote bankjegy (bahnk-jedy)
banquet bankett (bahn-kett)
barber borbély (bor-bay)
bargain alkalmi vétel (ahl-kahl-mi vay-tel)
basement alagsor (ah-lahg-shor)
basic alapvető (ah-lahp-ve-tő)
basis alap (ah-lap)
basket kosár (ko-shár)
basketball kosárlabda (ko-shár-lahb-dah)
bath fürdő (für-dő); **to have a bath** fürödni (fü-röd-ni)
bathroom fürdőszoba (für-dő-so-bah); **with/without bathroom** fürdőszobával/fürdőszoba nélkül (für-dő-so-bá-vahl/für-dő-so-bah nay-kül); **Have you got a bathroom?** Fürdőszoba van? (Für-dő-so-bah vahn?); **May I see the bathroom?** Megnézhetem a fürdőszobát? (Meg-nayz-he-tem ah für-dő-so-bát?)

169

bathrobe fürdőköpeny (für-dő-kö-pe_ny_)
bath towel fürdőlepedő (für-dő-le-pe-dő)
bathtub fürdőkád (für-dő-kád)
bathe fürödni (fü-röd-ni)
bathing suit fürdőruha (für-dő-roo-hah)
battery elem (e-lem)
B.C. *(Before Christ)* Krisztus előtt (kris-toosh e-lőt);
be lenni (len-ni); **Be careful!** Légy óvatos! (Lay_dy_ ó-vah-tosh); **I am American/British.** Amerikai/Angol vagyok. (Ah-me-ri-kah-i/ahn-gol-vah-_dyok_); **I am well/all right.** Jól/Rendben vagyok. (Yól/rend-ben vah-_dyok_.); **I am in trouble.** Bajban vagyok. (Boy-bahn vah-_dyok_.); **I am 20 years old.** 20 éves vagyok. (Hús ay-vesh vah-_dyok_.); **We are two/three.** Ketten/Hárman vagyunk. (Ket-ten/hár-mon vah-_dyoonk_.); **Are you injured?** Megsérült? (Meg-shay-rült?); **Have you ever been in the States?** Volt már az USA-ban? (Volt már ahz ál-lah-mok-bahn?); **He is not in [at the moment].** [Jelenleg] nincs bent. (Ye-len-leg nintch bent.); **When will he be back?** Mikor jön vissza? (Mi-kor yön vis-sah?); **I'll be back in [10] minutes.** [10] perc múlva itt vagyok. (Teez perts múl-vah it vah-_dyok_.)
beach strand (shtrahnd)
bean bab (bahb)
bear *(n.)* medve (med-ve)
bear *(v.)* elviselni (el-vi-shel-ni)
beard szakáll (sah-káll)
beautiful szép (sayp)
beauty parlor kozmetika (koz-me-ti-kah)
because mert (mert); **because of ...** ... miatt (mi-ahtt)
become lenni (len-ni)
bed ágy (á_dy_)
bed-clothes ágynemű (á_dy_-ne-mű)
bedroom hálószoba (há-ló-so-bah)
bed-sheet lepedő (le-pe-dő)
beef marhahús (mahr-hah-húsh)
beer sör (shör)
before.. ... előtt (e-lőtt)

beg: I beg your pardon! Bocsánatot kérek! (Bo-tchá-nah-tot kay-rek!)

beggar koldus (kol-doosh)

begin kezdeni (kez-de-ni)

beginner kezdő (kez-dő)

beginning kezdet (kez-det)

behind... ...mögött (mö-gött)

Belgium Belgium (Bel-gi-oom)

believe hinni (hin-ni); **I don't believe it.** Nem hiszem el. (Nem hi-sem el.); **Believe me!** Higgyen nekem! (Hidy-dyen ne-kem!)

believer hívő (hee-vő)

bell csengő (tchen-gő)

belles-lettres szépirodalom (sayp-i-ro-dah-lom)

belly has (hahsh)

belong *(to)* tartozik (târ-to-zik) vhová; **[it] belongs to me** [ez] az enyém (ez ahz e-nyaym); **Does this belong to you?** Ez az Öné? (Ez ahz ö-nay?)

belongings holmi (hol-mi)

beloved szeretett (se-re-tett)

below lent (lent)

belt öv (öv)

beneath [the table] [az asztal] alatt (ahz ahs-tahl ah-lahtt)

beside [you] [Ön] mellett (ön mel-lett)

besides azon kívül (ah-zon kee-vül)

best legjobb (leg-yobb); **All the best (to you)!** A legjobbakat! (Ah leg-yob-bah-kaht!)

better jobb (yobb); **It would be better if...** (Jobb lenne, ha...yobb len-ne hah)

between [the two parties] a [két fél] kö-zött (ah kayt fayl kö-zött); **between him and me** közte és énközöttem (köz-te aysh ayn-kö-zöt-tem)

beverage ital (i-tahl)

beware vigyázz (vi-dyázz); **Beware of the dog!** Vigyázz, a kutya harap! (Vi-dyázz ah koo-tyah hah-rahp!)

beyond túl (túl)

Bible Biblia (Bib-li-ah)

bicycle bicikli (bi-tsik-li)

big nagy (nah<u>dy</u>)

bigger nagyobb (nah-<u>dy</u>obb)

bill számla (sám-lah); **The bill, please!** Fizetek! (Fi-ze-tek!) **bill of fare** étlap (ayt-lahp)

bird madár (mah-dár)

birth születés (sü-le-taysh); **birth date (date of birth)** születési ideje (sü-le-tay-shi i-de-ye)

birthday születésnap (sü-le-taysh-nahp); **Happy birthday to you!** Boldog születésnapot! (Bol-dog sü-le-taysh-nah-pot!)

bitter keserű (ke-she-rű)

black fekete (fe-ke-te); **black and white** (abbr.:B/W) fekete-fehér (fe-ke-te-fe-hayr); **black pepper** fekete bors (fe-ke-te-borsh); **Black Sea** Fekete-tenger (Fe-ke-te-ten-ger)

blanket takaró (tah-kah-ró); **Please give me one more blanket!** Kérem adjon még egy takarót! (Kay-rem ahd-yon mayg e<u>dy</u> tah-kah-rót!)

bleeding vérzés (vayr-zaysh)

blind vak (vahk)

blonde szőke (ső-ke)

blood vér (vayr); **blood pressure** vérnyomás (vayr-<u>ny</u>o-másh); **I have high/low blood pressure.** Magas/alacsony a vérnyomásom. (Mah-gosh/ah-lah-tcho<u>ny</u> ah vayr-<u>ny</u>o-má-shom)

bloody véres (vay-resh)

blouse blúz (blúz)

blow *(wind)* fújni (fúy-ni)

blow-out *(flat tire)* defekt (de-fekt)

blue kék (kayk)

board *(n.)* *(meals)* ellátás (el-lá-tásh); **board and lodging** szállás és ellátás (sál-lásh aysh el-lá-tásh); **boarding card** beszálló kártya (be-sál-ló kár-<u>ty</u>ah); **boarding house** penzió (pen-zi-ó)

boat csónak (tchó-nahk)

boat trip hajókirándulás (hah-yó-ki-rán-doo-lásh)

body test (tesht)

boiled főtt; **soft/hard boiled egg** lágy/kemény tojás (lá<u>dy</u>/ke-may<u>ny</u> to-yásh)

boiling water forró víz (for-ró veez)
bone csont (tchont)
book könyv (könyv); **to book a ticket** jegyet venni (ye-dyet ven-ni);
    booking office jegypénztár (yedy-paynz-tár)
bookshop/bookstore könyvesbolt (köny-vesh-bolt)
booth fülke (fül-ke)
border határ (hah-tár); **border-crossing** határátkelés (hah-tár-át-ke-
    laysh); **border-station** határállomás (hah-tár-ál-lo-másh)
boring unalmas (oo-nahl-mahsh)
boss főnök (fő-nök)
both mindkét (mind-kayt)
bottle palack (pah-latsk)
bottom fenék (fe-nayk); **at the bottom** fenekén (fe-ne-kayn)
box doboz (do-boz); **box office** pénztár (paynz-tár)
boxing boksz (boks)
boy fiú (fi-ú); **boy-scout** cserkész (tcher-kays)
bra melltartó (mell-tahr-tó)
bracelet karkötő (kahr-kö-tő)
braces nadrágtartó (nahd-rág-tahr-tó)
brain agy (ahdy)
brake fék (fayk)
branch *(tree)* ág (ág)
brandy konyak (ko-nyahk)
brave derék (de-rayk)
bread kenyér (ke-nyayr)
breaded... rántott... (rán-tott...)
break törni (tör-ni)
breakfast reggeli (reg-ge-li)
breast mell (mell)
breath lélegzet (lay-leg-zet)
breathe lélegzeni (lay-leg-ze-ni)
brick tégla (tayg-lah)
bride menyasszony (meny-ahs-sony)
bridegroom vőlegény (vő-le-gayny)
bridge híd (heed)
briefcase aktatáska (ahk-tah-tásh-kah)
bright világos (vi-lá-gosh)

173

bring hozni (hoz-ni); **Bring me/us...** Hozzon nekem/nekünk... (hoz-
   zon ne-kem/ne-künk...)
British brit, angol (brit, ahn-gol)
broad széles (say-lesh)
broadcast rádióadás (rá-di-ó-ah-dásh)
broken törött (tö-rött)
brother fivér (fi-vayr)
brother-in-law sógor (shó-gor)
brown barna (bahr-nah)
brush kefe (ke-fe)
Brussels Brüsszel (Brüs-sel)
buffet büfé (bü-fay)
build építeni (ay-pee-te-ni)
building épület (ay-pü-let)
bulb villanyégő (vil-lah<u>ny</u>-ay-gő)
Bulgaria Bulgária (Bool-gá-ri-ah)
bus busz (boos); **bus stop** buszmegálló (boos-meg-ál-ló)
business üzlet (üz-let); **I am traveling on business**. Üzleti ügyben
   utazom. (Üz-le-ti ü<u>dy</u>-ben oo-tah-zom.); **business hours**
   félfogadási idő (fayl-fo-gah-dá-shi i-dő)
busy 1. *(person)* elfoglalt (el-fog-lahlt); 2. *(street)* forgalmas (for-
   gahl-mahsh)
but de (de)
butcher hentes (hen-tesh)
butter vaj (vahy)
buttermilk eró (ee-ró)
button gomb (gomb)
buy vásárolni (vá-shá-rol-ni); **I want to buy a [...]** Akarok venni egy
   [...] (Ah-kah-rok ven-ni e<u>dy</u>)
buyer vásárló (vá-shár-ló)
by által (ál-tahl); **by air/train** repülővel/vonattal (re-pü-lő-vel/vo-
   naht-tahl)

C

cab taxi (tahk-si)

cabbage káposzta (ká-pos-tah)

cable távirat (táv-i-raht); **to send a cable** táviratozni (tá-vi-rah-toz-ni)

cafeteria kisvendéglő (kish-ven-dayg-lő)

cake sütemény (shü-te-may<u>ny</u>)

calendar naptár (nahp-tár)

calf borjú (bor-yoo)

call hívni (heev-ni); **telephone call** telefonhívás (te-le-fon-hee-vásh); **Call a doctor/the police!** Hívjon orvost/rendőrt! (Heev-yon or-vosht/rend-őrt!); **Would you call this number for me?** Felhívná nekem ezt a számot? (Fel-heev-ná ne-kem ezt ah sá-mot?); **call up** felhívni (fel-heev-ni)

camel teve (te-ve)

camera fényképezőgép (fay<u>ny</u>-kay-pe-ző-gayp)

camp kempingezni (kem-pin-gez-ni); **Can we camp here?** Lehet itt kempingezni? (Le-het itt kem-pin-gez-ni?); **camping area** kemping (kem-ping)

can *(v.)* tud (tood); **Can you give me [...]** Tud adni nekem [...] (Tood ahd-ni ne-kem [...]?); **Can I stop here?** Megállhatok itt? (Meg-ál-hah-tok itt?)

Canada Kanada (kah-nah-dah); **I am from Canada.** Kanadai vagyok. (Kah-nah-dah-i vah-<u>dy</u>ok.)

Canadian kanadai (kah-nah-dah-i)

cancel törölni (tö-röl-ni); **cancelled** törölve (tö-röl-ve); **The flight is cancelled.** A járat törölve. (Ah yá-raht tö-röl-ve.)

cancer rák (rák)

candy cukorka (tsoo-kor-kah)

candystore édességbolt (ay-desh-shayg-bolt)

canned food konzerv (kon-zerv)

can opener konzervnyitó (kon-zerv-<u>ny</u>i-tó)

cantaloupe sárgadinnye (shár-gah-di<u>ny</u>-<u>ny</u>e)

canteen üzemi étkező (ü-ze-mi ayt-ke-ző)

cap sapka (shahp-kah)

capital *(city)* főváros (fő-vá-rosh)

capital letter nagybetű (no<u>d</u>y-be-tű)

captain kapitány (kah-pi-tá<u>ny</u>)

car autó, kocsi (aoo-tó, ko-tchi); **by car** autóval, kocsival (aoo-tó-vahl, ko-tchi-val); **car battery** akkumulátor (ahk-koo-moo-lá-tor); **car mechanic** autószerelő (aoo-tó-se-re-lő); **car park** autóparkoló (aoo-tó-pahr-ko-ló); **car rent** autókölcsönző (aoo-tó-köl-tchön-ző); **car wash(ing)** autómosás (aoo-tó-mo-shásh)

caravan lakókocsi (lah-kó-ko-tchi)

card kártya (kár-<u>ty</u>ah); **visiting card** névjegy (nayv-ye<u>d</u>y)

care gondoskodás (gon-dosh-ko-dásh); **Take care!** Vigyázz magadra! (Vi-<u>d</u>yázz mah-gahd-rah!); **I don't care!** Nem érdekel! (Nem ayr-de-kel!)

careful óvatos (ó-vah-tosh)

carefully óvatosan (ó-vah-to-shahn)

careless gondatlan (gon-daht-lahn)

carnation szekfű (sek-fű)

carp ponty (pon<u>ty</u>)

carpet szőnyeg (ső-<u>ny</u>eg)

carriage kocsi (ko-tchi)

carrot répa (ray-pah)

carry vinni (vin-ni)

cartoon rajzfilm (rahyz-film)

case eset (e-shet); **in any case** mindenesetre (min-den-e-shet-re)

cassette recorder kazettás magnó (kah-zet-tásh mahg-nó)

cash készpénz (kays-paynz); **to cash in a check** beváltani egy csekket (be-vál-tah-ni e<u>d</u>y tchek-ket)

cashier pénztár (paynz-tár)

cassette magnókazetta (mahg-nó-kah-zet-tah)

castle vár (vár)

cat macska (mahtch-kah)

catalog(ue) katalógus (kah-tah-ló-goosh); **Do you have a catalog?** Van katalógusuk? (Vahn kah-tah-ló-goo-shook?)

cathedral dóm, székesegyház (dóm, say-kesh-e<u>d</u>y-ház)

Catholic katolikus (kah-to-li-koosh)

cauliflower karfiol (kahr-fi-ol)

cautious óvatos (ó-vah-tosh)

176

cave barlang (bahr-lahng)

ceiling mennyezet (meny-nye-zet)

celebrate ünnepelni (ün-ne-pel-ni)

celery zeller (zel-ler)

cell sejt (sheyt)

cellar pince (pin-tse)

cemetery temető (te-me-tő)

center/centre központ (köz-pont)

century század (sá-zahd)

cereals müzli (müz-li)

certain bizonyos (bi-zo-nyosh)

certainly persze (per-se)

certificate igazolás (i-gah-zo-lásh)

chain lánc (lánts)

chair szék (sayk)

chamber maid szobaasszony (so-bah-ahs-sony)

chamber music kamarazene (kah-mah-rah-ze-ne)

chamber orchestra kamarazenekar (kah-mah-rah-ze-ne-kahr)

champagne pezsgő (pezh-gő)

champion bajnok (bahy-nok)

championship bajnokság (bahy-nok-shág)

chance esély (e-shay); **by chance** véletlenül (vay-let-le-nül); **I take the chance!** Vállalom a kockázatot! (Vál-lah-lom ah kots-ká-zah-tot!)

change 1. *(turn of events)* változás (vál-to-zásh); 2. *(money)* aprópénz (ahp-ró-paynz); **I have no change.** Nincs aprópénzem. (Nintch ahp-ró-payn-zem.); **Keep the change!** Nem kell visszaadni! (Nem kell vis-sah-ahd-ni!)

change 1. *(to alter)* változni (vál-toz-ni); 2. *(train/plane)* átszállni (át-sál-ni) 3. *(dress)* átöltözni (át-öl-töz-ni); **I want to change money.** Szeretnék pénzt beváltani. (Se-ret-nayk paynzt be-vál-tah-ni.)

channel csatorna (tcha-tor-nah)

chapel kápolna (ká-pol-nah)

character jellem (yel-lem)

characteristic jellemző (yel-lem-ző)

charge díj, költség (deey, köl-tchayg)

charity jótékonyság (yó-tay-kony-shág)
charming elragadó (el-rah-gah-dó)
charter-flight különjárat (kü-lön-yá-raht)
chat beszélgetni (be-sayl-get-ni)
cheap olcsó (ol-tchó)
cheaper olcsóbb (ol-tchóbb)
check/cheque *(n.)* csekk (tchekk)
check *(v.)* ellenőrizni (el-len-ő-riz-ni); **Please check [the oil].** Kérem
    ellenőrizze [az olajat]. (Kay-rem el-len-ő-riz-ze [ahz o-lah-
    yaht].); **check out** elhagyni a szállodát (el-hahdy-ni ah sál-lo-
    dát); **When do I have to be checked out?** Mikor kell
    elhagynom a szobát? (Mi-kor kell el-hahdy-nom ah so-bát?)
cheek arc (ahrts)
cheerful vídám (vee-dám)
Cheers! Egészségére! (E-gays-shay-gay-re!)
cheese sajt (shoyt)
chemist *(for medicines)* patika (pah-ti-kah); *(for cosmetics)*
    illatszertár (il-laht-ser-tár)
chemistry kémia (kay-mi-ah)
cheque *(see check)*
cherry cseresznye (tche-res-nye); **cherry brandy** cseresznyepálinka
    (tche-res-nye-pá-lin-kah)
chess sakk (shahkk); **to play chess** sakkozni (shahk-koz-ni)
chest mellkas (mell-kahsh)
chestnut gesztenye (ges-te-nye)
chewing gum rágógumi (rá-gó-goo-mi)
chicken csirke (tchir-ke)
child(ren) gyerek(ek) (dye-re-kek)
chilly hűvös (hű-vösh)
chin áll (áll)
china porcelán (por-tse-lán)
China Kína (kee-nah)
Chinese kínai (kee-nah-i)
chocolate csokoládé (tcho-ko-lá-day)
choice választás (vá-lahs-tásh)
choir kórus (kó-roosh)
choose választani (vá-lash-tah-ni)

Christian keresztény (ke-res-tay<u>ny</u>); **Christian name** keresztnév
(ke-rest-nayv)

Christmas karácsony (kah-rá-tcho<u>ny</u>)

church 1. *(building)* templom (temp-lom) 2. *(organization)* egyház
(e<u>d</u>y-ház)

cigar szivar (si-vahr)

cigarette cigaretta (tsi-gah-ret-tah)

cinema mozi (mo-zi)

cinnamon fahéj (fah-hay)

circumstance(s) körülmény(ek) (kö-rül-may-<u>ny</u>ek)

circus 1. *(show)* cirkusz (tsir-koos); 2. *(place)* körtér (kör-tayr)

citizen állampolgár (ál-lahm-pol-gár)

citizenship állampolgárság (ál-lahm-pol-gár-shág)

city város (vá-rosh); **city center** belváros (bel-vá-rosh)

clarify tisztázni (tis-táz-ni)

class osztály (os-táy)

clean *(adj.)* tiszta (tis-tah)

clean *(v.)* tisztítani (tis-tee-tah-ni); **Will you clean the windshield!**
Tisztítsa meg a szélvédőt! (Tis-teet-tchah meg ah sayl-vay-
dőt!); **to clean the room** kitakarítani a szobát (ki-tah-kah-
ree-tah-ni ah so-bát)

cleaner tisztító (tis-tee-tó)

cleanse megtisztítani (meg-tis-tee-tah-ni)

clear *(adj.)* tiszta (tis-tah)

clearance sale végkiárusítás (vayg-ki-á-roo-shee-tásh)

clerk hivatalnok (hi-vah-tahl-nok)

clever okos (o-kosh)

climate klíma (klee-mah)

cloakroom ruhatár (roo-hah-tár)

clock óra (ó-rah)

cloister kolostor (ko-losh-tor)

close *(adj.)* közel (kö-zel)

close *(v.)* becsukni (be-tchook-ni)

closed zárva (zár-vah); **closed on Saturdays/Sundays**
Szombaton/Vasárnap zárva (som-bah-ton/vah-shár-nahp zár-
vah)

closet szekrény (sek-ray<u>ny</u>)

cloth *(material)* szövet (sö-vet)

clothes ruha (roo-hah)

clothing ruházat (roo-há-zaht)

cloud felhő (fel-hő)

cloudy felhős (fel-hősh)

clutch kuplung (koop-loong)

coach *(sports)* edző (ed-ző)

coal szén (sayn)

coast tengerpart (ten-ger-pahrt)

coat kabát (kah-bát); **coat of arms** címer (tsee-mer)

cock kakas (kah-kash)

cocoa kakaó (kah-kah-ó)

coffee kávé (ká-vay); **coffee-bar** eszpresszó (es-pres-só); **coffee-
      break** ebédszünet (e-bayd-sü-net)

coin érme (ayr-me)

coincidence véletlen, egybeesés (vay-let-len, e<u>d</u>y-be-e-shaysh)

cold hideg (hi-deg); **I am cold** fázom (fá-zom); **[my hands] are cold**
      fázik [a kezem] (fá-zik ah ke-zem)

collar gallér (gahl-layr)

colleague kolléga (kol-lay-gah)

collect gyűjteni (<u>dy</u>űy-te-ni); **I collect stamps**. Én bélyeget gyűjtök.
      (Ayn bay-ye-get <u>dy</u>űy-tök.)

collection gyűjtemény (<u>dy</u>űy-te-may<u>ny</u>)

collision karambol (kah-rahm-bol)

colo(u)r szín (seen); **I don't like this colo(u)r.** Nem tetszik ez a szín.
      (Nem tet-sik ez ah seen.); **I want another colo(u)r!** Egy
      másik színt akarok! (E<u>dy</u> má-shik seent ah-kah-rok!);
      colo(u)r film színes film (see-nesh-film)

colo(u)rless színtelen (seen-te-len)

comb fésülködni (fay-shül-köd-ni)

come jönni (jön-ni); **Come here, please!** Jöjjön ide, kérem! (Yöy-
      yön i-de, kay-rem!); **to come in** bejönni (be-yön-ni); **Come
      in!** Tessék! (Tesh-shayk!); **May I come in?** Bejöhetek? (Be-
      yö-he-tek?)

comedy vígjáték (veeg-yá-tayk)

comfortable kényelmes (kay-<u>ny</u>el-mesh)

commerce kereskedelem (ke-resh-ke-de-lem)

commercial *(adj.)* kereskedelmi (ke-resh-ke-del-mi)
communist kommunista (kom-moon-ish-tah)
community közösség (kö-zösh-shayg)
companion társ (társh)
company *(abbr.: Co.)* vállalat (vál-lah-laht)
compare összehasonlítani (ös-se-hah-shon-lee-tah-ni)
compartment szakasz (sah-kahs)
competition verseny (ver-she<u>ny</u>)
complain panaszkodni (pah-nahs-kod-ni)
complaint panasz (pah-nahs)
complete teljes (tel-yesh)
complicated komplikált (kom-pli-kált)
complication komplikáció (kom-pli-ká-tsi-ó)
compulsory kötelező (kö-te-le-ző)
concentrate koncentrálni (kon-tsent-rál-ni)
concert koncert (kon-tsert)
concise tömör (tö-mör)
concrete *(n.)* beton (be-ton)
condition feltétel (fel-tay-tel); **under one condition** egy feltétellel
    (e<u>dy</u> fel-tay-tel-lel)
conductor *(music)* karmester (kahr-mesh-ter)
conference konferencia (kon-fe-ren-tsi-ah)
congratulate gratulálni (grah-too-lál-ni); **Congratulations!**
    Gratulálok! (Grah-too-lá-lok!)
congress kongresszus (kon-gres-soosh)
connect összekötni (ös-se-köt-ni); **connecting flight/train**
    csatlakozás (tchaht-lah-ko-zásh)
connection kapcsolat (kahp-tcho-laht)
consequence következmény (kö-vet-kez-may<u>ny</u>)
conservative konzervatív (kon-zer-vah-teev)
consist *(of)...* állni... ből (ál-ni... ből)
constant állandó (ál-lahn-dó)
consulate konzulátus (kon-zoo-lá-toosh)
consume elfogyasztani (el-fo-<u>dy</u>ahs-tah-ni)
consumer fogyasztó (fo-<u>dy</u>ahs-tó)
consumption fogyasztás (fo-<u>dy</u>ahs-tásh)
contents tartalom (tahr-tah-lom)

contest vetélkedő (ve-tayl-ke-dő)

continent kontinens (kon-ti-nensh)

continue folytatni (foy-taht-ni)

contract szerződés (ser-ző-daysh)

contradiction ellentmondás (el-lent-mon-dásh); **on the contrary** ellenkezőleg (el-len-ke-ző-leg)

control ellenőrzés (el-len-őr-zaysh)

conversation beszélgetés (be-sayl-ge-taysh)

cook *(n.)* szakács (sah-kátch)

cook *(v.)* főzni (főz-ni); **May we cook?** Szabad főzni? (Sah-bahd főz-ni?)

cooked főtt (főtt)

cool hűvös (hű-vösh)

cooperation együttműködés (e-dyütt-mű-kö-daysh)

cooperative *(n.)* szövetkezet (sö-vet-ke-zet)

cooperative *(adj.)* segítőkész (she-gee-tő-kays)

copper réz (rayz)

copy 1. *(reproduction)* másolat (má-sho-laht) 2. *(one example)* példány (payl-dány)

cork dugó (doo-gó)

corkscrew dugóhúzó (doo-gó-hú-zó)

corn *(US)* kukorica (koo-ko-ri-tsah)

corner sarok (shah-rok)

correct helyes (he-yesh)

correspondence levelezés (le-ve-le-zaysh)

cost(s) *(n.)* költség (köl-tchayg)

cost *(v.)* kerül valamibe (ke-rül vah-lah-mi-be); **it costs [5 forints]** [öt forint]ba kerül (öt fo-rint-bah ke-rül); **costs of living** megélhetési költségek (meg-ayl-he-tay-shi köl-tchay-gek)

costume kosztüm (kos-tüm)

cotton pamut (pah-moot); **cotton-wool** vatta (vaht-tah)

cough *(n.)* köhögés (kö-hö-gaysh)

cough *(v.)* köhögni (kö-hög-ni)

count számolni (sá-mol-ni)

country ország (or-ság)

countryside vidék (vi-dayk)

couple házaspár (há-zash-pár); **a couple of...** egy pár... (edy pár...)

courtesy udvariasság (ood-vah-ri-osh-shág)
cover fedél (fe-dayl)
cow tehén (te-hayn)
crash karambol (kah-rahm-bol)
crayfish folyami rák (fo-yah-mi rák)
cream 1. *(cosmetics)* krém (kraym); 2. *(dairy)* tejszín (tey-seen)
create teremteni (te-rem-te-ni)
creative work alkotó munka (ahl-ko-tó moon-kah)
credit hitel (hi-tel)
crew személyzet (se-may-zet)
crime bűn (bűn)
criminal *(n.)* bűnöző (bű-nö-ző)
crisis válság (vál-shág)
critical válságos (vál-shá-gosh)
criticize bírálni (bee-rál-ni)
crocodile krokodil (kro-ko-dil)
cross kereszt (ke-rest)
crossroad keresztút (ke-rest-út)
crowd tömeg (tö-meg)
crowded zsúfolt (zhú-folt)
crown korona (ko-ro-nah)
cry *(US)* sírni (sheer-ni)
cube kocka (kots-kah)
cuckoo kakukk (kah-kook)
cucumber uborka (oo-bor-kah)
cuisine konyha (kony-hah)
cult kultusz (kool-toos)
culture kultúra (kool-tú-rah)
cup csésze (tchay-se)
curb járdaszél (yár-dah-sayl)
cure meggyógyítani (meg-dyó-dyee-tah-ni)
curiosity furcsaság (foor-tchah-shág)
currency pénz (paynz)
curtain függöny (füg-göny)
curve kanyar (kah-nyahr)
cushion párna (pár-nah)
customer vevő (ve-vő)

customs control vámvizsgálat (vám-vizh-gá-laht)
cut vágni (vág-ni)
cute helyes (he-yesh)
Czechoslovakia Csehszlovákia (Tche-slo-vá-ki-ah)
Czech Republic Csehország (Tche-or-ság)

D

daily *(newspaper)* napilap (nah-pi-lahp)
dairy *(produce)* tejtermék (tey-ter-mayk)
damage kár (kár)
damaged sérült (shay-rült)
dance *(n.)* tánc (tánts)
dance *(v.)* táncolni (tán-tsol-ni); **Would you dance with me?**
     Táncolna velem? (Tán-tsol-nah ve-lem?)
danger *(keep out)* életveszély (ay-let-ve-say)
dangerous veszélyes (ve-say-yesh)
dare merni (mer-ni); **How dare you...?** Hogy merészel...? (Hogy me-ray-sel?)
dark sötét (shö-tayt)
darkness sötétség (shö-tayt-shayg)
darling Drágám! (drá-gám)
date dátum (dá-toom)
daughter lánya (lá-nyah)
daughter-in-law menye (me-nye)
dawn(ing) hajnal (hahy-nahl)
day nap (nahp)
dead halott (hah-lott); **dead-end street** zsákutca (zhák-oot-tsah)
deaf süket (shü-ket)
deal with... foglalkozni...vel (fog-lahl-koz-ni... vel)
dear *(relating to a person)* kedves (ked-vesh)
death halál (hah-lál)
debt adósság (ah-dósh-shág)
December december (de-tsem-ber)
decide dönteni (dön-te-ni)
decision döntés (dön-taysh)
deep mély (may)
deer őz (őz)
degree 1. *(temperature)* fok (fok); 2. *(scientific)* fokozat (fo-ko-zaht)
delay késedelem (kay-she-de-lem); **[the train] is delayed** [a vonat]
     késik ([ah vo-naht] kay-shik)
delegation delegáció (de-le-gá-tsi-ó)
deliver szállítani (sál-lee-tah-ni); **deliver a lecture** előadást tartani
     (e-lő-ah-dásht tahr-tah-ni)

demand követelés (kö-ve-te-laysh)
democracy demokrácia (de-mok-rá-tsi-ah)
democratic demokratikus (de-mok-rah-ti-koosh)
Denmark Dánia (Dá-ni-ah)
denomination felekezet (fe-le-ke-zet)
dentist fogorvos (fog-or-vosh)
depart indulni (in-dool-ni)
department store áruház (á-roo-ház)
departure(s) indulás(ok) (in-doo-lá-shok)
depend on... függeni ... től (füg-ge-ni től)
deposit letét (le-tayt)
deposit letétbe helyezni (le-tayt-be he-yez-ni)
depth mélység (may-shayg)
dessert desszert (des-sert)
destination úticél (ú-ti-tsayl)
destroy lerombolni (le-rom-bol-ni)
detail(s) részlet(ek) (rays-let-ek)
detour forgalom-elterelés (for-gah-lom-el-te-re-laysh)
develop *(film)* előhívni (e-lő-heev-ni)
development *(change)* fejlődés (fey-lő-daysh)
devil ördög (ör-dög)
diabetic cukorbeteg (tsoo-kor-be-teg)
diagnosis diagnózis (di-ahg-nó-zish)
dial tárcsázni (tár-tcház-ni)
diamond gyémánt (dyay-mánt)
diaper pelenka (pe-len-kah)
diarrh(o)ea hasmenés (hahsh-me-naysh)
die meghalni (meg-hahl-ni)
diet diéta (di-ay-tah); **I am on a diet.** Diétázom. (Di-ay-tá-zom.)
difference különbség (kü-lönb-shayg)
different különböző (kü-lön-bö-ző)
difficult nehéz (ne-hayz)
difficulty nehézség (ne-hayz-shayg)
digit számjegy (sám-yedy)
diligent szorgalmas (sor-gahl-mahsh)
dimension méret (may-ret)
diminish csökkenteni (tchök-ken-te-ni)

dine ebédelni (e-bay-del-ni)

dining-car étkezőkocsi (ayt-ke-ző-ko-tchi)

dinner 1. *(at noon)* ebéd (e-bayd); 2. *(supper)* vacsora (vah-tcho-rah)

direct közvetlen, direkt; (köz-vet-len, di-rekt)

direction irány (i-rány); **in this/that direction** erre/arra(er-re, ahr-rah); **Is this the right direction to [...]?** Jó irányba megyek [...] felé? (Yó i-rány-bah- me-dyek fe-lay?); **directions for use** használati utasítás (hahs-ná-lah-ti oo-tah-shee-tásh)

director igazgató (i-gahz-gah-tó)

dirt piszok (pi-sok)

dirty piszkos (pis-kosh)

disadvantage hátrány (hát-rány)

disappear eltűnni (el-tűn-ni)

disappointment csalódás (tchah-ló-dásh)

disc jockey *(abbr.: D.J.)* lemezlovas (le-mez-lo-vahsh)

discount engedmény (en-ged-mayny)

discuss megbeszélni (meg-be-sayl-ni)

discussion megbeszélés (meg-be-say-laysh)

disease betegség (be-teg-shayg)

distance távolság (tá-vol-shág)

disturb zavarni (zah-vahr-ni); **May I disturb you?** Zavarhatom? (Zah-vahr-hah-tom?)

diversion útelterelés (út-el-te-re-laysh)

divided highway osztott pályás út (os-tott pá-yásh út); **divided highway ahead** osztott pályás út következik (os-tott pá-yásh út kö-vet-ke-zik); **divided highway ends** osztott pályás út vége (os-tott pá-yásh út vay-ge)

divorced elvált (el-vált)

(I feel) **dizzy** szédülök (say-dü-lök)

do tenni, csinálni; (ten-ni, tchi-nál-ni); **I shall do my best.** Mindent el fogok követni. (Min-dent el fo-gok kö-vet-ni.); **What can I do for you?** Miben segíthetek? (Mi-ben she-geet-he-tek?)

doctor doktor (dok-tor); **Doctor!** Doktor Úr! (Dok-tor úr!); **Call me a doctor!** Hívjon orvost! (Heev-yon or-vosht!)

document irat, okmány; (i-raht, ok-mány)

dog kutya (koo-tyah)

doll baba (bah-bah)

domestic animal háziállat (há-zi-ál-laht)
donkey szamár (sah-már)
disturb zavarni (zah-vahr-ni); **Do not disturb!** Ne zavarjon! (Ne
    zah-vahr-yon!)
door ajtó (ahy-tó)
dose (dózis) dó-zish
double room kétágyas szoba (kayt-á-dyahsh so-bah)
doubt kétség (kayt-shayg)
doubtful kétséges (kayt-shay-gesh)
doughnut fánk (fánk)
dove galamb (gah-lahmb)
downstairs lent (lent)
downtown belváros (bel-vá-rosh)
dozen tucat (too-tsaht)
draft tervezet (ter-ve-zet)
draw húzni (húz-ni)
drawers alsónadrág (ahl-shó-nahd-rág)
drawing room nappali szoba (nahp-pah-li so-bah)
dream álom (á-lom)
dress *(n.)* ruha (roo-hah)
dress *(v.)* öltözködni (öl-töz-köd-ni)
dressing cabin öltöző (öl-tö-ző)
dressing-gown pongyola (pon-dyo-lah)
dried szárított (sá-ree-tott)
drier *(hair)* hajszárító (hahy-sá-ree-tó)
drink *(n.)* ital (i-tahl)
drink *(v.)* inni (in-ni)
drinker iszákos (i-sá-kosh)
drinking water ivóvíz (i-vó-veez)
drip-dry csavarás nélkül szárad (tchah-vah-rásh nayl-kül sá-rahd)
drive autót vezetni (aoo-tót ve-zet-ni); **drive carefully/slowly**
    óvatosan/lassan hajts (ó-vah-to-shahn/lahsh-shahn hahytch)
driver vezető, sofőr (ve-ze-tő, sho-főr)
driving license jogosítvány (yo-go-sheet-vány)
drop csepp (tchepp)
drought szárazság (sá-rahz-shág)
drown vízbe fulladni (veez-be fool-lahd-ni)

drug 1. *(medicine)* orvosság (or-vosh-shág); 2. *(narcotic)* kábítószer (ká-bee-tó-ser)

drum dob (dob)

drunk(en) részeg (ray-seg); **drunk-drive** ittas vezetés (it-tahsh veze-taysh)

dry száraz (sá-rahz)

dry-cleaning száraztisztítás (sá-rahz-tis-tee-tásh)

dual carriageway osztott pályás út (os-tott pá-yásh út)

dubbed szinkronizált (sin-kro-ni-zált)

dubious kétséges (kayt-shay-gesh)

duck kacsa (kah-tchah)

due esedékes (e-she-day-kesh)

dull unalmas (oo-nahl-mahsh)

duly helyesen, pontosan; (he-ye-shen, pon-to-shahn)

dumb néma (nay-mah)

dumpling gombóc (gom-bóts)

duration időtartam (i-dő-tahr-tahm)

during alatt (ah-lahtt); **during my stay** itt tartózkodásom alatt (itt tahr-tóz-ko-dá-shom ah-lahtt)

dust por (por)

Dutch holland (hol-lahnd)

duty 1. *(customs)* vám (vám); 2. *(obligation)* kötelesség (kö-te-lesh-shayg); **Do I have to pay duty?** Kell vámot fizetnem? (Kell vá-mot fi-zet-nem?); **duty-free** vámmentes (vám-men-tesh)

dying ruhafestés (roo-hah-fesh-taysh)

dynamic dinamikus (di-nah-mi-koosh)

E

each minden (min-den); **each other** *(nom.)* egymás; *(acc.)* egymást
 (e<u>dy</u>-másh(t))
eagle sas (shosh)
earlier korábban (ko-ráb-bahn)
ear(s) fül (fül)
earring fülbevaló (fül-be-vah-ló)
earth föld (föld)
easily könnyen (kö<u>ny</u>-<u>ny</u>en)
East kelet (ke-let)
Easter Húsvét (Húsh-vayt)
eastern keleti (ke-le-ti)
easy könnyű (kö<u>ny</u>-<u>ny</u>ű)
eat enni (en-ni)
eau de Cologne kölni (köl-ni)
economic gazdasági (goz-dah-shá-gi)
economical takarékos (tah-kah-ray-kosh)
economy gazdaság (goz-dah-shág)
edition kiadás (ki-ah-dásh)
editor szerkesztő (ser-kes-tő)
editor-in-chief főszerkesztő (fő-ser-kes-tő)
educated művelt (mű-velt)
education oktatás (ok-tah-tásh)
eel angolna (ahn-gol-nah)
effect hatás (hah-tásh)
effective hatékony (hah-tay-ko<u>ny</u>)
effort erőfeszítés (e-rő-fe-see-taysh)
e.g. *(for instance)* például (payl-dá-ool)
egg tojás (to-yásh); **fried eggs** tükörtojás (tü-kör-to-yásh);
 scrambled eggs rántotta (rán-tot-tah)
eight nyolc (<u>ny</u>olts)
eighteen tizennyolc (ti-zen-<u>ny</u>olts)
eighty nyolcvan (<u>ny</u>olts-vahn)
either....or vagy....vagy (vah<u>dy</u>....vah<u>dy</u>)
elections választások (vá-lahs-tá-shok)
electric razor villanyborotva (vil-lah<u>ny</u>-bo-rot-vah)

electricity elektromosság (e-lek-tro-mosh-shág)
electronic elektronikus (e-lek-tro-ni-koosh)
elegant elegáns (e-le-gánsh)
elementary school általános iskola (ál-tah-lá-nosh ish-ko-lah)
elephant elefánt (e-le-fánt)
elevator lift (lift)
eleven tizenegy (ti-zen-e<u>dy</u>)
elsewhere máshol (másh-hol)
embassy nagykövetség (nah<u>dy</u>-kö-vet-shayg)
embroidery hímzés (heem-zaysh)
emergency brake vészfék (vays-fayk)
emergency exit vészkijárat (vays-ki-yá-raht)
emotion érzelem (ayr-ze-lem)
emphasize hangsúlyozni (hahng-shú-yoz-ni)
empire birodalom (bi-ro-dah-lom)
employee alkalmazott (ahl-kahl-mah-zott)
employment alkalmazás (ahl-kahl-mah-zásh)
empty üres (ü-resh)
enclosed mellékelve (mel-lay-kel-ve)
encyclopedia lexikon (lek-si-kon)
end vége (vay-ge)
enemy ellenség (el-len-shayg)
energy energia (e-ner-gi-ah)
engaged foglalt (fog-lahlt)
engine motor (mo-tor)
engineer mérnök (mayr-nök)
English angol (ahn-gol)
Englishman angol (ahn-gol)
enjoy élvezni (ayl-vez-ni)
enough elég (e-layg)
enquiries információ (in-for-má-tsi-ó)
enter *(the room)* belépni [a szobába] (be-layp-ni [ah so-bá-bah]); **Do Not Enter!** Behajtani tilos! (Be-hahy-tah-ni ti-losh!)
enterprise vállalat (vál-lah-laht)
entertainment szórakozás (só-rah-ko-zásh)
enthusiastic lelkes (lel-kesh)
entirely teljesen (tel-ye-shen)

entrance bejárat (be-yá-raht); **entrance exam** felvételi vizsga (fel-vay-te-li vizh-gah)

entry-visa beutazóvízum (be-oo-tah-zó-vee-zoom)

envelope boríték (bo-ree-tayk)

environment környezet (kör-nye-zet)

epidemic járvány (yár-vány)

equal egyenlő (e-dyen-lő)

error tévedés (tay-ve-daysh)

escalator mozgólépcső (moz-gó-layp-tchő)

especially különösen (kü-lö-nö-shen)

essential lényeges (lay-nye-gesh)

Europe Európa (Eoo-ró-pah)

European európai (eoo-ró-pah-i); **European championship** Európa-bajnokság (Eoo-ró-pah-bahy-nok-shág); **European Union** Európai Unió (E-oo-ró-pah-i oo-ni-ó)

even *(adv.)* még (mayg)

evening este (esh-te); **in the evening** este (esh-te)

event esemény (e-she-mayny)

ever valaha (vah-lah-hah)

every minden (min-den)

everybody mindenki (min-den-ki)

everything minden (min-den)

everywhere mindenütt (min-de-nütt)

exact pontos (pon-tosh)

exactly pontosan (pon-to-shan)

exam(ination) vizsga (vizh-gah)

examine megvizsgálni (meg-vizh-gál-ni)

example példa (payl-dah)

excellent kitűnő (ki-tű-nő)

except kivéve (ki-vay-ve)

excess weight túlsúly (túl-shúy)

exchange rate árfolyam (ár-fo-yahm)

excited izgatott (iz-gah-tott)

excursion kirándulás (ki-rán-doo-lásh)

excuse *(v.)* megbocsátani (meg-bo-tchá-tah-ni); **Excuse me!** Bocsánat! (Bo-tchá-naht!)

exhausted kimerült (ki-me-rült)

exhibition kiállítás (ki-ál-lee-tásh)

exist létezni (lay-tez-ni)

exit kijárat (ki-yá-raht)

expectation várakozás (vá-rah-ko-zásh)

expense(s) kiadás (ki-ah-dásh)

expensive drága (drá-gah)

experience élmény (ayl-may<u>ny</u>); **experienced** tapasztalt (tah-pahs-tahlt)

experiment kísérlet (kee-shayr-let)

experimental kísérleti (kee-shayr-le-ti)

expert szakember (sahk-em-ber)

expiration date lejárati idő (le-yá-rah-ti i-dő)

explain megmagyarázni (meg-mah-<u>dy</u>ah-ráz-ni)

explanation magyarázat (mah-<u>dy</u>ah-rá-zaht)

explosion robbanás (rob-bah-násh)

export export (eks-port)

expression kifejezés (ki-fe-ye-zaysh)

extend meghosszabbítani (meg-hos-sahb-bee-tah-ni)

extraordinary rendkivüli (rend-ki-vü-li)

eye(s) szem (sem)

F

face arc (ahrts)
fact tény (tay<u>ny</u>)
factory gyár (<u>dy</u>ár)
failure kudarc (koo-dahrts)
faint elájulni (el-á-yool-ni); **[my wife] has fainted** a [feleségem] elájult (ah fe-le-shay-gem el-á-yoolt)
fair *(n.)* vásár (vá-shár)
fair *(adj.)* becsületes (be-tchü-le-tesh)
faith hit (hit)
faithful hűséges (hű-shay-gesh)
fall *(U.S.)* ősz (ős); **fall down** leesni (le-esh-ni)
false hamis (hah-mish)
family család (tchah-lád); **family name** családnév (tchah-lád-nayv)
famous híres (hee-resh)
far messze (mes-se)
fare útiköltség (ú-ti-köl-tchayg)
farewell búcsú (bú-tchú)
fashion divat (di-vaht)
fast gyors (<u>dy</u>orsh); **fast train** gyorsvonat (<u>dy</u>orsh-vo-naht)
fat *(n.)* zsír (zheer)
fat *(adj.)* kövér (kö-vayr)
fate sors (shorsh)
father apa (ah-pah)
father-in-law após (ah-pósh)
favo(u)r szívesség (see-vesh-shayg); **Would you do me a favo(u)r?** Tenne nekem egy szívességet? (Ten-ne ne-kem e<u>dy</u> see-vesh-shay-get?)
favo(u)rable kedvenc (ked-vents)
fear félelem (fay-le-lem)
feather toll (toll)
February február (feb-roo-ár)
fee díj (deey)
feel érezni (magát); (ay-rez-ni mah-gát); **I feel better/worse.** Jobban/Rosszabbul érzem magam. (Yob-bahn/ros-sahb-bool ayr-zem mah-gahm.); **I feel ill.** Roszul érzem magam. (Ros-sool ayr-zem mah-gahm.)

194

feeling érzés (ayr-zaysh)
female nő(stény) (nő-shtay<u>ny</u>)
fencing vívás (vee-vásh)
ferry komp (komp)
fever láz (láz); **I have a fever.** Lázam van. (Lá-zahm vahn.)
few kevés (ke-vaysh); **a few** néhány (nay-há<u>ny</u>)
fiction regényirodalom (re-gay<u>ny</u>-i-ro-dah-lom)
field terület (te-rü-let)
fifteen tizenöt (ti-zen-öt)
fifty ötven (öt-ven)
fig füge (fü-ge)
fight küzdelem (küz-de-lem)
figure *(shape)* alak (ah-lahk)
fill *(in)* kitölteni (ki-töl-te-ni); **Fill in this form!** Töltse ki ezt az
   űrlapot! (Töl-tche ki ezt ahz űr-lah-pot!)
film film (film)
final végleges (vayg-le-gesh)
finally végül (vay-gül)
financial pénzügyi (paynz-ü-<u>dy</u>i)
find találni (tah-lál-ni); **to find out** megtudni (meg-tood-ni)
fine *(n.)* büntetés (bün-te-taysh)
fine *(adj.)* remek (re-mek)
fine arts képzőművészet (kayp-ző-mű-vay-set)
finger(s) ujj (ooy)
finish befejezni (be-fe-yez-ni)
Finland Finnország (finn-or-ság)
fire tűz (tűz)
fire escape tűzlépcső (tűz-layp-tchő)
fire extinguisher tűzoltókészülék (tűz-ol-tó-kay-sü-layk)
fireworks tűzijáték (tű-zi-yá-tayk)
firm *(adj.)* szilárd, fix (si-lárd, fiks)
first első (el-shő)
first aid elsősegély (el-shő-she-gay)
first class első osztály (el-shő os-táy)
fish *(n.)* hal (hahl)
fish *(v.)* halászni (hah-lás-ni)
five öt (öt)

fix *(U.S)* megjavítani (meg-yah-vee-tah-ni)

flag zászló (zás-ló)

flame láng (láng)

flash *(gun) (U.S.)* vaku (vah-koo)

flashlight zseblámpa (zheb-lám-pah)

flat *(n.) (U.S.)* lakás (lah-kásh)

flat *(adj.)* lapos (lah-posh)

flat-iron vasaló (vah-shah-ló)

flat tire/tyre defekt (de-fekt); **I have a flat tire!** Defektem van! (De-fek-tem vahn!)

flavo(u)r íz (eez)

flea bolha (bol-hah)

flea market bolhapiac (bol-hah-pi-ahts)

flee menekülni (me-ne-kül-ni)

flesh hús (húsh)

flexible rugalmas (roo-gahl-mash)

flextime rugalmas munkaidő (roo-gahl-mash moon-kah-i-dő)

flight repülés (re-pü-laysh)

flood ár(víz) (ár-veez)

floor padló (pahd-ló); **[4th] floor** [4.] emelet (ne-<u>dye</u>-dik e-me-let)

florist virágbolt (vi-rág-bolt)

flour liszt (list)

flow folyni (foy-ni)

flower(s) virág(ok) (vi-rá-gok)

flu influenza (in-floo-en-zah)

fluently folyékonyan (fo-yay-ko-<u>nyah</u>n)

fly *(n.)* légy (lay<u>dy</u>)

fly *(v.)* repülni (re-pül-ni)

FM *(radio)* URH (oo-er-há)

fog köd (köd)

folk art népművészet (nayp-mű-vay-set)

folk costume népviselet (nayp-vi-she-let)

follow követni (kö-vet-ni)

following következő (kö-vet-ke-ző)

foodstore élelmiszerüzlet (ay-lel-mi-ser-üz-let)

foot lábfej (láb-fey)

for számára (sá-má-rah); **for a long time** sokáig (sho-ká-ig); **for the**

first/last time először/utoljára (e-lő-sör/oo-tol-yá-rah); **for hire** *(GB)* szabad (sah-bahd); **for sale** eladó (el-ah-dó); **for example** *(abbr.: e.g.)* például (payl-dá-ool)

forehead homlok (hom-lok)

foreigner külföldi (kül-föl-di)

forest erdő (er-dő)

forget elfelejteni (el-fe-ley-te-ni)

forgive megbocsátani (meg-bo-tchá-tah-ni)

fork villa (vil-lah)

form 1. *(shape)* alak (ah-lahk); 2.*(printed sheet)* űrlap (űr-lahp)

forty negyven (ne<u>dy</u>-ven)

fountain 1. *(in nature)* forrás (for-rásh); 2. *(in towns)* szökőkút (sö-kő-kút)

four négy (nay<u>dy</u>)

fourth negyedik (ne-<u>dy</u>e-dik)

fox róka (ró-kah)

fragile törékeny (tö-ray-ke<u>ny</u>)

France Franciaország (Frahn-tsi-ah-or-ság)

free szabad (sah-bahd); **Free!** **(without charge)** Ingyenes! (In-<u>dy</u>e-nesh!)

freedom szabadság (sah-bahd-shág)

French francia (frahn-tsi-ah); **French fried potato** asábburgonya (hah-sháb-boor-go-nyah)

frequent gyakori (<u>dy</u>ah-ko-ri)

fresh friss (frish)

Friday péntek (payn-tek)

fried (zsírban) sült (zheer-bahn shült)

friend 1. *(male)* barát (bah-rát); 2. *(female)* barátnő (bah-rát-nő)

friendly barátságos (bah-rát-shá-gosh)

friendship barátság (bah-rát-shág)

frightful félelmetes (fay-lel-me-tesh)

frog béka (bay-kah)

from tól (tól)

front eleje (e-le-ye); **in (the) front** elöl (e-löl)

frost fagy (fody)

frosty fagyos (fo-<u>dy</u>osh)

frozen food mélyhűtött élelmiszer (may-hű-tött ay-lel-mi-ser)

197

fruit gyümölcs (<u>dy</u>ü-möltch)
fruitful gyümölcsöző (<u>dy</u>ü-möl-tchö-ző)
fudge tejkaramel (tey-kah-rah-mel)
fuel üzemanyag (ü-zem-ah-<u>ny</u>og)
fulfill teljesíteni (tel-ye-shee-te-ni)
full (*full of*) tele (...-vel) (te-le vel)
fully teljesen (tel-ye-shen)
fun tréfa, móka; (tray-fah, mó-kah)
function funkció (foonk-tsi-ó)
funeral temetés (te-me-taysh)
funny vicces (vits-tsesh)
fur szőrme (sőr-me)
furcoat bunda (boon-dah)
furniture bútor (bú-tor)
further további (to-váb-bi)
future jövő (yö-vő)

G

gain *(weight)* hízni (heez-ni)
gall epe (e-pe)
gallery képtár (kayp-tár)
gallstone epekő (e-pe-kő)
gamble szerencsejáték (se-ren-tche-yá-tayk)
game *(play)* játék (yá-tayk)
garage garázs (gah-rázh)
garden kert (kert)
garlic fokhagyma (fok-ho<u>dy</u>-mah)
gas 1. gáz (gáz); 2. *(gasoline)* benzin
gas station benzinkút (ben-zin-kút)
gate kapu (kah-poo)
gay 1. *(happy)* vidám (vi-dám); 2. *(homosexual)* buzi (boo-zi)
general általános (ál-tah-lá-nosh); **in general** általában (ál-tah-lá-bahn); **general practitioner** általános orvos (ál-tah-lá-nosh or-vosh)
generally általában (ál-tah-lá-bahn)
generation generáció (ge-ne-rá-tsi-ó)
generous nagylelkű (nah-<u>dy</u>-lel-kű)
genius zseni (zhe-ni)
gentlemen Urak (oo-rahk)
gentleness szelídség (se-leed-shayg)
gents *(see gentlemen)*
genuine eredeti (e-re-de-ti)
German német (nay-met)
Germany Németország (Nay-met-or-ság)
get szerezni, kapni; (se-rez-ni, kahp-ni); **get in/out** be-/ki-szállni (be-/ki-sáll-ni); **get on/off** fel-/le-szállni (fel-/le-sáll-ni)
gherkin csemege uborka (tche-me-ge oo-bor-kah)
ghost szellem (sel-lem)
giant óriás (ó-ri-ásh)
gift *(present)* ajándék (ah-yán-dayk)
gifted tehetséges (te-het-shay-gesh)
gypsy cigány (tsi-gá<u>ny</u>)
giraffe zsiráf (zhi-ráf)

girl lány (lá<u>ny</u>)

give adni (ahd-ni); **Give me [stamps for this letter]!** Adjon
　　[bélyeget erre a levélre]! (Ahd-<u>dy</u>on bay-ye-get er-re ah le-
　　vayl-re!)

glad boldog (bol-dog); **Glad to meet you!** Örülök, hogy
　　találkoztunk! (Örü-lök ho<u>dy</u> tah-lál-koz-toonk!); **Glad to see
　　you!** Örülök, hogy látom! (Örü-lök ho<u>dy</u> lá-tom!)

glass 1. *(material)* üveg (ü-veg); 2. *(vessel for drinking)* pohár (po-
　　hár)

glasses *(spectacles)* szemüveg (sem-ü-veg)

glory dicsőség (di-tchő-shayg)

glove(s) kesztyű (kes-<u>tyű</u>)

glue ragasztó (rah-gahs-tó)

go menni (men-ni); **Let's go!** Menjünk! (Me<u>ny</u>-<u>ny</u>ünk!)

goat kecske (ketch-ke)

God Isten (ish-ten)

gold arany (ah-rah<u>ny</u>)

good jó (yó); **Good afternoon!** Jó napot! (Yó nah-pot!); **Good bye!**
　　Viszontlátásra! (Vi-sont-lá-tásh-rah!); **Good evening!** Jó
　　estét! (Yó esh-tayt!); **Good Friday** Nagypéntek (Nah<u>dy</u>-
　　payn-tek); **Good morning!** Jó reggelt! (Yó reg-gelt); **Good
　　night!** Jó éjszakát! (Yó ay-sah-kát)

goodwill jóakarat (yó-ah-kah-raht); **goodwill tour** jószolgálati út
　　(yó-sol-gá-lah-ti út)

goose liba (li-bah)

gooseberry egres (eg-resh)

goose liver libamáj (li-bah-máy)

gospel evangélium (e-vahn-gay-li-oom)

gossip pletyka (ple<u>ty</u>-kah)

government kormány (kor-má<u>ny</u>)

grace kegyelem (ke-<u>dy</u>e-lem)

gradually fokozatosan (fo-ko-zah-to-shahn)

grammar nyelvtan (<u>ny</u>elv-tahn)

grammatical nyelvtani (<u>ny</u>elv-tah-ni)

grandchild unoka (oo-no-kah)

grandparents nagyszülők (no<u>dy</u>-sü-lők)

grape szőlő (ső-lő)

grass fű (fű)
grateful hálás (há-lásh)
grave sír (sheer)
graveyard temető (te-me-tő)
gravy szaft (soft)
gray/grey szürke; *(hair)* ősz (sür-ke, ős)
grease *(engine)* kenőanyag (ke-nő-ah-<u>ny</u>og)
great nagy (no<u>dy</u>)
Great Britian Anglia (Ahng-li-ah)
Greece Görögország (Gö-rög-or-ság)
Greek görög (gö-rög)
green zöld (zöld)
greengrocer zöldséges (zöld-shay-gesh)
Greenwich Mean Time *(abbr.: GMT)* greenwichi idő (greenwich-i
      i-dő)
greet üdvözölni (üd-vö-zöl-ni)
greetings üdvözlet (üd-vöz-let)
ground floor földszint (föld-sint)
group csoport (tcho-port)
grow nőni (nő-ni)
grown-up felnőtt (fel-nőtt)
growth növekedés (nö-ve-ke-daysh)
guard őr (őr)
guess sejteni (shey-te-ni)
guest vendég (ven-dayg)
guide idegenvezető (i-de-gen-ve-ze-tő)
guidebook útikalauz (ú-ti-kah-lah-ooz)
guitar gitár (gi-tár)
gun fegyver (fe<u>dy</u>-ver)
guy pasas (pah-shash)
gym(nasium) tornaterem (tor-nah-te-rem)
gymnastics torna (tor-nah)

H

haberdashery férfidivatáru (fayr-fi-di-vaht-á-roo)
hair 1. *(anywhere on human or animal body)* szőr (sőr); 2. *(on the head)* haj (hahy)
haircut hajvágás (hahy-vá-gásh)
hairdo frizura (fri-zoo-rah)
hairdresser fodrász (fod-rás)
hairspray hajlakk (hahy-lahk)
hairwash hajmosás (hahy-mo-shásh)
half fél (fayl)
ham sonka (shon-kah)
hammer kalapács (kah-lah-pátch)
hand kéz (kayz)
handbag retikül (re-ti-kül)
handball kézilabda (kay-zi-lob-dah)
handicapped mozgássérült (moz-gásh-shay-rült)
handkerchief zsebkendő (zheb-ken-dő)
hanger akasztó (ah-kas-tó)
happen történni (tör-tayn-ni)
happiness boldogság (bol-dog-shág)
happy boldog (bol-dog)
hard nehéz, kemény; (ne-hayz, ke-mayny)
hard-boiled egg kemény tojás (ke-mayny to-yásh)
hardly alig (ah-lig)
hare nyúl (nyúl)
harmless ártalmatlan (ár-tol-maht-lahn)
harmony harmónia (hahr-mó-ni-ah)
harp hárfa (hár-fah)
harvest aratás (ah-rah-tásh)
haste sietség (shi-et-shayg)
hat kalap (kah-lahp)
hate gyűlölni (dyű-löl-ni)
hatred gyűlölet (dyű-löl-let)

have van (vahn); **I have** Nekem van... (Ne-kem vahn); **I have no [Hungarian money].** Nincs [magyar pénzem]. (Nintch mah-dyor payn-zem.); **I don't have [time].** Nincs [idő]m. (Nintch i-dőm.); **Have you got a...?** Van egy...? (Vahn edy...?)

hay fever szénanátha (say-nah-nát-hah)

hazelnut mogyoró (mo-dyo-ró)

hazy fátyolos (fá-tyo-losh)

he ő (ő)

headache fejfájás (fey-fá-yásh)

headline címsor (tseem-shor)

headquarters központ (köz-pont)

head of state államfő (ál-lahm-fő)

heal gyógyítani (dyó-dyee-tah-ni)

health egészség (e-gays-shayg)

healthy egészséges (e-gays-shay-gesh)

hear hallani (hol-lah-ni)

heart szív (seev)

heart attack szívroham (seev-ro-hahm)

heartburn gyomorégés (dyo-mor-ay-gaysh)

heating fűtés (fű-taysh)

heaven menny (meny)

heavy nehéz (ne-hayz)

hectic zaklatott (zok-lah-tott)

heel sarok (shah-rok)

height magasság (mah-gosh-shág)

hell pokol (po-kol)

help segíteni (she-gee-te-ni); **Help!** Segítség! (She-geet-shayg!); **Help yourself!** Vegyen! (Ve-dyen!); **Help me, please.** Segítsen, kérem. (She-geet-shen kay-rem.)

hen tyúk (tyúk)

her *(acc.)* őt; *(dat.)* neki

here 1. *(place)* itt (itt); 2. *(direction)* ide (i-de)

hers övé (ö-vay)

hesitate tétovázni (tay-to-váz-ni)

hiccup csuklani (tchook-lah-ni)

hidden rejtett (rey-tett)

hide eldugni (el-doog-ni)

high magas (mah-gosh)

high school középiskola (kö-zayp-ish-ko-lah)

highway autópálya (ah-oo-tó-pá-yah)

hill domb (domb)

hip csípő (tchee-pő)

his [place] az ő (helye) (ahz ő he-ye); **[This bag is] his.** [Ez a táska]
      az övé. (Ez ah tásh-kah ahz ö-vay.)

history történelem (tör-tay-ne-lem)

hit *(song) (n.)* sláger (shlá-ger)

hit *(by car) (v.)* (autóval) elütni (aoo-tó-vahl el-üt-ni)

hitchhike autót stoppolni (ah-oo-tót stop-pol-ni)

HIV virus HIV-vírus (hiv-vee-roosh)

hold tartani (tahr-tah-ni)

hole lyuk (yook)

holiday ünnep (ün-nep); **I am on holiday.** Szabadságon vagyok.
      (Sah-bahd-shá-gon vah-dyok.)

holy szent (sent)

home otthon (ott-hon); **at home** otthon (ott-hon); **I want to go
      home.** Haza akarok menni. (Hah-zah ah-kah-rok men-ni.)

honey méz (mayz)

hope remény (re-may<u>ny</u>); **I hope so!** Remélem! (Re-may-lem!)

hopefully remélhetőleg (re-mayl-he-tő-leg)

hopeless reménytelen (re-may<u>ny</u>-te-len)

horse ló (ló)

horseradish torma (tor-mah)

hospital kórház (kór-ház)

hostile ellenséges (el-len-shay-gesh)

hot forró (for-ró)

hotel hotel, szálloda; (ho-tel, sál-lo-dah)

hour óra (ó-rah); **in an hour** egy óra múlva (e<u>d</u>y ó-rah múl-vah)

house ház (ház)

household háztartás (ház-tahr-tásh)

housing estate lakótelep (lah-kó-te-lep)

how hogyan (ho-<u>d</u>yahn); **How are you?** Hogy van? (Ho<u>d</u>y vahn?);
      How far is the next gas/petrol station? Milyen messze van
      a legközelebbi benzinkút? (Mi-yen-mes-se vahn ah leg-kö-
      ze-leb-bi ben-zin-kút?); **How long are you open?** Meddig

vannak nyitva? (Med-dig vahn-nahk <u>ny</u>it-vah?); **How long do we stay here?** Meddig maradunk itt? (Med-dig mah-rah-doonk itt?); **How long will it take?** Meddig fog tartani? (Med-dig fog tahr-tah-ni?); **how much/many** mennyi (men<u>y</u>-<u>ny</u>i); **How much is it?** Mennyi(be kerül)? (Me<u>ny</u>-<u>ny</u>i-be ke-rül?); **How much does [this book] cost?** Mibe kerül [ez a könyv]? (Mi-be ke-rül ez ah kö<u>ny</u>v?); **How old are you?** Hány éves? (Há<u>ny</u> ay-vesh?)

however azonban (ah-zon-bahn)

huge hatalmas (hah-tahl-mahsh)

human emberi (em-be-ri)

humanities humán tudományok (hoo-mán too-do-má-<u>ny</u>ok)

humid párás (pá-rásh)

hundred száz (sáz)

Hungarian magyar (mah-dyahr); **What does it mean in Hungarian?** Mit jelent magyarul? (Mit ye-lent mah-<u>dy</u>ah-rool?); **How do you say that in Hungarian?** Hogy mondják magyarul? (Ho<u>dy</u> mon-<u>dy</u>ák mah-<u>dy</u>ah-rool?)

Hungary Magyarország (Mah-<u>dy</u>ahr-or-sság)

hungry éhes (ay-hesh); **I am hungry.** Éhes vagyol. (ah-hesh vah-<u>dy</u>ok.)

hunt va<u>d</u>ászni(vah-dás-ni)

hunter vadász (vah-dás)

hurry sietni (shi-et-ni); **I am in a hurry.** Sietek. (**Shi-e-tek.**); **Hurry up!** Siess! (Shi-esh!)

hurt megsérteni (meg-shayr-te-ni)

husband férj (fayry)

hydrofoil szárnyashajó (sár-<u>ny</u>ahsh-hah-yó)

I

I én (ayn)
ice jég (yayg)
ice cream fagylalt (fah<u>dy</u>-lahlt)
idea ötlet (öt-let)
identity card személyazonossági (igazolvány) (se-may-ah-zo-nosh-shá-gi i-gah-zol-vá<u>ny</u>)
if ha (hah)
ignition gyújtás (<u>dy</u>úy-tásh)
ignition key slusszkulcs (shlooss-kooltch)
ill beteg (be-teg)
illegal illegális (il-le-gá-lish)
illiterate analfabéta (ahn-ahl-fah-bay-ta)
illness betegség (be-teg-shayg)
illusion illúzió (il-lú-zi-ó)
illustrated képes (kay-pesh)
image kép(zet) (kayp-zet)
imagine elképzelni (el-kayp-zel-ni); **Imagine!** Képzeld el! (Kayp-zeld el!)
immediately azonnal (ah-zon-nahl)
immoral erkölcstelen (er-költch-te-len)
impact hatás (hah-tásh)
impatient türelmetlen (tü-rel-met-len)
import import (im-port)
important fontos (fon-tosh)
impossible lehetetlen (le-he-tet-len)
impression benyomás (be-<u>nyo</u>-másh)
improve (meg)javítani (meg-yah-vee-tah-ni)
improvement javulás (yah-voo-lásh)
incidentally véletlenül (vay-let-le-nül)
include belefoglalni (be-le-fog-lahl-ni)
including.... beleértve....-t (be-le-ayrt-ve)
income bevétel, jövedelem (be-vay-tel, yö-ve-de-lem)
income tax jövedelemadó (jö-ve-de-lem-ah-dó)
increase *(n.)* növekedés (nö-ve-ke-daysh)

increase *(v.)* növelni (nö-vel-ni)
incredible hihetetlen (hi-he-tet-len)
independence függetlenség (füg-get-len-shayg)
independent független (füg-get-len)
Indian 1. *(n.)* hindu (hin-doo); 2.*(adj.)* indiai (in-di-ah-i)
indigestion gyomorrontás (dyo-mor-ron-tásh)
indirect közvetett (köz-ve-tett)
individual egyéni (e-dyay-ni)
industrial ipari (i-pah-ri)
industry ipar (i-pahr)
inexpensive olcsó (ol-tchó)
infant csecsemő (tche-tche-mő)
infection fertőzés (fer-tő-zaysh)
inflammation gyulladás (dyool-lah-dásh)
inflation infláció (in-flá-tsi-ó)
influence befolyás (be-fo-yásh)
inform informálni (in-for-mál-ni)
initial(s) kezdőbetű(k) (kez-dő-be-tűk)
initiate kezdeményezni (kez-de-may-nyez-ni)
***(I am)* injured** megsérültem (meg-shay-rül-tem)
ink tinta (tin-tah)
inn csárda (tchár-dah)
innocent ártatlan (ár-taht-lahn)
inquiry felvilágosítás (fel-vi-lá-go-shee-tásh)
inside belül (be-lül)
(I) insist ragaszkodom hozzá (rah-gahs-ko-dom hoz-zá)
(in) installments részletekben (rays-le-tek-ben)
instant *(adj.)* azonnali (ah-zon-nah-li)
instead of helyett (he-yett)
institute intézet (in-tay-zet)
institution intézmény (in-tayz-mayny)
instrument 1. szerszám (ser-sám); 2. *(music)* hangszer (hahng-ser)
insurance biztosítás (biz-to-shee-tásh)
intention szándék (sán-dayk)
interest érdek (ayr-dek)
(I am) interested Érdekel... (ayr-de-kel)
interesting érdekes (ayr-de-kesh)

international nemzetközi (nem-zet-kö-zi)
interpret tolmácsolni (tol-má-tchol-ni)
interpreter tolmács (tol-mátch)
interrupt félbeszakítani (fayl-be-sah-kee-tah-ni)
intersection kereszteződés (ke-res-te-ző-daysh)
into [the house] [a ház]-ba (ah ház-bah)
introduce bemutatni (be-moo-taht-ni); **May I introduce myself?**
    Bemutatkozhatom? (Be-moo-taht-koz-hah-tom?)
introduction bevezetés (be-ve-ze-taysh)
investment beruházás (be-roo-há-zásh)
invitation meghívás (meg-hee-vásh)
invite meghívni (meg-heev-ni)
invoice számla (sám-lah)
Ireland Írország (eer-or-ság)
iron 1. *(ore)* vas (vahsh); 2. *(flat iron)* vasaló (vah-shah-ló)
iron vasalni (vah-shahl-ni)
irregular rendszertelen (rend-ser-te-len)
irregularly rendszertelenül (rend-ser-te-le-nül)
island sziget (si-get)
it 1. *(nom.)* az (ahz); 2. *(acc.)* azt (ahzt)
Italian olasz (o-lahs)
Italy Olaszország (O-lahs-or-ság)
its [food] az ő étele (ahz o ay-te-le)
ivory elefántcsont (e-le-fánt-tchont)

J

jacket zakó (zah-kó)
jail börtön (bör-tön)
jam dzsem (dzhem)
January január (yah-noo-ár)
Japan Japán (Yah-pán)
Japanese japán (yah-pán)
Jew(ish) zsidó (zhi-dó)
jewel ékszer (ayk-ser)
jeweller ékszerész (ayk-se-rays)
job állás (ál-lásh)
jogging kocogás (ko-tso-gásh)
joint venture közös vállalat (kö-zösh vál-lah-laht)
joke tréfa (tray-fah)
journalist újságíró (úy-shág-ee-ró)
journey utazás (oo-tah-zásh)
joy öröm (ö-röm)
juice gyümölcslé (dyü-möltch-lay)
July július (yú-li-oosh)
jump ugrani (oog-rah-ni)
junction elágazás (el-á-gah-zásh)
June június (yú-ni-oosh)
jury zsűri (zhű-ri)
justice igazság (i-gahz-shág)
juvenile delinquency fiatalkori bűnözés (fi-ah-tahl-ko-ri bű-nö-zaysh)

K

kangaroo kenguru (ken-goo-roo)

keep (meg)őrizni (meg-ő-riz-ni); **Keep off the grass!** Fűre lépni
tilos! (Fű-re layp-ni ti-losh!); **Keep to the left/right!**
Balra/jobbra tarts! (Bahl-rah/yob-rah tahrtch!)

key kulcs (kooltch); **I left the key in my room.** A szobában hagytam
a kulcsot. (Ah so-bá-bahn hah<u>dy</u>-tahm ah kool-tchot.)

kick rugás (roo-gásh)

kid kölyök (kö-yök)

kidney vese (ve-she)

kidney stone vesekő (ve-she-kő)

kind kedves (ked-vesh); **This is very kind of you!** Ez nagyon
kedves Öntől! (Ez nah-<u>dy</u>on ked-vesh ön-től!)

kindness szívesség (see-vesh-shayg)

king király (ki-ráy)

kiss *(n.)* csók (tchók)

kiss *(v.)* megcsókolni (meg-tchó-kol-ni)

kit készlet (kays-let)

kitchen konyha (ko<u>ny</u>-hah)

knee térd (tayrd)

knife kés (kaysh)

knitwear kötöttáru (kö-tött-á-roo)

knock *(v.)* kopogni (ko-pog-ni)

know 1. *(sb)* ismerni (ish-mer-ni); 2. *(sth)* tudni (tood-ni); **Do you
know ... ?** Tudja ... ? (Tood-yah?); **I don't/didn't know.**
Nem tudom/tudtam. (Nem too-dom/tood-tahm.)

knowledge tudás (too-dásh)

kohlrabi karalábé (kah-rah-lá-bay)

label címke (tseem-ke)
lab(oratory) labor(atórium) (lah-bo-rah-tó-ri-oom)
lace csipke (tchip-ke)
ladies(') room Nők/Női WC (nők, nő-i vay-tsay)
lady hölgy (hö<u>ldy</u>)
lake tó (tó)
lamb bárány (bá-rá<u>ny</u>)
lamp lámpa (lám-pah)
land *(n.)* föld (föld)
land *(v.)* landolni (lahn-dol-ni)
landscape tájkép (táy-kayp)
lane *(on highways)* sáv (sháv); **Keep in Lane(!)** Maradjon a
    sávjában! (Mah-rahd-yon ah sháv-yá-bahn!)
language nyelv (<u>ny</u>elv)
language course nyelvtanfolyam (<u>ny</u>elv-tahn-fo-yahm)
lard zsír (zheer)
large nagy (nah<u>dy</u>)
lark pacsirta (pah-tchir-tah)
last utolsó (oo-tol-shó); **last name** családnév (tchah-lád-nayv); **last
    night** tegnap este (teg-nahp-esh-te); **last week/month** a múlt
    héten/hónapban (ah múlt hay-ten hó-nahp-bahn); **last year**
    tavaly (tah-vahy)
late késő (kay-shő); **I am late.** Elkéstem. (El-kaysh-tem.); **It's late.**
    Késő van. (Kay-shő vahn.)
later később (kay-shőbb)
latest legújabb (leg-ú-yahbb); **the latest news** a legfrisseb hírek (ah
    leg-frish-shebb hee-rek); **[tomorrow] the latest** legkésőbb
    [holnap] (leg-kay-shőbb (hol-nahp)
latter utóbbi (oo-tób-bi)
laugh nevetni (ne-vet-ni)
laundry mosoda (mo-sho-dah)
lavatory vécé (vay-tsay)
law jog (yog)
lawyer ügyvéd (ü<u>dy</u>-vayd)
laxative hashajtó (hahsh-hahy-tó)

lay feküdni (fe-küd-ni)

laymen laikus (lah-i-koosh)

lazy lusta (loosh-tah)

leader vezető (ve-ze-tő)

leaf levél (le-vayl)

lean sovány (sho-vá<u>ny</u>)

leap year szökőév (sö-kő-ayv)

learn tanulni (tah-nool-ni)

leather bőr (bőr)

leave *(sb/sth)* elhagyni (el-hah<u>dy</u>-ni); **Leave me alone!** Hagyjon
     békén! (Hah<u>dy</u>-yon bay-kayn!); **When do I have to leave
     the room?** Mikor kell elhagynom a szobát? (Mi-kor kell el-
     hah<u>dy</u>-nom ah so-bát?); **When is the [train] leaving?** Mikor
     indul [a vonat]? (Mi-kor in-dool ah vo-naht?)

left bal (bahl)

left-handed balkezes (bahl-ke-zesh)

leg láb (láb)

legal legális (le-gá-lish)

leisure *(time)* szabadidő (sah-bahd-i-dő)

lemon citrom (tsit-rom)

lemonade limonádé (li-mo-ná-day)

length hosszúság (hos-sú-shág)

lens lencse (len-tche)

less *(than)* kevesebb (mint) (ke-ve-shebb mint); **less expensive**
     olcsóbb (ol-tchóbb)

let *(leave)* hagyni (hah<u>dy</u>-ni); **Let it go!** Engedje el! (En-ged-<u>dy</u>e el!)

letter levél (le-vayl)

letter box postaláda (posh-tah-lá-dah)

letter telegram levéltávirat (le-vayl-táv-i-raht)

lettuce saláta (shah-lá-tah)

level szint (sint); **level crossing** szintbeli kereszteződés (sint-be-li ke-
     res-te-ző-daysh)

librarian könyvtáros (kö<u>ny</u>v-tá-rosh)

library könyvtár (kö<u>ny</u>v-tár)

licence, license engedély (en-ge-day)

license plate rendszámtábla (rend-sám-táb-lah)

lie *(say sth untrue)* hazudni (hah-zood-ni)

lie *(down)* (le)feküdni (le-fe-küd-ni)
life élet (ay-let)
lift *(n.)* lift (lift)
lift *(v.)* felemelni (fel-e-mel-ni)
light 1. *(n.)* fény (fayny) 2. *(adj.)* könnyű (köny-nyű)
lighter öngyújtó (ön-dyúy-tó)
lightning villám (vil-lám)
like tetszeni (tet-se-ni); **I like you.** Ön tetszik nekem. (Ön te-tsik ne-
      kem.); **I don't like this.** Ez nem tetszik. (Ez nem te-tsik.); **I
      should like...** Szeretnék... (Se-ret-nayk...)
likely valószínű (vah-ló-see-nű)
lilac orgona (or-go-nah)
lily liliom (li-li-om)
limbs végtagok (vayg-tah-gok)
line vonal (vo-nahl)
linen vászon (vá-son)
lion oroszlán (o-ros-lán)
lip(s) ajak (ah-yahk)
lipstick rúzs (rúzh)
list lista (lish-tah)
listen figyelni, hallgatni; (fi-dyel-ni, hahl-gaht-ni); **Listen to me!** Ide
      figyeljen! (I-de fi-dyel-yen!); **I listen to [the radio].**
      Hallgatom [a rádiót]. (Hahl-gah-tom ah rá-di-ót.)
literature irodalom (i-ro-dah-lom)
little kicsi (ki-tchi)
live élni (ayl-ni)
liver máj (máy)
living room nappali szoba (nahp-pah-li so-bah)
load teher (te-her)
loan kölcsön (köl-tchön)
lobby hall (hahl)
lobster homár (ho-már)
local helyi (he-yi)
lock bezárni (be-zár-ni)
lodging magánszállás (mah-gán-sál-lásh)
logic logika (lo-gi-kah)
lonely magányos (mah-gá-nyosh)

213

long hosszú (hos-sú); **long-distance call** interurbán hívás (in-ter-oor-
bán hee-vásh); **for long/for a long time** sokáig (sho-ká-ig)
lost elveszett (el-ve-sett); **I lost my way.** Eltévedtem. (El-tay-vet-
tem.); **I lost [my passport].** Elvesztettem [az útlevelemet.]
(el-ves-tet-tem ahz út-le-ve-le-met); **[My suitcase] is lost.**
Elveszett [a bőröndöm]. (El-ve-sett a bő-rön-döm.); **lost and
found/lost property office** talált tárgyak osztálya (tah-lált
tár-dyahk os-tá-yah)
lot *(of)* sok/rengeteg (shok, ren-ge-teg)
lounge társalgó (tár-shahl-gó)
love *(n.)* szeretet (se-re-tet); **I am in love** *(with you).* Szerelmes
vagyok (beléd). (Se-rel-mesh vah-dyok be-layd.)
love *(v.)* szeretni (se-ret-ni); **I love you.** Szeretlek. (Se-ret-lek.)
lovely kedves (ked-vesh)
low alacsony (ah-lah-tchony)
lower alsó (ahl-shó)
lucky szerencsés (se-ren-tchaysh)
luggage poggyász (pody-dyás)
luke warm langyos (lahn-dyosh)
lunch ebéd (e-bayd); **lunchtime** ebédidő (e-bayd-i-dő)
lung(s) tüdő (tü-dő)
Lutheran Evangélikus (E-vahn-gay-li-koosh)
luxurious luxus (look-soosh)

M

machine gép (gayp)

mad őrült (ő-rült); **I am mad.** Dühös vagyok. (Dü-hösh vah-dyok.)

Madam Asszonyom (ahs-so-nyom)

magazine (képes) folyóirat (kay-pesh fo-yó-i-raht)

maiden name lánykori név (lány-ko-ri nayv)

mail *(a letter)* (levelet) feladni (le-ve-let fel-ahd-ni)

mail box postaláda (posh-tah-lá-dah)

main course főfogás (fő-fo-gásh)

main-line station vasútállomás (vah-shút-ál-lo-másh)

mainly főleg (fő-leg)

maintenance karbantartás (kahr-bahn-tahr-tásh)

maize kukorica (koo-ko-ri-tsah)

majority többség (több-shayg)

make csinálni (tchi-nál-ni); **make friends** barátságot kötni (bah-rát-shá-got köt-ni)

male 1. *(man)* férfi (fayr-fi); 2. *(animal)* hím (heem)

man 1. *(man)* férfi (fayr-fi); 2. *(human being)* ember (em-ber)

management menedzsment (me-nedzh-ment)

manager menedzser (me-ne-dzher)

managing director ügyvezető igazgató (üdy-ve-ze-tő i-gahz-gah-tó)

manicure manikűr (mah-ni-kűr)

mankind emberiség (em-be-ri-shayg)

manner viselkedés (vi-shel-ke-daysh)

manual kézi (kay-zi)

manufacture gyártani (dyár-tah-ni)

many sok (shok)

map térkép (tayr-kayp); **I want a road map of [Hungary].** Egy [Magyarország] /autó/térképet szeretnék. (Edy mah-dyahr-or-ság aoo-tó-tayr-kay-pet se-ret-nayk.)

marble márvány (már-vány)

March március (már-tsi-oosh)

margarine margarin (mahr-gah-rin)

marital status családi állapota (tchah-lá-di ál-lah-po-tah)

mark jel(zés) (yel-zaysh)

215

market piac (pi-ahts)

marmalade narancsíz (nah-rahntch-eez)

marriage házasság (há-zahsh-shág)

married 1. *(male)* nős (nősh); 2. *(female)* férjezett (fayr-ye-zett)

mashed potato krumplipüré (kroomp-li-pü-ray)

mass *(in church)* mise (mi-she)

massage masszázs (mahs-sázh)

master mester (mesh-ter)

match *(play)* mérkőzés, meccs (mayr-kő-zaysh, match)

match(es) gyufa (d̲yoo-fah)

material anyag (ah-n̲yahg)

maternity ward szülészet (sü-lay-set)

math(ematics) matematika, matek (mah-te-mah-ti-kah, mah-tek)

matter ügy (üd̲y); **What's the matter?** Mi a baj? (Mi ah bahy?); **It doesn't matter!** Nem számit! (Nem sá-meet!)

May május (má-yoosh)

may szabad (sah-bahd); **May I [take it]?** Szabad [elvenni]? (Sah-bahd el-ven-ni?); **May I open the window?** Kinyithatom az ablakot? (Ki-n̲yit-hah-tom ahz ahb-lah-kot?; **He may not come.** [Ő] lehet, hogy nem jön. (Ő le-het hod̲y nem jőn.)

maybe talán (tah-lán)

me *(acc.)* engem (en-gem); *(dat.)* nekem (ne-kem)

meal étkezés (ayt-ke-zaysh)

meaning jelentés (ye-len-taysh)

means *(n.)* eszköz (es-köz); **by means of ...** ... révén (ray-vayn)

measure megmérni (meg-mayr-ni); **Measure my size!** Mérje meg a méretemet! (Mayr-ye meg ah may-re-te-met!)

meat hús (húsh)

meatball húspogácsa (húsh-po-gá-tchah)

meatloaf vagdalt hús (vahg-dahlt húsh)

mechanic *(n.)* szerelő (se-re-lő)

medical orvosi (or-vo-shi)

medicinal bath/water gyógyfürdő/gyógyvíz (d̲yód̲y-für-dő/d̲yód̲y-veez)

medicine 1. *(science)* orvostudomány (or-vosh-too-do-mán̲y); 2. *(remedy)* gyógyszer (d̲yód̲y-ser)

Mediterranean Sea Földközi-tenger (Föld-kö-zi ten-ger)

meet találkozni (tah-lál-koz-ni)

meeting találkozó (tah-lál-ko-zó)

melon sárgadinnye (shár-gah-diny-nye)

member tag (tahg)

membership tagság (tahg-shág)

memory emlékezet (em-lay-ke-zet); **I have a bad memory.** Rossz az emlékezetem. (Ross ahz em-lay-ke-ze-tem.)

men's room férfi WC (fayr-fi vay-tsay)

mention említeni (em-lee-te-ni)

menu étlap (ayt-lap); **The menu, please!** Kérem az étlapot! (Kay-rem ahz ayt-lah-pot!)

merry vidám (vi-dám)

message üzenet (ü-ze-net); **May I leave a message for him/her?** Hagyhatok neki egy üzenetet? (Hahdy-hah-tok ne-ki edy ü-ze-ne-tet?)

metal fém (faym)

method módszer (mód-ser)

middle közepe (kö-ze-pe); **in the middle** középen (kö-zay-pen)

Middle East Közel-Kelet (Kö-zel-Ke-let)

midnight éjfél (ay-fayl); **at midnight** éjfélkor (ay-fayl-kor)

mild enyhe (eny-he)

mile mérföld (mayr-föld)

military katonai (kah-to-nah-i)

milk tej (tey)

milkbar tejbár (tey-bár)

million millió (mil-li-ó)

minced meat fasírt (fah-sheert)

mine enyém (e-nyaym); **This [suitcase] is mine.** Ez a [bőrönd] az enyém. (Ez ah bő-rönd ahz e-nyaym.)

mineral water ásványvíz (ásh-vány-veez)

minister *(governmental)* miniszter (mi-nis-ter)

ministry *(government office)* minisztérium (mi-nis-tay-ri-oom)

minority kisebbség (kish-shebb-shayg)

minute perc (perts); **Just a minute!** Várjon egy percet! (Vár-yon edy per-tset!)

miracle csoda (tcho-dah)

mirror tükör (tü-kör)

misfortune balszerencse (bahl-se-ren-tche)

miss kisasszony (kish-ahs-sony)

mistake hiba (hi-bah); **by mistake** tévedésből (tay-ve-daysh-ből);
     You are mistaken! Ön téved! (Ön tay-ved!)

misunderstanding félreértés (fayl-re-ayr-taysh)

mix összekeverni (ös-se-ke-ver-ni)

mixed keverve (ke-ver-ve)

mixture keverék (ke-ve-rayk)

modern modern (mo-dern)

modest szerény (se-rayny)

moment pillanat (pil-lah-naht)

monastery kolostor (ko-losh-tor)

Monday hétfő (hayt-fő)

money pénz (paynz)

money order pénzesutalvány (payn-zesh-oo-tahl-vány)

monkey majom (mah-yom)

monkey wrench franciakulcs (frahn-tsi-ah-kooltch)

month hónap (hó-nahp)

monument emlékmű (em-layk-mű)

moral *(adj.)* erkölcs (er-költch)

more *(than)* több (mint) (több mint)

morello meggy (meddy)

morning reggel (reg-gel); **in the morning** 1. reggel (reg-gel); 2.
     (after 9 am) délelőtt (dayl-e-lőtt); **this/next morning**
     ma/holnap reggel/délelőtt (mah/hol-nahp reg-gel/dayl-e-lőtt)

Moscow Moszkva (Mosk-vah)

mosquito szúnyog (sú-nyog)

mostly leginkább (leg-in-kább)

mother anya (ah-nyah)

mother-in-law anyós (ah-nyósh)

motion mozgás (moz-gásh)

motion picture film (film)

motorcycle motorbicikli (mo-tor-bi-cik-li)

motorway autópálya (aoo-tó-pá-yah)

mountain hegy (hedy)

mouse egér (e-gayr)

moustache bajusz (bah-yoos)

mouth száj (sáy)

move 1. *(trans.)* mozdítani (moz-dee-tah-ni); 2. *(intrans.)* mozdulni (moz-dool-ni)

movement mozdulat (moz-doo-laht); *(music)* tétel (tay-tel)

movie film (film)

movies mozi (mo-zi)

M.P. (Member of Parliament) képviselő (kayp-vi-she-lő)

Mr. [X] [X] úr (úr)

Mrs. [X] [X]né (nay)

much sok (shok)

murder gyilkosság (dyil-kosh-shág)

museum múzeum (mú-ze-oom)

mushroom gomba (gom-bah)

music zene (ze-ne)

musician zenész (ze-nays)

must kell (kell); **I must go now.** Most mennem kell. (Mosht mennem kell.) **You must not [believe] ...** Nem szabad azt [hinnie] ... (Nem sah-bahd ahzt hin-ni-e.)

mustard mustár (moosh-tár)

my az én (ahz ayn)

nail *(finger)* köröm (kö-röm)

nail polish körömlakk (kö-röm-lahk)

name név (nayv); **What's the name of this?** Mi ennek a neve? (Mi en-nek ah ne-ve?)

napkin szalvéta (sahl-vay-tah)

narrow keskeny (kesh-ke<u>ny</u>)

nation nemzet (nem-zet)

national nemzeti (nem-ze-ti)

nationality nemzetiség (nem-ze-ti-shayg)

natural sciences természettudományok (ter-may-set-too-do-má-<u>ny</u>ok)

nature természet (ter-may-set)

nausea hányinger (há<u>ny</u>-in-ger)

near *(adj.)* közel (kö-zel)

nearly csaknem (tchok-nem)

near-sighted rövidlátó (rö-vid-lá-tó)

necessary szükséges (sük-shay-gesh)

necessity szükség (sük-shayg); **if necessity arises** szükség esetén (sük-shayg e-she-tayn)

neck nyak (<u>ny</u>ahk)

necklace nyaklánc (<u>ny</u>ahk-lánts)

necktie nyakkendő (<u>ny</u>ahk-ken-dő)

need *(v.)* kell (kell); **I need something lighter/warmer**. Valami könnyebbre/melegebbre van szükségem. (Vah-lah-mi kö<u>ny</u>-<u>ny</u>ebb-re/me-le-gebb-re vahn sük-shay-gem.); **I need your advice/help**. Szükségem van a tanácsára/ segítségére. (Sük-shay-gem vahn ah tah-ná-tchá-rah/she-geet-shay-gay-re.)

needle tű (tű)

neighbo(u)r szomszéd (som-sayd)

neither ... nor sem ... sem (shem ... shem)

nephew unokafívér (oo-no-kah-fee-vayr)

nerve ideg (i-deg)

nervous ideges (i-de-gesh)

nest fészek (fay-sek)

net *(fishing, sport)* háló (há-ló)

net weight nettó súly (net-tó shúy)

The Netherlands Hollandia (hol-lahn-di-ah)

network hálózat (há-ló-zaht)

neutral semleges (shem-le-gesh)

neutrality semlegesség (shem-le-gesh-shayg)

never soha (sho-hah); **never again** soha többé (sho-hah töb-bay);
    Never mind! Ne törődjön vele! (Ne tö-rőd-dyön ve-le!)

new új (úy)

news újság, hír (úy-shág, heer)

news agency hírügyökség (heer-üdy-nök-shayg)

newscast hírek (hee-rek)

newspaper újság, hírlap (úy-shág, heer-lahp)

newsreel híradó (heer-ah-dó)

newsstand újságos stand (úy-shá-gosh shtahnd)

next következő (kö-vet-ke-ző); **next week/month** a jövő
    héten/hónapban (ah yö-vő hay-ten/hó-nahp-bahn); **next year**
    jövőre (yö-vő-re)

nice szép (sayp)

niece unokanővér (oo-no-kah-nő-vayr)

night/at night éjszaka (ay-sah-kah)

night club éjjeli mulató (ay-ye-li moo-lah-tó)

night gown hálóing (há-ló-ing)

nine kilenc (ki-lents)

nineteen tizenkilenc (ti-zen-ki-lents)

ninety kilencven (ki-lents-ven)

no, not nem (nem); **No admittance** Tilos a belépés (ti-losh ah be-
    lay-paysh); **No crossing** Tilos az átkelés (ti-losh ahz át-ke-
    laysh); **No entrance** Nem bejárat (nem be-yá-raht); **No
    left/right turn** Balra/jobbra fordulni tilos (bahl-rah/yobb-rah
    for-dool-ni ti-losh); **No littering** Szemetelni tilos (se-me-tel-
    ni ti-losh); **No overtaking** Tilos a előzés (ti-losh ahz e-lő-
    zaysh); **No parking** Tilos a parkolás (ti-losh ah pahr-ko-
    lásh); **No smoking** Tilos a dohányzás (ti-losh ah do-hány-
    zásh); **No stopping** Tilos megállás (ti-losh ah meg-ál-lásh);
    No thoroughfare Járműforgalom elől elzárva (yár-mű-for-
    gah-lom e-lől el-zár-vah); **No trespassing** Yilos az átjárás (ti-
    losh ahz át-yá-rásh); **No U-turn** Megfordulni tilos (meg-for-

dool-ni ti-losh); **No vacancies** Megtelt (meg-telt); **No waiting** Várakozni tilos (vá-rah-koz-ni ti-losh)

nobody senki (shen-ki)

noise zaj (zoy)

noisy zajos (zah-yosh)

non-alcoholic alkoholmentes (ahl-ko-hol-men-tesh)

none egy sem (e<u>dy</u> shem)

non-ficton szakirodalom (sahk-i-ro-dah-lom)

non-profit organization nem haszonra dolgozó szervezet (nem hah-son-rah dol-go-zó ser-ve-zet)

nonsense ostobaság, nonszensz (osh-to-bah-shág)

non-smoker nem dohányzó (nem do-há<u>ny</u>-zó)

non-stop folyamatos (fo-yah-mah-tosh)

noodle(s) metélt (me-taylt)

noon dél (dayl); **at noon** délben (dayl-ben)

norm norma (nor-mah)

normal szabályos, normális (sah-bá-yosh, nor-má-lish)

normally általában (ál-tah-lá-bahn)

north észak (ay-sahk)

northeast északkelet (ay-sahk-ke-let)

northern északi (ay-sah-ki)

northwest északnyugat (ay-sahk-<u>ny</u>oo-gaht)

Norway Norvégia (Nor-vay-gi-ah)

nose orr (orr)

note(s) jegyzetek (ye<u>dy</u>-ze-tek)

nothing semmi (shem-mi); **Nothing else, thank you.** Köszönöm, nem kérek mást. (Kö-sö-nöm, nem kay-rek másht.)

novel regény (re-gay<u>ny</u>)

November november (no-vem-ber)

now most (mosht)

nowhere sehol (she-hol)

number szám (sám)

number plate rendszámtábla (rend-sám-táb-lah)

numerous számos (sá-mosh)

nurse ápoló nővér (á-po-ló nő-vayr)

nursery gyerekszoba (<u>dye</u>-rek-so-bah)
nut dió (di-ó)

oak tölgy (töl<u>dy</u>)
obedient engedelmes (en-ge-del-mesh)
object tárgy (tár<u>dy</u>)
objection kifogás (ki-fo-gásh)
obligation kötelezettség (kö-te-le-zett-shayg)
obvious nyilvánvaló (<u>ny</u>il-ván-vah-lo)
occasion alkalom (ahl-kah-lom); **on this occasion** ez alkalommal (ez
    ahl-kah-lom-mahl)
ocean óceán (ó-tse-án)
occupied foglalt (fog-lahlt)
occupy elfoglalni (el-fog-lahl-ni); **When can I occupy the room?**
    Mikor foglalhatom el a szobát? (Mi-kor fog-lahl-hah-tom el
    ah so-bát?)
occur előfordulni (e-lő-for-dool-ni)
October október (ok-tó-ber)
(of) **course** természetesen (ter-may-se-te-shen)
offer ajánlat (ah-yán-laht)
office hivatal (hi-vah-tahl)
official hivatalos (hi-vah-tah-losh)
often gyakran (<u>dy</u>ahk-rahn)
oil olaj (o-loy)
old 1. *(man)* öreg (ö-reg) 2. *(object)* régi (ray-gi)
on on (on)**; on the table** az asztalon (ahz ahs-tah-lon); **on Saturday**
    szombaton (som-bah-ton); **on you/him, her, it** rajtad/rajta
    (rahy-tahd, rahy-tah)
once egyszer (e<u>dy</u>-ser); **once more** még egyszer (mayg e<u>dy</u>-ser)
one egy (e<u>dy</u>); **one and a half** másfél (másh-fayl)
one way street egy irányú utca (e<u>dy</u> i-rá-nyú oot-tsah)
one way ticket egy útra szóló jegy (e<u>dy</u> út-rah só-ló ye<u>dy</u>)
onion hagyma (hah<u>dy</u>-mah)
only csak (tchahk)
open *(adj.)* 1. *(man)* nyílt (<u>ny</u>eelt) 2. *(object)* nyitott (<u>ny</u>i-tott); **open
    from [...] to [...]** Nyitva [...]-tól [...]-ig (<u>ny</u>it-vah tól ig)
open *(v.)* kinyitni (ki-<u>ny</u>it-ni); **Open your suitcase!** Nyissa fel a

bőröndjét! (Nyish-shah fel ah bő-rönd-yayt!); **Don't open
the door!** Ne nyissa ki az ajtót! (Ne nyish-shah ki ahz ahy-
tót!); **open air concert/theater** szabadtéri koncert/színpad
(sah-bahd-tay-ri kon-tsert/seen-pahd)

opera opera (o-pe-rah)

opera glass(es) látcső (lá-tchő)

operate 1.*(doctor)* operálni (o-pe-rál-ni) 2. *(a machine)* működni
(mű-köd-ni)

operation műtét (mű-tayt)

operetta operett (o-pe-rett)

opinion vélemény (vay-le-mayny); **in my opinion** véleményem
szerint (vay-le-may-nyem se-rint)

opportunity alkalom (ahl-kah-lom)

optimistic optimista (op-ti-mish-tah)

opposition ellenzék (el-len-zayk)

option választás (vá-lahs-tásh)

or vagy (vady)

orange narancs (nah-rahntch)

orchestra zenekar (ze-ne-kahr)

order 1. *(arrangement)* rend (rend) 2. *(trade)* rendelés (ren-de-laysh)

order *(v.)* megrendelni (meg-ren-del-ni)

organ *(music)* orgona (or-go-nah)

organization szervezet (ser-ve-zet)

organize szervezni (ser-vez-ni)

organizing committee szervezőbizottság (ser-ve-ző-bi-zot-tchág)

oriental keleti (ke-le-ti)

origin eredet (e-re-det)

original eredeti (e-re-de-ti)

other más (másh); **the other day** a minap (ah mi-nahp); *(the)* **others**
a többiek (ah töb-bi-ek)

otherwise máskülönben (másh-kü-lön-ben)

ought to ... kellene ... (kel-le-ne)

ought not ... nem kellene ... (nem kel-le-ne)

our *[car]* a mi [kocsi]nk (ah mi ko-tchink)

ours a mienk (ah mi-enk)

out ből (ből); **out-of-date** elavult (el-ah-voolt); **out of order** nem
működik (nem mű-kö-dik)

outcome kimenetel (ki-me-ne-tel)

outdoor *(adj.)* szabadtéri (sa-bahd-tay-ri)

outer space világűr (vi-lág-űr)

outline körvonalazni (kör-vo-nah-lahz-ni)

outlook kilátás (ki-lá-tásh)

output teljesítmény (tel-ye-sheet-mayny)

outrageous felháborító (fel-há-bo-ree-tó)

outside kint (kint)

outstanding kiváló (ki-vá-ló)

oval ovális (o-vá-lish)

over... ... felett (fe-lett)

overcoat felöltő (fel-öl-tő)

overcome győzni (dyőz-ni)

overseas tengerentúli (ten-ge-ren-tú-li)

overtime túlóra (túl-ó-rah)

overturn felborulni (fel-bo-rool-ni)

overwhelming túlnyomó (túl-nyo-mó)

owe tartozni (tahr-toz-ni); **I owe you [five dollars].** Tartozom Önnek [öt dollárral]. (Tahr-to-zom ön-nek öt dol-lár-rahl.)

owing to... ... miatt (mi-aht)

owl bagoly (bah-goy)

own saját (shah-yát)

owner tulajdonos (too-loy-do-nosh)

ox ökör (ö-kör)

oxtail soup ökörfarkleves (ö-kör-fah-rok-le-vesh)

oxygen oxigén (ok-si-gayn)

oyster osztriga (ost-ri-gah)

P

pack csomagolni (tcho-mah-gol-ni)
package csomag (tcho-mag)
page *(in a book)* oldal (ol-dahl)
pain fájdalom (fáy-dah-lom)
painful fájdalmas (fáy-dahl-mahsh)
pain killer fájdalomcsillapító (fáy-dah-lom-tchil-lah-pee-tó)
paint festék (fesh-tayk)
paint festeni (fesh-te-ni)
painter festő (fesh-tő)
painting festmény (fesht-mayn̲y̲)
pair pár (pár)
pajama(s) pizsama (pi-zhah-mah)
palace palota (pah-lo-tah)
pale sápadt (shá-pahtt)
pancake palacsinta (pah-lah-tchin-tah)
panorama panoráma (pah-no-rá-mah)
panther párduc (pár-doots)
panties bugyi (boo-d̲y̲i)
paper papír (pah-peer)
paper napkin papírzsebkendő (pah-peer-zheb-ken-dő)
parcel csomag (tcho-mahg)
pardon bocsánat (bo-tchá-naht); **Pardon me!** Bocsánat!
parents szülők (sü-lők)
park *(n.)* park (pahrk)
park *(v.)* parkolni (pahr-kol-ni)
parking lot parkoló hely (pahr-ko-ló hey)
parking meter parkolóóra (pahr-ko-ló-ó-rah)
Parliament parlament (pahr-lah-ment)
parrot papagály (pah-pah-gáy)
parsley petrezselyem (pet-re-zhe-yem)
part rész (rays)
part-time job részmunkaidős állás (rays-moon-kah-i-dősh ál-lásh)
partial részleges (rays-le-gesh)
participate részt venni (rayst ven-ni)

participation részvétel (rays-vay-tel)

particular sajátos (shah-yá-tosh); **Nothing in particular!** Semmi különös! (Shem-mi kü-lö-nösh!)

partly részben (rays-ben)

partner partner (pahrt-ner)

party párt (párt)

pass *(an examination)* vizsgázni (vizh-gáz-ni)

passenger utas (oo-tosh)

passer-by járókelő (yá-ró-ke-lő)

passionate szenvedélyes (sen-ve-day-yesh)

passive passzív (pahs-seev)

Passover pészah (pay-sakh)

passport útlevél (út-le-vayl)

passport control útlevélvizsgálat (út-le-vayl-vizh-gá-laht)

past *(n. & adj.)* múlt (múlt)

pastime időtöltés (i-dő-töl-taysh); **What is your favorite pastime?** Mi a kedvenc időtöltése? (Mi ah ked-vents i-dő-töl-tay-she?)

pastor lelkipásztor (lel-ki-pás-tor)

pastry sütemény (shü-te-mayn̲y̲)

patience türelem (tü-re-lem)

patient *(adj.)* türelmes (tü-rel-mesh)

pavement járda (yár-dah)

pay fizetni (fi-zet-ni); **We pay together/separately.** Együtt/Külön fizetünk. (E-d̲y̲ütt/kü-lön fi-ze-tünk.)

pea borsó (bor-shó)

peace béke (bay-ke)

peaceful békés (bay-kaysh)

peach őszibarack (ő-si-bah-rahtsk)

peacock páva (pá-vah)

peanut amerikai mogyoró (ah-me-ri-kah-i mo-d̲y̲o-ró)

pear körte (kör-te)

pearl gyöngy (d̲y̲önd̲y̲)

peasant paraszt (pah-rahst)

peculiar különös (kü-lö-nösh)

pedal pedál (pe-dál)

pedestrian gyalogos (d̲y̲ah-lo-gosh); **pedestrian crossing** gyalogátkelőhely (d̲y̲ah-log-át-ke-lő-hey)

pedicure pedikűr (pe-di-kűr)
pen toll (toll)
penalty büntetés (bün-te-taysh)
pencil ceruza (tse-roo-zah)
peninsula félsziget (fayl-si-get)
pension nyugdíj (nyoog-dey)
pensioner nyugdíjas (nyoog-dee-yahsh)
Pentecost pünkösd (pün-köshd)
people 1. *(nation)* nép (nayp); 2. *(men)* emberek (em-be-rek)
pepper bors (borsh)
percent százalék (sá-zah-layk)
perfect tökéletes (tö-kay-le-tesh)
performance előadás (e-lő-ah-dásh); **When does the performance
    begin?** Mikor kezdődik az előadás? (Mi-kor kez-dő-dik ahz
    e-lő-ah-dásh?)
perfume parfüm (par-füm)
perhaps talán (tah-lán)
period időszak (i-dő-sahk)
periodical folyóirat (fo-yó-i-raht)
perish elpusztulni (el-poos-tool-ni)
perishable romlandó (rom-lahn-dó)
permanent residence állandó lakhely (ál-lahn-dó lahk-hey)
permission engedély (en-ge-day)
permit megengedni (meg-en-ged-ni); **Permit me to...** Engedje meg,
    hogy... (En-ged-dye meg hody...)
person személy (se-may)
personal személyes (se-may-yesh); **personal belonging(s)**
    személyes holmi (se-may-yesh hol-mi); **personal data**
    személyi adatok (se-may-yi ah-dah-tok)
personnel személyzet (se-may-zet)
perspective perspektíva (per-shpek-tee-vah)
persuade meggyőzni (meg-dyőz-ni)
pessimist(ic) pesszimista (pes-si-mish-tah)
petrol station *(GB)* benzinkút (ben-zin-kút)
pharmacy gyógyszertár (dyódy-ser-tár)
phase fázis (fá-zish)
pheasant fácán (fá-tsán)

229

phenomenon jelenség (ye-len-shayg)

philosophy filozófia (fi-lo-zó-fi-ah)

phone booth telefonfülke (te-le-fon-fül-ke)

phone number telefonszám (te-le-fon-sám)

photo fénykép (fayny-kayp); **May I take photos?** Fényképezhetek? (Fayny-kay-pez-he-tek?)

photograph *(v.)* fényképezni (fayny-kay-pez-ni)

photography fényképezés (fayny-kay-pe-zaysh)

physician orvos (or-vosh)

physicist fizikus (fi-zi-koosh)

physics fizika (fi-zi-kah)

piano zongora (zon-go-rah)

pick out kiválasztani (ki-vá-lahs-tah-ni)

picture kép (kayp); **picture postcard** képes levelezőlap (kay-pesh le-ve-le-ző-lahp)

piece darab (dah-rahb)

pig disznó (dis-nó)

pigeon galamb (gah-lahmb)

pill tabletta (tahb-let-tah)

pillow párna (pár-nah)

popcorn pattogatott kukorica (paht-to-gah-tott koo-ko-ri-tsah)

pope pápa (pá-pah)

poppy seed mák (mák)

popular népszerű (nayp-se-rű)

population lakosság (lah-kosh-shág)

pork disznóhús (dis-nó-húsh); **fillets of pork** szűzérmék (sűz-ayr-mayk)

portable hordozható (hor-doz-hah-tó)

porter *(rail)* hordár (hor-dár)

portion adag (ah-dahg)

Portugal Portugália (Por-too-gá-li-ah)

position helyzet (hey-zet)

possess birtokolni (bir-to-kol-ni)

possibility lehetőség (le-he-tő-shayg)

possible lehetséges (le-het-shay-gesh)

possibly lehetőleg (le-he-tő-leg)

postage portó (por-tó)

postage stamp bélyeg (bay-yeg)
postcard levelezőlap (le-ve-le-ző-lahp)
postcode *see ZIP-code*
postman postás (posh-tásh)
post office posta hivatal (posh-tah-hi-vah-tahl)
postpone elhalasztani (el-hah-lahs-tah-ni)
pot lábos (lá-bosh)
potato krumpli (kroomp-li)
pot-belly pocak (po-tsahk)
potential *(adj.)* lehetséges (le-het-shay-gesh)
poultry szárnyas (sár-<u>ny</u>osh)
pound font (font)
poverty szegénység (se-gay<u>ny</u>-shayg)
powder por (por)
power 1. *(strength)* erő (e-rő); 2. *(politics)* hatalom (hah-tah-lom)
practical gyakorlati, praktikus; (<u>dy</u>ah-kor-lah-ti, prahk-ti-koosh);
      practical joke rossz vicc (ross vits)
practice gyakorlat (<u>dy</u>ah-kor-laht)
Prague Prága (Prá-gah)
prayer ima (i-mah)
precaution elővigyázatosság (e-lő-vi-<u>dy</u>á-zah-tosh-shág)
preceding megelőző (meg-e-lő-ző)
precise pontos (pon-tosh)
preface előszó (e-lő-só)
prefer előnyben részesíteni (e-lő<u>ny</u>-ben ray-se-shee-te-ni)
pregnant terhes (ter-hesh)
preparation előkészület (e-lő-kay-sü-let)
prepare készíteni (kay-see-te-ni)
prescription recept (re-tsept)
presence jelenlét (ye-len-layt); **in my presence** jelenlétemben (ye-
      len-lay-tem-ben)
present 1. *(gift)* ajándék (ah-yán-dayk); 2. *(time)* jelen (ye-len)
president elnök (el-nök)
press sajtó (shahy-tó)
pretty csinos (tchi-nosh)
prevent megakadályozni (meg-ah-kah-dá-yoz-ni)
previous előző (e-lő-ző)

price ár (ár); **What's the price?** Mi az ára? (Mi ahz á-rah?)
pride büszkeség (büs-ke-shayg)
priest pap (pahp)
primary school általános iskola (ál-tah-lá-nosh ish-ko-lah)
Prime Minister Miniszterelnök (Mi-nis-ter-el-nök)
primitive pri-mi-tív (pri-mi-teev)
principle elv (elv)
prison börtön (bör-tön)
prisoner rab (rahb)
private magán (mah-gán); **for private use** személyes használatra
　　　(se-may-yesh hahs-ná-laht-rah)
prize díj (deey)
probably valószínűleg (vah-ló-see-nű-leg)
problem probléma (prob-lay-mah)
procedure eljárás (el-yá-rásh)
produce gyártani (<u>dy</u>ár-tah-ni)
produce termék (ter-mayk)
production termelés (ter-me-laysh)
profession hivatás (hi-vah-tásh)
professional hivatásos (hi-vah-tá-shosh)
professor professzor (pro-fes-sor)
profit haszon (hah-son)
program(me) program (pro-grahm)
progress haladás (hah-lah-dásh)
prohibited tilos (ti-losh)
prolong meghosszabbítani (meg-hos-sahb-bee-tah-ni); **I'd like to
　　　prolong my stay!** Szeretném meghosszabbítani az itt-
　　　tartózkodásomat! (Se-ret-naym meg-hos-sahb-bee-tah-ni ahz
　　　itt-tahr-tóz-ko-dá-sho-maht!)
promise *(n.)* ígéret (ee-gay-ret)
promise *(v.)* megígérni (meg-ee-gayr-ni)
promotion 1. *(trade)* propaganda (pro-pah-gahn-dah); 2. *(office)*
　　　előléptetés (e-lő-layp-te-taysh)
pronunciation kiejtés (ki-ey-taysh)
propaganda propaganda (pro-pah-gahn-dah)
property tulajdon (too-lay-don)
proportion hányad (há-<u>ny</u>ahd)

prosperity jólét (yó-layt)

protect megvédeni (meg-vay-de-ni)

protection védelem (vay-de-lem)

protest tiltakozni (til-tah-koz-ni)

Protestant protestáns (pro-tesh-tánsh)

proud büszke (büs-ke)

prove bebizonyítani (be-bi-zo-<u>nyee</u>-tah-ni)

psychic pszihikai (psi-hi-kah-i)

psychology pszihológia (psi-ho-ló-gi-ah)

pub kocsma (kotch-mah)

public *(n.)* nyilvánosság (<u>nyil</u>-vá-nosh-shág)

public *(adj.)* nyilvános (<u>nyil</u>-vá-nosh); **public bath** közfürdő (köz-für-dő); **public conveniences** nyilvános vécé (<u>nyil</u>-vá-nosh vay-tsay)

publication kiadvány (ki-ahd-vá<u>ny</u>)

publicity hírverés (heer-ve-raysh)

publish kiadni (ki-ahd-ni)

pull húzni (húz-ni)

pullover pulóver (poo-ló-ver)

pulse pulzus (pool-zoosh)

punishment büntetés (bün-te-taysh)

puppet show bábszínház (báb-seen-ház)

purchase vétel (vay-tel)

pure tiszta (tis-tah)

purpose cél (tsayl)

purse pénztárca (paynz-tár-tsah); **I lost my purse!** Elvesztettem a pénztárcámat! (El-ves-tet-tem ah paynz-tár-tsá-maht!)

push tolni (tol-ni); **Don't push!** Ne tolakodjék! (Ne to-lah-kod-<u>dy</u>ayk!)

put tenni (te-ni); **Put it here!** Tegye ide! (Te-<u>dye</u> i-de!)

puzzle rejtély (rey-tay)

pyjamas pizsama (pi-zhah-mah)

Q

qualified szakképzett (sahk-kayp-zett)
qualitative minőségi (mi-nő-shay-gi)
quality minőség (mi-nő-shayg)
quantitative mennyiségi (me__ny__-__ny__i-shay-gi)
quantity mennyiség (me__ny__-__ny__i-shayg)
quarantine karantén (kah-rahn-tayn)
quarter negyed (ne-__dy__ed)
quartz kvarc (kvahrts)
queen királynő (ki-ráy-nő)
question kérdés (kayr-daysh)
quick gyors (__dy__orsh)
quickly gyorsan (__dy__or-shahn)
quiet csendes (tchen-desh)
quit abbahagyni (ahb-bah-ho__dy__-ni)
quotation idézet (I-day-zet)

R

rabbit nyúl (<u>nyúl</u>)

race faj (fahy)

radical radikális (rah-di-ká-lish)

radio set rádiókészülék (rá-di-ó-kay-sü-layk)

radio station rádióállomás (rá-di-ó-ál-lo-másh)

radish retek (re-tek)

rail sín (sheen)

railroad/railway station vasútállomás (vah-shút-ál-lo-másh)

rain eső (e-shő); **Can we expect rain today?** Számíthatunk [ma]
    esőre? (Sá-meet-hah-toonk mah e-shő-re?); **It's raining.** Esik
    az eső. (E-shik ahz e-shő.)

rainbow szivárvány (siv-ár-vá<u>ny</u>)

raincoat esőkabát (e-shő-kah-bát)

rainy esős (e-shősh)

raisin mazsola (mah-zho-lah)

rank rang (rahng)

rare ritka (rit-kah)

rarity ritkaság (rit-kah-shág)

raspberry málna (mál-nah)

rat patkány (paht-ká<u>ny</u>)

rate of exchange árfolyam (ár-fo-yahm)

rather meglehetősen (meg-le-he-tő-shen); **rather than** inkább mint
    (in-kább mint)

raw nyers (<u>ny</u>ersh)

razor blade zsilettpenge (zhi-lett-pen-ge)

read olvasni (ol-vosh-ni)

ready kész (kays); **Are you ready?** Kész vagy? (Kays vah<u>dy</u>?); **Get
    ready!** Készülj! (Kay-süy!)

real igazi (i-gah-zi)

really igazán (i-gah-zán)

rear-view mirror visszapillantó tükör (vis-sah-pil-lahn-tó tü-kör)

reason ok (ok)

reasoning okoskodás (o-kosh-ko-dásh)

receipt elismervény (el-ish-mer-vay<u>ny</u>)

receive kapni (kahp-ni)

receiver hallgató (hahl-gah-tó)
recent nemrégi (nem-ray-gi)
recently nemrég (nem-rayg)
reception *(hotel)* porta, recepció; (por-tah, re-tsep-tsi-ó)
recipe (étel)recept (ay-tel-re-tsept)
recognize felismerni (fel-ish-mer-ni)
recommend javasolni (yah-vah-shol-ni)
record *(phonographic)* hanglemez (hahng-le-mez)
red piros (pi-rosh)
red pepper piros paprika (pi-rosh pahp-ri-kah)
red wine vörösbor (vö-rösh-bor)
reduce csökkenteni (chök-ken-te-ni); **Reduce Speed!** Lassíts! (Losh-sheetch!)
referee bíró (bee-ró)
reference hivatkozás (hi-vaht-ko-zásh)
reform reform (re-form)
refreshment frissítő (frish-shee-tő)
refrigerator hűtőszekrény (hű-tő-sek-ray<u>ny</u>)
refugee menekült (me-ne-kült)
refusal visszautasítás (vis-sah-oo-tah-shee-tásh)
regarding ... ...t illetően (il-le-tő-en)
region vidék (vi-dayk)
register jelentkezni (ye-lent-kez-ni)
registered letter ajánlott levél (ah-yán-lott le-vayl)
regret sajnálni (shoy-nál-ni)
regular rendes (ren-desh)
regularly rendszeresen (rend-se-re-shen)
rehearsal próba (pró-bah)
reject elutasítani (el-oo-tah-shee-tah-ni)
relation kapcsolat (kahp-tcho-laht)
relatives rokonok (ro-ko-nok)
relax kikapcsolódni (ki-kahp-tcho-lód-ni)
reliable megbízható (meg-beez-hah-tó)
religion vallás (vahl-lásh)
religious vallásos (vahl-lá-shosh)
remark megjegyzés (meg-je<u>dy</u>-zaysh)
remember emlékezni (em-lay-kez-ni)

remind emlékeztetni (em-lay-kez-tet-ni)

remove eltávolítani (el-tá-vo-lee-tah-ni)

renew megújítani (meg-ú-yee-tah-ni)

rent bérelni (bay-rel-ni); **I want to rent a car.** Kocsit szeretnék
     bérelni. (Ko-tchit se-ret-nayk bay-rel-ni.)

repair *(n.)* javítás (yah-vee-tásh)

repair *(v.)* megjavítani (meg-yah-vee-tah-ni)

repair-shop javítóműhely (yah-vee-tó-mű-hey)

repeat ismételni (ish-may-tel-ni); **Repeat it, please!** Kérem,
     ismételje meg! (Kay-rem ish-may-tel-ye meg!)

replace pótolni (pó-tol-ni)

report riport (ri-port)

reporter riporter (ri-por-ter)

represent képviselni (kayp-vi-shel-ni)

representative *(n.)* képviselő (kayp-vi-she-lő)

republic köztársaság (köz-tár-shah-shág)

reputation hírnév (heer-nayv)

request kérés (kay-raysh)

rescue megmenteni (meg-men-te-ni)

research kutatás (koo-tah-tásh)

researcher/research worker kutató (koo-tah-tó)

reservation helyfoglalás (hey-fog-lah-lásh); **I want to make a
     reservation.** Van helyfoglalásom. (Vahn hey-fog-lah-lá-
     shom.); **I have a reservation...** Szeretnék helyet lefoglalni...
     (Se-ret-nayk he-yet le-fog-lahl-ni)

reserve lefoglalni (le-fog-lahl-ni)

reserved foglalt (fog-lahlt)

residential district lakónegyed (lah-kó-ne-dyed)

resort üdülő (ü-dü-lő)

responsible felelős (fe-le-lősh)

rest pihenni (pi-hen-ni)

restaurant étterem (ayt-te-rem); **Where is a good restaurant?** Hol
     van egy jó étterem? (Hol vahn edy yó ayt-te-rem?)

result eredmény (e-red-maydy)

retired nyugdíjas (nyoog-dee-yosh)

retirement age nyugdíj kor (nyoog-dey kor)

return *(to go back)* viszatérni (vis-sah-tayr-ni); **When do you return to [...]?** Mikor megy vissza [...]-ba? (Mi-kor me<u>dy</u> vis-sah ...-bah?)

return ticket menettérti jegy (me-net-tayr-ti ye<u>dy</u>)

reverse film fordítós film (for-dee-tósh film)

review szemle (sem-le)

revise revideál (re-vi-de-ál)

revolution forradalom (for-rah-dah-lom)

rheumatic fever reuma (re-oo-mah)

rhythm ritmus (rit-moosh)

rhythmical ritmikus (rit-mi-koosh)

rib borda (bor-dah)

rice rizs (rizh)

rich gazdag (gahz-dahg)

right 1. *(OK)* helyes (he-yesh); 2. *(not left)* jobb (yobb)

right of way elsőbbség (el-shőb-shayg)

ring gyűrű (<u>dy</u>ű-rű)

ripe érett (ay-rett)

risk rizikó (ri-zi-kó)

river folyó (fo-yó)

river bank folyópart (fo-yó-pahrt)

road út (út); **road construction** útépítés (út-ay-pee-taysh)

road-map autótérkép (aoo-tó-tayr-kayp)

roast meat sült hús (shült húsh)

rock szikla (sik-lah)

role szerep (se-rep)

Romania Románia (Ro-má-ni-ah)

roof tető (te-tő)

room szoba (so-bah); **room and board** lakás és ellátás (lah-káysh aysh el-lá-tásh)

room number szobaszám (so-bah-sám)

rope kötél (kö-tayl)

rose rózsa (ró-zhah)

rough durva (door-vah)

round kerek (ke-rek); **round the table** az asztal körül (ahz ahs-tahl kö-rül)

round-trip ticket menettérti jegy (me-net-tayr-ti ye<u>dy</u>)

route *(direction)* útirány (út-i-rány)
row *(n.)* sor (shor)
row *(v.)* evezni (e-vez-ni)
royal királyi (ki-rá-yi)
royalty *(sum)* tiszteletdíj (tis-te-let-deey)
rub dörzsölni (dör-zhöl-ni)
rubber gumi (goo-mi)
rude durva (door-vah)
rug szőnyeg (ső-nyeg)
ruins romok (ro-mok)
rule szabály (sah-báy)
rum rum (room)
run futni (foot-ni)
rush hours csúcsforgalom (tchútch-for-gah-lom)
Russia Oroszország (O-ros-or-ság)
Russian orosz (o-ros)
rye rozs (rozh)
rye bread rozskenyér (rozh-ke-nyayr)

sack zsák (zhák)

sad szomorú (so-mo-rú)

safe biztonságos (biz-ton-shá-gosh); **You're safe.** Biztonságban van.
   (Biz-ton-shág-bahn vahn.)

safety biztonság (biz-ton-shág)

safety pin biztosítótű (biz-to-shee-tó-tű)

sailing boat vitorlás (vi-tor-lásh)

salad saláta (shah-lá-tah)

salary fizetés (fi-ze-taysh)

sale kiárusítás (ki-á-roo-shee-tásh)

sales promotion reklám (rek-lám)

salmon lazac (lah-zahts)

salt só (shó)

salty sós (shósh)

same ugyanaz (oo-dyahn-ahz)

sample minta (min-tah)

sand homok (ho-mok)

sandwich szendvics (sandwich)

satisfied elégedett (e-lay-ge-dett); **I am not satified with the
   service**. Nem vagyok megelégedve a kiszolgálással. (Nem
   vah-dyok meg-e-lay-ged-ve ah ki-sol-gá-lásh-shahl.)

sauce szósz (sós)

saucer csészealj (tchay-se-ahly)

sausage kolbász (kol-bás)

savings bank takarékpénztár (tah-kah-rayk-paynz-tár)

say mondani (mon-dah-ni)

scarf sál (shál)

scenery táj (táy)

scent illat (il-laht)

schedule menetrend (me-net-rend)

scholar tudós (too-dósh)

scholarship ösztöndíj (ös-tön-deey)

school iskola (ish-ko-lah)

school year iskolaév (ish-ko-lah-ayv)

science tudomány (too-do-mány)

scientific tudományos (too-do-má-<u>ny</u>osh)
scissors olló (ol-ló)
score eredmény (e-red-may<u>ny</u>)
Scotchman skót (shkót)
Scotland Skócia (Shkó-tsi-ah)
scrambled eggs rántotta (rán-tot-tah)
scream kiáltani (ki-ál-tah-ni)
screw csavar (tchah-vahr)
screwdriver csavarhúzó (tchah-vahr-hú-zó)
sculptor szobrász (sob-rás)
sculpture 1. *(the art)* szobrászat (sob-rá-saht); 2. *(the work)* szobor
(so-bor)
sea tenger (ten-ger)
search kutatás (koo-tah-tásh)
season idény (i-day<u>ny</u>); **season ticket** bérlet (bayr-let)
seat ülés (ü-laysh); **Is this seat taken?** Szabad ez a hely? (Sah-bahd
ez ah hey?)
second 1. *(numeral)* második (má-sho-dik); 2. *(n.)* másodperc(má-
shod-perts)
second-hand shop használtcikk-üzlet (hahs-nált-tsikk-üz-let)
secondary school középiskola (kö-zayp-ish-ko-lah)
secret *(n.)* titok (ti-tok)
secret *(adj.)* titkos (tit-kosh)
secretary *(male)* titkár (tit-kár); *(female)* titkárnő (tit-kár-nő)
section szakasz (sah-kahs)
security check biztonsági ellenőrzés (biz-ton-shá-gi el-len-őr-zaysh)
sedative nyugtató (<u>ny</u>oog-tah-tó)
see látni (lát-ni); **I see** Értem (ayr-tem)
seek keresni (ke-resh-ni)
seldom ritkán (rit-kán)
self-service önkiszolgáló (ön-ki-sol-gá-ló)
sell eladni (el-ahd-ni); **Do you sell [maps]?** Árul [térkép]et? (Á-rool
tayr-kay-pet?)
semi-dry félszáraz (fayl-sá-rahz)
semi-sweet féledes (fayl-ay-desh)
send küldeni (kül-de-ni); **I want to send a [cable].** [Távirat]ot
akarok küldeni. (Tá-vi-rah-tot ah-kah-rok kül-de-ni.)

sensation szenzáció (sen-zá-tsi-ó)
separate(ly) külön (kü-lön)
September szeptember (sep-tem-ber)
Serb(ian) szerb (serb)
series sorozat (sho-ro-zaht)
serious komoly (ko-moy)
serpent kígyó (kee-<u>dy</u>ó)
service *(church)* istentisztelet (ish-ten-tis-te-let)
service kiszolgálás (ki-sol-gá-lásh); **Is service included?**
        Kiszolgálássalegyütt? (Ki-sol-gá-lásh-shahl e-<u>dy</u>ütt?)
service station autószervíz (ah-oo-tó-ser-veez)
set *(n.)* garnitúra (gahr-ni-tú-rah)
set *(v.)* beállítani (be-ál-lee-tah-ni)
settle elintézni (el-in-tayz-ni)
seven hét (hayt)
seventeen tizenhét (ti-zen-hayt)
seventy hetven (het-ven)
several több (több)
severe súlyos (shú-yosh)
sew varrni (vahr-ni)
sex 1. *(male or female)* nem (nem) 2. *(intercourse)* szex (sex)
shade árnyalat (ár-<u>ny</u>ah-laht)
shadow árnyék (ár-<u>ny</u>ayk)
shake megrázni (meg-ráz-ni); **Shake well before use!** Használat
        előtt felrázandó! (hahs-ná-laht e-lőtt fel-rá-zahn-dó)
shallow sekély (she-kay)
shame szégyelni (say-<u>dy</u>el-ni); **Shame on you!** Szégyelje magát!
        (Say-<u>dy</u>el-ye mah-gát!)
shampoo sampon (shahm-pon)
shape forma (for-mah)
share *(n.)* részesedés (ray-se-she-daysh)
share *(v.)* megosztani (meg-os-tah-ni)
sharp 1.*(knife)* éles (ay-lesh); 2. *(pepper)* erős (e-rősh)
shave *(n.)* borotválás (bo-rot-vá-lásh)
shave *(v.)* borotválkozni (bo-rot-vál-koz-ni)
shaving cream/foam borotva krém/hab (bo-rot-va kraym/hahb)
she ő (ő)

sheep juh (yoo)

sheet 1. *(bedcloth)* lepedő (le-pe-dő); 2. *(paper)* ív (eev)

ship hajó (hah-yó)

shipment szállítmány (sál-leet-mány)

shirt ing (ing)

shoe(s) cipő (tsi-pő); **a pair of shoes** egy pár cipő (e<u>dy</u> pár tsi-pő);
      shoe repair cipőjavítás (tsi-pő-yah-vee-tásh)

shoot lőni (lő-ni)

shop bolt (bolt)

shop assistant eladó (el-ah-dó)

shopping (be)vásárlás (be-vá-shár-lásh)

shopping area üzleti negyed (üz-le-ti ne-<u>dy</u>ed)

shop window kirakat (ki-rah-kat)

shore part (pahrt)

short *(adj.)* rövid (rö-vid)

short story elbeszélés, novella (el-be-say-laysh, no-vel-lah)

short wave rövidhullám (rö-vid-hool-lám)

shoulder váll (váll)

shout kiabálni (ki-ah-bál-ni)

show mutatni (moo-taht-ni); **Please show me a .....!** Kérem mutasson
      nekem egy.... (Kay-rem moo-tash-shon ne-kem e<u>dy</u>....)

shower zuhany (zoo-hah<u>ny</u>)

sick beteg (be-teg)

side oldal (ol-dahl); **on the left/right side** a bal/jobb oldalon (ah
      bahl/yobb ol-dah-lon)

sidewalk járda (yár-dah)

sight látvány (lát-vá<u>ny</u>); **What are the sights to see?** Mik a
      látnivalók? (Mik ah lát-ni-vah-lók?)

sightseeing városnézés (vá-rosh-nay-zaysh)

sign *(n.)* jel(zés) (yel-zaysh)

sign *(v.)* aláírni (ah-lá-eer-ni); **Sign here!** Itt írja alá! (Itt eer-yah ah-
      lá!)

signature aláírás (ah-lá-ee-rásh)

significant jelentős (ye-len-tősh)

silence csendes (tchen-desh)

silk selyem (she-yem)

silver ezüst (e-züsht)

similar hasonló (hah-shon-ló)

simple egyszerű (e<u>dy</u>-se-rű)

simultaneously egyidejűleg (<u>edy</u>-i-de-yű-leg)

since [last year] [tavaly] óta (tah-voy ó-tah)

since mivel (mi-vel)

sincere őszinte (ő-sin-te)

sing énekelni (ay-ne-kel-ni)

singer énekes (ay-ne-kesh)

single *(marital status)* 1. *(male)* nőtlen (nőt-len); 2. *(female)* hajadon (hah-yah-don)

single room egyágyas szoba (e<u>dy</u>-á-<u>dy</u>ahsh so-bah)

sirloin vesepecsenye (ve-she-pe-tche-<u>nye</u>)

sister nővér (nő-vayr)

sister-in-law sógornő (shó-gor-nő)

sit ülni (ül-ni); **sit down** leülni (le-ül-ni); **Please, sit down!** Kérem, üljön le! (Kay-rem ül-yön le!)

situation helyzet (hey-zet)

six hat (haht)

sixteen tizenhat (ti-zen-haht)

sixty hatvan (haht-vahn)

size méret (may-ret)

skin bőr (bőr)

skirt ing (ing)

sky égbolt (ayg-bolt)

sleep aludni (ah-lood-ni)

sleeping bag hálózsák (há-ló-zhák)

sleeping pill altató (ahl-tah-tó)

sleepy álmos (ál-mosh)

sleeve(s) ujj (ooy)

slice szelet (se-let)

slide *(n.)* dia (di-ah)

slight csekély (tche-kay)

slipper(s) papucs (pah-pootch)

slippery csúszós (tcsú-sósh); **slippery when wet** nedves időben csúszós (ned-vesh i-dő-ben tcsú-sósh)

slow lassú (losh-shú); **Slow down!** Lassítson! (Losh-sheet-shon!)

slower lassabban (lahsh-shahb-bahn)

slowly lassan (lahsh-shahn)
small kicsi (ki-tchi)
smart elegáns (e-le-gánsh)
smell szagolni (sah-gol-ni)
(it) **smells** büdös (bü-dösh)
smile *(n.)* mosoly (mo-shoy)
smile *(v.)* mosolyogni (mo-sho-yog-ni)
smoke *(n.)* füst (füsht)
smoke *(v.)* dohányozni (do-há-<u>ny</u>oz-ni); **Do you smoke?**
　　Dohányzik? (Do-há<u>ny</u>-zik?)
smoked füstölt (füsh-tölt)
smoker dohányzó (do-há<u>ny</u>-zó)
smooth sima (shee-mah)
snack-bar falatozó, ételbár (fah-lah-to-zó, ay-tel-bár)
snail csiga (tchi-gah)
snake kígyó (kee-<u>dy</u>ó)
snow *(n.)* hó (hó)
so így (ee<u>dy</u>)
soap szappan (sahp-pahn)
so-called úgy-nevezett (ú<u>dy</u>-ne-ve-zett)
soccer futball (foot-bahl)
social társadalmi (tár-shah-dahl-mi)
social security társadalombiztosítás (tár-shah-dah-lom-biz-to-shee-
　　tásh)
society 1. *(all people)* társadalom (tár-shah-dah-lom); 2. *(group of
　　people)* társaság (tár-shah-shág)
socks zokni (zok-ni)
soda water szódavíz (só-dah-veez)
soft puha (poo-hah)
soft drink üdítőital (ü-dee-tő-i-tahl)
soil talaj (tah-lahy)
sojourn tartózkodás (tahr-tóz-ko-dásh)
soldier katona (kah-to-nah)
solution megoldás (meg-ol-dásh)
some *(uncountable)* egy kis (e<u>dy</u> kish)
some *(countable)* egy pár (e<u>dy</u> pár); **some other time** máskor (másh-
　　kor)

somebody valaki (vah-lah-ki)
somehow valahogyan (vah-lah-ho-dyahn)
someone valaki (vah-la-ki)
something valami (vah-lah-mi)
sometimes néha (nay-hah)
somewhere valahol (vah-lah-hol)
son fia (fi-ah)
song dal (dahl)
son-in-law vő (vő)
soon rövidesen (rö-vi-de-shen)
sore throat torokfájás (to-rok-fá-yásh)
sorrow bánat (bá-naht)
(I'm) **sorry** Elnézést (El-nay-zaysht)
soul lélek (lay-lek)
sound hang (hahng)
soup leves (le-vesh)
sour savanyú (shah-vah-nyú)
sour cream tejföl (tey-föl)
sour cherry meggy (medy)
source forrás (for-rásh)
south dél (dayl)
South America Dél-Amerika (Dayl-Ah-me-ri-kah)
southern déli (day-li)
South Pole Déli Sark (Day-li-Shahrk)
souvenier(s) emlék(tárgy) (em-layk-tárdy)
Soviet Union Szovjetunió (Sov-yet-Oo-ni-ó)
(outer) **space** űr (űr)
Spain Spanyolország (Shpah-nyol-or-ság)
Spanish spanyol (shpah-nyol)
spare part tartalék alkatész (tahr-tah-layk ahl-kaht-rays)
sparkling water szódavíz (só-dah-veez)
spark plug (gyújtó)gyertya (dyúy-tó-dyer-tyah)
sparrow veréb (ve-rayb)
speak beszélni (be-sayl-ni); **Do you speak English/German?** Beszél
    angolul/németül? (Be-sayl ahn-go-lool/nay-me-tül?); **I don't
    speak Hungarian.** Nem beszélek magyarul. (Nem be-say-lek
    mah-dyah-rool.); **Speak slowly/slowlier!** Lassan/Lassabban

beszéljen! (Lahsh-shahn/lahsh-shahb-bahn be-sayl-yen.)

special speciális (shpe-tsi-á-lish); **special delivery** expresz (eks-press)

speciality különlegesség (kü-lön-le-gesh-shayg)

specimen minta (min-tah)

spectacles szemüveg (sem-ü-veg)

speech beszéd (be-sayd)

speed sebesség (she-besh-shayg)

speed limit megengedett sebesség (meg-en-ge-dett she-besh-shayg)

spell betűz (be-tűz); **Spell your name!** Betűzze a nevét! (Be-tűz-ze ah ne-vayt!)

spend 1. *(money)* költeni (köl-te-ni); 2. *(time)* tölteni (töl-te-ni)

spice fűszer (fű-ser)

spinach spenót (shpe-nót)

spine gerinc (ge-rints)

spoil elrontani (el-ron-tah-ni)

sponge szivacs (si-vahtch)

spoon kanál (kah-nál)

sport(s) sport (shport)

sportsman sportoló (shpor-to-ló)

spouse házastárs (há-zahsh-társh)

spring tavasz (tah-vahs); **in the spring** tavasszal (tah-vahs-sahl)

square 1. *(figure)* négyzet (naydy-zet); 2. *(area)* tér (tayr)

squirrel mókus (mó-koosh)

stadium stadion (shtah-di-on)

staff személyzet (se-may-zet)

stage színpad (seen-pahd)

stainless steel rozsdamentes acél (rozh-dah-men-tesh-ah-tsayl)

stair(s) lépcső (layp-tchő)

staircase lépcsőház (layp-tchő-ház)

stamp bélyeg (bay-yeg)

stand állni (ál-ni)

star csillag (tchil-lahg)

start *(intrans.)* indulni (in-dool-ni); *(trans.)* elindítani (el-in-dee-tah-ni)

state állam (ál-lahm)

stateless hontalan (hon-tah-lahn)

statement nyilatkozat (<u>ny</u>i-laht-ko-zaht)

statesmen államférfi (ál-lahm-fayr-fi)

station állomás (ál-lo-másh)

stationmaster állomásfőnök (ál-lo-másh-fő-nök)

stationer('s) papírbolt (pah-peer-bolt)

statue szobor (so-bor)

stay maradni (mah-rahd-ni); **How long are you staying?** Meddig
maradnak? (Med-dig mah-rahd-nahk?); **We are staying for
two days.** Két napig maradunk. (Kayt nah-pig mah-rah-
doonk.)

steak szelet (se-let)

steal ellopni (el-lop-ni)

steam gőz (gőz)

steamboat gőzhajó (gőz-hah-yó)

steering wheel kormánykerék (kor-má<u>ny</u>-ke-rayk)

step lépés (lay-paysh)

stew pörkölt (pör-költ)

stewed fruit kompót (kom-pót)

sticky ragadós (rah-gah-dósh)

still még (mayg)

still life csendélet (tchend-ay-let)

stockings harisnya (hah-rish-<u>ny</u>ah)

stomach gyomor (<u>dy</u>o-mor)

stone kő (kő)

stop állj (áyy); **Stop for a moment, please!** Álljon meg egy percre!
(Áy-yon meg e<u>dy</u> perts-re!); **Can you stop here?** Meg tud itt
állni? (Meg tood itt áll-ni?)

store emelet (e-me-let)

stork gólya (gó-yah)

storm vihar (vi-hahr)

straight ahead/on egyenesen előre (e-<u>dy</u>e-ne-shen e-lő-re)

strange furcsa (foor-tchah)

strawberry eper (e-per)

street utca (oot-tsah)

streetcar villamos (vil-lah-mosh)

strength erő (e-rő)

stress hangsúly (hahng-shúy)

strike *(v.)* ütni (üt-ni)

strike *(n.)* sztrájk (stráyk); **to strike out [a name]** kihúzni [egy nevet] (ki-húz-ni <u>edy</u> ne-vet)

strings *(musical)* vonósok (vo-nó-shok)

strong erős (e-rősh)

structure szerkezet (ser-ke-zet)

student diák (di-ák)

study *(v.)* tanulni (tah-nool-ni)

stuffed töltött (töl-tött); **stuffed cabbage** töltött káposzta (töl-tött ká-pos-tah)

stupid ostoba (osh-to-bah)

style stílus (shtee-loosh)

subject tárgy (tár<u>dy</u>)

suburb külváros (kül-vá-rosh)

subway 1. *(US)* metró (met-ró); 2. *(GB)* aluljáró (ah-lool-yá-ró)

succeed sikerülni (shi-ke-rül-ni); **I succeeded in [finding it].** Sikerült [megtalálni]. (Shi-ke-rült meg-tah-lál-ni.)

successful sikeres (shi-ke-resh)

such ilyen (i-yen)

sudden(ly) hirtelen (heer-te-len)

sufficient elegendő (e-le-gen-dő)

sugar cukor (tsoo-kor); **with/without sugar** cukorral/cukor nélkül (tsoo-kor-rahl/tsoo-kor nayl-kül)

suit *(male clothing)* öltöny (öl-tö<u>ny</u>)

suitcase bőrönd (bő-rönd)

sum összeg (ös-seg)

summary összefoglaló (ös-se-fog-lah-ló)

summer nyár (<u>ny</u>ár)

sun nap (nahp)

sunbathe napozni (nah-poz-ni)

sunburned lesült (le-shült)

Sunday vasárnap (vah-shár-nahp)

sunglasses napszemüveg (nahp-sem-ü-veg)

sunny napos (nah-posh)

sunshine napsütés (nahp-shü-taysh)

sunstroke napszúrás (nahp-sú-rásh)

super *(colloquial)* klassz (klahss)

supermarket ÁBC-áruház (á-bay-tsay á-roo-ház)
supper vacsora (vah-tcho-rah)
surface felület (fe-lü-let)
surfing szörfözés (sör-fö-zaysh)
surgeon sebész (she-bays)
surname vezetéknév (ve-ze-tayk-nayv)
surprise *(n.)* meglepetés (meg-le-pe-taysh)
surprising meglepő (meg-le-pő)
surrounding(s) környék (kör-nyayk)
suspender(s) *(US)* nadrágtartó (nahd-rág-tahr-tó)
swallow *(n.)* fecske (fetch-ke); **Swallow this pill!** Nyelje le ezt a
    tablettát! (Nyel-je le ezt ah tahb-let-tát!)
swan hattyú (hahty-tyú)
Sweden Svédország (Shvayd-or-ság)
sweet édes (ay-desh)
sweets édesség (ay-desh-shayg)
swim úszni (ús-ni)
swimmer úszó (ú-só)
swimming pool uszoda (oo-so-dah)
swim suit fürdőruha (für-dő-roo-hah)
Swiss svájci (shváy-tsi)
switch off *(the light)* leoltani (le-ol-tah-ni)
switch on *(the light)* felgyújtani (fel-dyúy-tah-ni)
switchboard telefonközpont (te-le-fon-köz-pont)
Switzerland Svájc (Shváyts)
swollen dagadt (dah-gahdt)
syllable szótag (só-tahg)
sympathy szimpátia (sim-pá-ti-ah)
synagogue zsinagóga (zhi-nah-gó-gah)
system rendszer (rend-ser)

table asztal (ahs-tahl)
tablecloth abrosz (ahb-ros)
tail farok (fah-rok)
tailor szabó (sah-bó)
take vinni (vin-ni); **Take my suitcase!** Vigye a bőröndömet! (Vi-<u>dye</u>
    ah bő-rön-dö-met!); **Take me to...** Vigyen a ... -hoz (Vi-<u>dyen</u>
    ah ... -hoz); **Take one!** Vegyen egyet! (Ve-<u>dyen</u> e-<u>dyet</u>!);
    Take a seat, please! Foglaljon helyet, kérem! (Fog-lahl-yon
    he-yet, kay-rem!); **to take a walk** sétálni (shay-tál-ni); **Take**
    off your coat! Tegye le a kabátját! (Te-<u>dye</u> le ah kah-bát-
    yát!); **to take off** *(plane)* felszállni (fel-sáll-ni)
talented tehetséges (te-het-shay-gesh)
talk beszélni (be-sayl-ni); **Can I talk to Mr. ...?** Beszélhetek ...
    úrral? (Be-sayl-he-tek ... úr-rahl?)
tall magas (mah-gahsh)
tangerine mandarin (mahn-dah-rin)
tank *(n.)* tank (tahnk)
tank *(v.)* tankolni (tahn-kol-ni)
tap csap (tchahp)
tape szalag (sah-lahg)
tape recorder magnó (mahg-nó)
task feladat (fel-ah-daht)
taste megkóstolni (meg-kósh-tol-ni)
tasteful ízlése (eez-lay-shesh)
tavern kocsma (kotch-mah)
tax adó (ah-dó); **tax-free shop** vámmentes üzlet (vám-men-tesh üz-
    let)
taxi cab taxi (tahk-si)
taxi driver taxisofőr (tahk-si-sho-főr)
taxi stand taxi állomás (tahk-si ál-lo-másh)
tea tea (te-ah)
teapot teáskanna (te-ásh-kahn-nah)
tear *(off)* leszakítani (le-sah-kee-tah-ni)
teaspoon kávéskanál (ká-vaysh-kah-nál)

teach tanítani (tah-nee-tah-ni)
teacher tanár (tah-nár)
team csapat (tchah-paht)
technical műszaki (mű-sah-ki)
teenager kamasz, tini (kah-mahs, ti-ni)
telegram távirat (táv-i-raht)
telephone *(see under phone)*
television televízió, tévé (te-le-vee-zi-ó, tay-vay)
tell mondani (mon-dah-ni); **Tell me, please...** Mondja meg, kérem...
    (Mon-dyah meg kay-rem...)
temperature hőmérséklet (hő-mayr-shayk-let)
temporary ideiglenes (i-de-ig-le-nesh)
ten tíz (teez)
tenderloin bélszin (bayl-seen)
tennis tenisz (te-nis)
tennis court teniszpálya (te-nis-pá-yah)
tent sátor (shá-tor)
terrible rettenetes (ret-te-ne-tesh)
territory terület (te-rü-let)
test megvizsgálni (meg-vizh-gál-ni)
text szöveg (sö-veg)
textile textil (teks-til)
than mint (mint)
thanks köszönöm (kö-sö-nöm); **Thanks a lot!** Ezer köszönet! (E-zer
    kö-sö-net!); **Thank you (very much).** Köszönöm (szépen).
    (Kö-sö-nöm say-pen.); **Thank you for your help!**
    Köszönöm a segítségét! (Kö-sö-nöm ah she-geet-shay-gayt!);
    Thank you for [the invitation]! Köszönöm a [meghívást]!
    (Kö-sö-nöm ah meg-hee-vásht!)
that az a... (ahz ah)
theater, theatre színház (seen-ház)
theft lopás (lo-pásh)
their *(car)* az ő [kocsi]juk (ahz ő ko-tchi-yook)
theirs az övék (ahz ö-vayk)
them *(acc.)* őket; *(dat.)* nekik
then azután (ahz-oo-tán)
theory elmélet (el-may-let)

there 1. *(direction)* oda (o-dah); 2. *(position)* ott (ott)
therefore ezért (ez-ayrt)
thermal bath termálfürdő (ter-mál-für-dő)
thermometer hőmérő (hő-may-rő)
they ők (ők)
thick vastag (vosh-tahg)
thief tolvaj (tol-voy)
thigh comb (tsomb)
thin vékony (vay-ko<u>ny</u>)
thing dolog (do-log)
think gondolni (gon-dol-ni); **I think so.** Azt hiszem. (Ahzt hi-sem.);
   I don't think so. Nem hiszem. (Nem hi-sem.)
third harmadik (hahr-mah-dik)
thirsty szomjas (som-yosh)
thirteen tizenhárom (ti-zen-há-rom)
thirty harminc (hahr-mints)
this ez a (ez ah); **this/that far** eddig/addig (ed-dig, ahd-dig); **This
   way!** Erre! (Er-re!)
thorough alapos (ah-lah-posh)
though bár (bár)
thought gondolat (gon-do-laht)
thousand ezer (e-zer)
three három (há-rom)
throat torok (to-rok)
throw *(away)* eldobni (el-dob-ni)
thumb hüvelykujj (hü-veyk-ooy)
thunder mennydörgés (me<u>ny</u>-dör-gaysh)
Thursday csütörtök (tchü-tör-tök)
thus így (ee<u>dy</u>)
tie *(necktie)* nyakkendő (<u>ny</u>ahk-ken-dő)
tiger tigris (tig-rish)
tight *(adj.)* szűk (sűk)
tight(s) harisnyanadrág (hah-rish-<u>ny</u>ah-nahd-rág)
till [...] [...]-ig; **till [9] o'clock** [kilenc] óráig (ki-lents ó-rá-ig)
time idő (i-dő); **[four] times** [négy]szer (nay<u>dy</u>-ser)
timetable menetrend (me-net-rend)
tip borravaló (bor-rah-vah-ló)

tire autógumi (aoo-tó-goo-mi)
tired fáradt (fá-raht)
tiring fárasztó (fá-rahs-tó)
title cím (tseem)
to [...] [...]hoz/hez/höz (hoz/hez/höz); **I am flying to [London].**
    [London]ba repülök. (Lon-don-bah re-pü-lök.)
toast pirítós kenyér (pi-ri-tósh ke-nyayr)
tobacco dohány (do-hány)
tobacconist, tobacco shop trafik (trah-fik)
today ma (mah)
toe lábujj (láb-ooy)
together együtt (e-dyütt)
toilet WC (vay-tsay)
toilet-paper WC-papír (vay-tsay-pah-peer)
tolerate eltűrni (el-tűr-ni)
tomato paradicsom (pah-rah-di-tchom)
tomorrow holnap (hol-nahp)
tongue nyelv (nyelv)
tonight ma este (mah esh-te)
too is (ish)
tooth fog (fog)
toothache fogfájás (fog-fá-yásh)
toothbrush fogkefe (fog-ke-fe)
toothpaste fogkrém (fog-kraym)
toothpick fogpiszkáló (fog-pis-ká-ló)
top teteje (te-te-ye)
topic téma (tay-mah)
total *(sum)* végösszeg (vayg-ös-seg)
touch (meg)érinteni (meg-ay-rin-te-ni)
tour utazás, túra (oo-tah-zásh, tú-rah)
tourist turista (too-rish-tah)
tow vontatni (von-taht-ni)
towards [...] [...] felé (fe-lay)
towel törülköző (tö-rül-kö-ző)
tower torony (to-rony)
town város (vá-rosh)
town-hall városháza (vá-rosh-há-zah)

toy játék (yá-tayk)
toy-shop játékbolt (yá-tayk-bolt)
trace nyom (nyom)
track and field atlétika (aht-lay-ti-kah)
trade szakma (sahk-mah)
trade union szakszervezet (sahk-ser-ve-zet)
tradition hagyomány (hah-dyo-mány)
traditional hagyományos (hah-dyo-má-nyosh)
traffic forgalom (for-gah-lom)
traffic jam torlódás (tor-ló-dás)
traffic light(s) jelzőlámpa (yel-ző-lám-pah)
traffic rules közlekedési szabályok (köz-le-ke-day-shi sah-bá-yok)
tragedy tragédia (trah-gay-di-ah)
tragic tragikus (trah-gi-koosh)
trailer *(US)* lakókocsi (lah-kó-ko-tchi)
train vonat (vo-naht)
tram villamos (vil-lah-mosh)
transfer *(n.)* átszállás (át-sál-lásh)
transit passenger tranzitutas (trahn-zit-oo-tahsh)
translate lefordítani (le-for-dee-tah-ni)
translation fordítás (for-dee-tásh)
transparency dia (di-ah)
transport szállítani (sál-lee-tah-ni)
Transylvania Erdély (Er-day)
travel utazni (oo-tahz-ni)
travel agency utazási iroda (oo-tah-zá-shi i-ro-dah)
traveler utazó (oo-tah-zó)
tray tálca (tál-tsah)
treaty szerződés (ser-ző-daysh)
tree fa (fah)
trend irányzat, trend (i-rány-zat, trend)
trial 1. *(tribulation)* megpróbáltatás (meg-pró-bál-tah-tásh);
     2. (court) tárgyalás (tár-dyah-lásh)
trick trükk (trükk)
trip túra (tú-rah)
trolley bus trolibusz (tro-li-boos)**trouble** baj (bahy); **The trouble is that...** Az a baj, hogy...(Ahz ah bahy, hody...)

trouser(s) nadrág (nahd-rág)
trout pisztráng (pist-ráng)
truck *(US)* teherautó (te-her-aoo-tó)
true igaz (i-gahz)
trumpet trombita (trom-bi-tah)
trunk *(car, US)* csomagtartó (tcho-mahg-tahr-tó)
truth igazság (i-gahz-shág)
try megpróbálni (meg-pró-bál-ni)
try *(on)* felpróbálni (fel-pró-bál-ni)
tube cső (tchő)
Tuesday kedd (kedd)
tulip tulipán (too-li-pán)
tuna fish tonhal (ton-hahl)
tunnel alagút (ah-lahg-út)
turkey pulyka (pooy-kah)
Turkey Törökország (Tö-rök-or-ság)
Turkish török (tö-rök)
turn fordulni (for-dool-ni); **Turn to your left/right!** Forduljon
       balra/jobbra! (For-dool-yon bahl-rah/yobb-rah!)
turnip fehérrépa (fe-hayr-ray-pah)
turtle teknősbéka (tek-nősh-bay-kah)
TV screen képernyő (kayp-er-<u>ny</u>ő)
TV set tévékészülék (tay-vay-kay-sü-layk)
twelve tizenkettő (ti-zen-ket-tő)
twenty húsz (hús)
twenty-one huszonegy (hoo-son-e<u>dy</u>)
twice kétszer (kayt-ser)
twin bed dupla ágy (doop-lah á<u>dy</u>)
twins ikrek (ik-rek)
twist csavarni (tchah-vahr-ni)
two két (kayt)
two-thirds kétharmad (kayt-hahr-mahd)
type tipus (ti-poosh)
typewriter írógép (ee-ró-gayp)
typical tipikus (ti-pi-koosh)
tyre *(GB)* autógumi (ah-oo-tó-goo-mi)

U

ugly csúnya (tchú-<u>ny</u>ah)
umbrella esernyő (e-sher-<u>ny</u>ő)
unable képtelen (kayp-te-len)
unbelievable hihetetlen (hi-he-tet-len)
uncertain bizonytalan (bi-zo<u>ny</u>-tah-lahn)
uncle nagybácsi (nah<u>dy</u>-bá-tchi)
unconscious eszméletlen (es-may-let-len)
under [...] [...] alatt (ah-laht)
underclothes alsónemű (ahl-shó-ne-mű)
underground földalatti (föld-ah-laht-ti)
underpant(s) alsónadrág (ahl-shó-nahd-rág)
underpass alujáró (ah-lool-yá-ró)
understand megérteni (meg-ayr-te-ni); **I don't understand you.**
        Nem értem. (Nem ayr-tem.)
underwear alsónemű (ahl-shó-ne-mű)
undoubtedly kétségtelenül (kayt-shayg-te-le-nül)
undress levetkőzni (le-vet-kőz-ni)
uneducated műveletlen (mű-ve-let-len)
unemployed munkanélküli (moon-kah-nayl-kü-li)
unemployment munkanélküliség (moon-kah-nayl-kü-li-shayg)
uneven *(unequal)* egyenlőtlen (e-<u>dy</u>en-lőt-len)
unexpectedly váratlanul (vá-raht-lah-nool)
unforgettable felejthetetlen (fe-leyt-he-tet-len)
unfortunately sajnos (shoy-nosh)
unfriendly barátságtalan (bah-rát-shág-tah-lahn)
uniform *(n.)* egyenruha (e-<u>dy</u>en-roo-hah)
union egyesülés (e-<u>dy</u>e-shü-laysh)
unique egyedülálló (e-<u>dy</u>e-dül-ál-ló)
unite egyesíteni (e-<u>dy</u>e-shee-te-ni)
United Nations Egyesült Nemzetek (E-<u>dy</u>e-shült Nem-ze-tek)
United States Egyesült Államok (E-<u>dy</u>e-shült Ál-lah-mok)
unity egység (e<u>dy</u>-shayg)
universe világmindenség (vi-lág-min-den-shayg)
university egyetem (e-<u>dy</u>e-tem)
unknown ismeretlen (ish-me-ret-len)

unlawful törvénytelen (tör-vayny-te-len)
unless hacsak nem (hah-tchahk nem)
unlikely valószínűtlen (vah-ló-see-nűt-len)
until amíg, [...]-ig (ah-meeg, -ig); **until now** eddig (ed-dig)
unused használatlan (hahs-ná-laht-lahn)
unusual szokatlan (so-kaht-lahn)
upper felső (fel-shő)
uppermost legfelső (leg-fel-shő)
upset stomach gyomorrontás (dyo-mor-ron-tásh)
upside down fejjel lefelé (fey-yel le-fe-lay)
upstairs fent (fent)
up-to-date modern (mo-dern)
urgent sürgős (shür-gősh)
us minket (min-ket)
use *(n.)* használat (hahs-ná-laht)
use *(v.)* használni (hahs-nál-ni)
used használt (hahs-nált); **used cars** használt autók (hahs-náltaoo-
        tók)
useful hasznos (hahs-nosh)
usually általában (ál-tah-lá-bahn)

vacancy üresedés (ü-re-she-daysh)
vacation szabadság (sah-bahd-shág)
(in) **vain** hiába (hi-á-bah)
valid érvényes (ayr-vay-<u>ny</u>esh)
validity érvényesség (ayr-vay-<u>ny</u>esh-shayg)
valley völgy (völ<u>dy</u>)
valuables értéktárgyak (ayr-tayk-tár-<u>dy</u>ahk)
value érték (ayr-tayk)
vanilla vanília (vah-nee-li-ah)
variation változat (vál-to-zaht)
variety show varieté, revü (vah-ri-e-tay, re-vü)
various különféle (kü-lön-fay-le)
varnish lakk (lahk)
vase váza (vá-zah)
vat Áfa (á-fah)
veal borjúhús (bor-yú-húsh)
vegetable zöldség (zöld-shayg)
vegetarian vegetáriánus (ve-ge-tá-ri-á-noosh)
vehicle jármű (yár-mű)
velvet bársony (bár-so<u>ny</u>)
vending machine automata (aoo-to-mah-tah)
venison őzhús (őz-húsh)
venture vállalkozás (vál-lahl-ko-zásh)
verbal szóbeli (só-be-li)
vermicelli metélt (me-télt)
vermouth vermut, ürmös (ver-moot, űr-mösh)
version változat (vál-to-zaht)
very nagyon (nah-<u>dy</u>on)
via ...en át; **via Vienna** Bécsen át (Bay-tchen át)
vice-president alelnök (ahl-el-nök)
victory győzelem (<u>dy</u>ő-ze-lem)
video cassette videó-kazetta (vi-de-ó kah-zet-tah)
video-recorder képmagnó (kayp-mahg-nó)
Vienna Bécs (Baytch)

view *(panaroma)* kilátás (ki-lá-tásh); **in my view** nézetem szerint (nay-ze-tem se-rint)

village falu (fah-loo)

vinegar ecet (e-tset)

vintage szüret (sü-ret)

violent erőszakos (e-rő-sah-kosh)

violet ibolya (i-bo-yah)

violin hegedű (he-ge-dű)

virgin szűz (sűz)

virtue erény (e-rayny)

virus vírus (vee-roosh)

visa vízum (vee-zoom); **visa application** vízumkérelem (vee-zoom-kay-re-lem)

visit *(n.)* látogatás (lá-to-gah-tásh)

visit *(v.)* meglátogatni (meg-lá-to-gaht-ni)

visitor látogató (lá-to-gah-tó)

vocational school szakiskola (sahk-ish-ko-lah)

voice hang (hahng)

void érvénytelen (ayr-vayny-te-len)

vomit hányni (hány-ni)

vote szavazni (sah-vahz-ni)

voyage utazás (oo-tah-zásh)

W

wage(s) fizetés (fi-ze-taysh)

waist derék (de-rayk)

waistline derékbőség (de-rayk-bő-shayg)

wait *(v.)* várni (vár-ni); **Wait!** Várjon! (Vár-yon!); **Wait a minute!**
Várjon egy percet! (Vár-yon e<u>dy</u> per-tset!); **Can you wait
here?** Tud itt várni? (Tood itt vár-ni?)

waiter pincér (pin-tsayr)

waiting list várólista (vá-ró-lish-tah)

waiting room váróterem (vá-ró-te-rem)

waitress pincér (pin-tsayr)

wake *(up)* felébredni (fel-ayb-red-ni); **Please, wake me up at [7.30]!**
Kérem, ébresszen fel [7.30]-kor! (Kay-rem ayb-res-sen fel ...-
kor!)

walk *(n.)* séta (shay-tah)

walk *(v.)* gyalog menni (<u>dy</u>ah-log men-ni); **Walk!** Lehet menni! (Le-
het men-ni!)

walking tour gyalogtúra (<u>dy</u>ah-log-tú-rah)

wall fal (fahl)

walnut dió (di-ó)

want akarni (ah-kar-ni); **What do you want?** Mit akar? (Mit ah-
kar?); **I want to [buy]...** Akarok [venni]... (Ah-kah-rok ven-
ni...); **I don't want...** Nem akarok... (Nem ah-kah-rok...)

war háború (há-bo-rú)

ward kórterem (kór-te-rem)

wardrobe ruhatár (roo-hah-tár)

warehouse raktár (rahk-tár)

warm meleg (me-leg); **I am warm.** Melegem van. (Me-le-gem vahn.)

warning figyelmeztetés (fi-<u>dy</u>el-mez-te-taysh)

Warsaw Varsó (Vahr-shó)

wash mosni (mosh-ni); **I'd like to wash down.** Szeretnék
lemosakodni. (Se-ret-nék le-mo-shah-kod-ni.)

watch *(n.)* óra (ó-rah)

watch figyelni (fi<u>dy</u>-el-ni); **watch tv** tévét nézni, tévézni; (tay-vayt
nayz-ni, tay-vayz-ni)

water víz (veez)

watermelon görögdinnye (gö-rög-di<u>ny</u>-<u>nye</u>)

water polo vízipóló (vee-zi-pó-ló)

water ski vízisí (vee-zi-shee)

wave hullám (hool-lám)

way út (út); **way in** bejárat (be-yá-raht); **way out** kijárat (ki-yá-raht);
    Is this the right way to ...? Jó felé megyek ...-hoz? (Yó fe-
    lay me-<u>dyek</u> ...-hoz?)

we mi (mi)

weak gyenge (<u>dy</u>en-ge)

wealthy jómódú (yó-mó-dú)

wear viselni (vi-shel-ni)

weather időjárás (i-dő-yá-rásh)

weather forecast időjárás-jelentés (i-dő-yá-rásh-ye-len-taysh)

wedding esküvő (esh-kü-vő)

wedding ring jegygyűrű (ye<u>dy</u>-<u>dyű</u>-rű)

Wednesday szerda (ser-dah)

week hét (hayt)

weekday hétköznap (hayt-köz-nahp)

weekend hétvége (hayt-vay-ge)

weep sírni (sheer-ni)

weigh lemérni (le-mayr-ni)

weight súly (shúy); **weight allowance** megengedett súly (meg-en-
    ge-dett shúy)

welcome isten hozta (ish-ten hoz-tah); *(you're)* **welcome** szívesen
    (see-ve-shen)

welfare jólét (yó-layt)

well jól (yól); **I am well.** Jól vagyok. (Yól vah-<u>dy</u>ok.); **very well**
    nagy on jól van (nah-<u>dy</u>on yól vahn); **well-known** jól ismert
    (yól ish-mert)

west nyugat (<u>ny</u>oo-gaht)

western nyugati (<u>ny</u>oo-gah-ti)

wet nedves (ned-vesh); **wet paint** frissen mázolva (frish-shen má-
    zol-vah)

what*(?)* mi (mi); **What else***(?)* Más egyebet? (másh e-<u>dy</u>e-bet);
    What happened*(?)* Mi történt? (mi tör-taynt); **What is this**
    (?) Mi ez? (mi ez); **What kind of...?** Milyen...? (Mi-yen?);

What's your name? Hogy hívják? (Ho<u>dy</u> heev-yák?); **What time is it?** Hány óra? (Há<u>ny</u> ó-rah?)

wheat búza (bú-zah)

wheel kerék (ke-rayk)

wheelchair tolókocsi (to-ló-ko-tchi)

when(?) mikor (mi-kor); **When does the next train leave?** Mikor megy a legközelebbi vonat? (Mi-kor me<u>dy</u> ah leg-kö-ze-leb-bi vo-naht?)

where(?) 1. *(position)* hol*(?)* (hol); 2. *(direction)* hová? (ho-vá?); **Where can I buy a...?** Hol vehetek egy...? (Hol ve-he-tek-e<u>dy</u>...); **Where are you from?** Hova való? (Ho-vah vah-ló)

which(?) melyik? (me-yik); **Which way to...?** Merre van...? (Mer-re vahn...?)

while mialatt (mi-ah-lahtt); **while you wait** megvárható (meg-vár-hah-tó)

whipped cream tejszínhab (tey-seen-hahb)

whisper suttogni (shoot-tog-ni)

whistle *(n.)* síp (sheep)

whistle *(v.)* fütyülni (fü-<u>ty</u>ül-ni)

white fehér (fe-hayr)

who*(?)* ki (ki); **Who is speaking please?** Ki beszél? (Ki be-sayl?)

whole egész (e-gays)

wholesale *(n.)* nagybani eladás (nah<u>dy</u>-bah-ni el-ah-dásh)

whom*(?)* kit (kit); **to whom*(?)*** kinek (ki-nek)

whose*(?)* kié? (ki-ay); **Whose [bag] is this?** Kinek a [táská]ja ez? (Ki-nek ah tásh-ká-yah ez?)

why*(?)* miért (mi-ayrt)

wide széles (say-lesh)

widow özvegy (öz-ve<u>dy</u>)

wife feleség (fe-le-shayg)

wild vad (vahd); **wild animal** vadállat (vahd-ál-laht)

will *(n.)* akarat (ah-kah-raht)

win győzni (<u>dy</u>őz-ni); **You win!** Te nyertél! (Te <u>ny</u>er-tayl!)

wind szél (sayl)

winding road kanyargós út (kah-<u>ny</u>ahr-gósh-út)

window ablak (ahb-lahk)

window seat ablak melletti ülés (ahb-lahk mel-let-ti ü-laysh)

windscreen szélvédő (sayl-vay-dő)
windscreen wiper ablaktörlő (ahb-lahk-tör-lő)
windy szeles (se-lesh)
wine bor (bor)
wine cellar borospince (bo-rosh-pin-tse)
wine list itallap (i-tahl-lahp)
wing szárny (sár<u>ny</u>)
winner győztes (<u>dy</u>őz-tesh)
winter tél (tayl); **in winter** télen (tay-len)
wire drót (drót)
wise bölcs (böltch)
wish kívánni (kee-ván-ni); **I wish you...** Kívánok Önnek... (Kee-vá-
  nok ön-nek)
with -val/-vel (vahl, vel); **with whom?** kivel? (ki-vel?)
without nélkül (nayl-kül)
witness tanu (tah-noo)
wolf farkas (fahr-kahsh)
woman asszony (ahs-so<u>ny</u>)
wonderful csodálatos (tcho-dá-lah-tosh)
wood fa (fah)
wool(len) gyapjú (<u>dy</u>ahp-yú)
word szó (só)
work *(n.)* munka (moon-kah)
work *(v.)* dolgozni (dol-goz-ni)
workday munkanap (moon-kah-nahp)
worker munkás (moon-kásh)
workshop műhely (mű-hey)
world világ (vi-lág)
world championship világbajnokság (vi-lág-boy-nok-shág)
(Second) **World War** (második) világháború (má-sho-dik vi-lág-há-
bo-rú)
worried nyugtalan (<u>ny</u>oog-ta-lan); **I am worried** aggódom (ahg-gó-
  dom); **Don't worry!** Ne aggódj! (Ne ahg-gó<u>dy</u>!)
worse rosszabb (ros-sahb)
worst legrosszabb (leg-ros-sahb)
worth érték (ayr-tayk)
worthless értéktelen (ayr-tayk-te-len)

worthwhile érdemes (ayr-de-mesh)

wound seb (sheb)

wrap *(in)* becsomagolni (be-tcho-mah-gol-ni)

wrist csukló (tchook-ló)

wristwatch karóra (kahr-ó-rah)

write írni (eer-ni); **Write down your name!** Írja le a nevét! (Eer-yah le ah ne-vayt!)

writer író (ee-ró)

wrong rossz, téves (ross, tay-vesh)

wrong number téves kapcsolás (tay-vesh kahp-tcho-lásh)

X

X-ray röntgen (rönt-gen)

yarn cérna (tsayr-nah)
year év (ayv)
yellow sárga (shár-gah)
yes igen (i-gen)
yesterday tegnap (teg-nahp)
yet még(is) (mayg-ish)
yog(ho)urt joghurt (yog-hoort)
you *(nom.)* *(sing.)* te (te); *(pl.)* ti (ti)
you *(acc.)* *(sing.)* téged (tay-ged); *(pl.)* titeket (ti-te-ket)
young fiatal (fi-ah-tahl)
yours *(sing.)* Öné (ö-nay); *(pl.)* Önöké (ö-nö-kay)
youth ifjúság (if-yú-shág)
youth hostel ifjúsági szálló (if-yú-shá-gi sál-ló)

Z

zebra zebra (zeb-rah)
zero nulla (nool-lah)
ZIP code irányítószám (i-rá-nyee-tó-sám)
zip fastener cipzár (tsip-zár)
zone zóna (zó-nah)
zoo állatkert (ál-laht-kert)
zoology állattan (ál-laht-tahn)
Zurich Zürich (Tsü-rih)

INDEX OF GEOGRAPHICAL NAMES

Duna (Doo-nah) — The Hungarian name of the river Danube. Together with Tisza, it is the most important river in Hungary.

Dunántúl (Doo-nán-túl)— The western part of Hungary, south and west of the Danube; mostly hills with Lake Balaton roughly in the middle.

Eger (E-ger)— A town in northeast Hungary, the center of a famous wine-growing region, an archiepiscopal see since the 11th century.

Esztergom (Es-ter-gom)— A town on the Danube near the Slovak border. Its cathedral and museum of Christian art are tourist attractions.

Fertő (Fer-tő)— A lake on the Austro-Hungarian border with only its southernmost tip belonging to Hungary.

Győr (Dyőr) — A city on the Danube (population: 135,000); west of Esztergom; a textile center as well as an episcopal see since 1001.

Hortobágy (Hor-to-bády) — Partly a grazing ground for the horses bred there, partly a National Park. Most typical of the Hungarian "puszta."

János-hegy (Yá-nosh-hedy) *(Mt. John)*— A popular excursion place in the western outskirts of Budapest. Height: 529 m.

Kékes-tető (Kay-kesh-te-tő)— A peak in the Mátra Mountains in northern Hungary. With its 1,015 m., it is the highest point in Hungary.

Körös (Kö-rösh)— A river in eastern Hungary flowing west into the Tisza, uniting three Körös-rivers: Fehér *(White)*, Fekete *(Black)*, and Sebes *(Rapid)*.

Maros (Mah-rosh)— The river coming from the East has only a short reach in Hungary and flows into the Tisza at Szeged.

Mátra (Mát-rah)— A mountain of volcanic origin in northern Hungary, a popular resort place and center for winter sports. The southern part is a wine-growing region.

Mecsek (Me-tchek)— A mountain ranging in a southwest-northeast direction, northwest of Pécs, with peaks over 500 m.

Pécs (Paytch) —The fifth largest city (population: 184,000) situated in the southeast corner of Dunántúl. Its landmark is a four-steepled cathedral. An episcopal see, it is the seat of the first Hungarian university founded in 1367.

Pilis (Pi-lish)— A mountainous region northwest of Budapest with many frequented excursion places.

Rába (Rá-bah)— A river coming from Austria which flows into the Danube at Győr.

Sopron (Shop-ron)— A lovely historic town in northwest Hungary with subalpine climate; an old cultural center.

Szeged (Se-ged)— A city on the Tisza in southeast Hungary (population: 190,000). Its university was founded in 1921.

Székesfehérvár (Say-kesh-fe-hayr-vár)— The town situated in the northeast part of Dunántúl dates from Roman time. Hungarian kings were crowned here in the 11th through early 16th century; an industrial and educational center.

Szent-György-hegy (Sent-dyördy-hedy) *(Mt. Saint George)*— It is situated to the north of Lake Balaton behind Badacsony and is known mostly for its wines.

Tisza (Ti-sah)— The second largest river in Hungary. Coming from Ukraine, it flows into the Danube near Belgrade; partly navigable.

Tiszántúl (Ti-sán-túl)— The part of Hungary east of the river Tisza.

Velencei-tó (Ve-len-tse-i-tó)— A shallow lake northeast of Lake Balaton, not far from Budapest; a favorite resort place.

Veszprém (Ves-praym)— An old royal town (town of the queens) in Central Dunántúl; an episcopal see. Its cathedral dates back to the 11th century.

PRACTICAL CONVERSION GUIDE

This conversion table is irregular in the sense that (1) it does not compare units but rather the quantities you are most likely to meet or need; (2) the direction of the conversion alternates depending on your possible need. **If you want to buy something,** you'll be thinking in the weights and measures you are accustomed to, but if you see the **speed limit** along the road, you want to know it in miles. Your friend may tell you **how tall** he or she is in centimeters, but you want a measure that makes sense to you. And if you look at a **thermometer** or want to take your own temperature, again you'll have centigrades and you'll want to know how many degrees they are in Fahrenheit.

Weights

For Food:

4 ozs salami	10 **(teez) deka** (which is slightly less)
8 ozs butter	25 **(husonöt) deka** (slightly more)
1 pound of sugar	half a **(fayl) kilo** (slightly more)
2 pounds of bread	one **(edy) kilo** (10% more)

For Persons:

An average lady would weigh between **57** to **70 kilos**, equal to **9** to **11 stones**. An average man would weigh between **70** to **90 kilos,** equal to **11** to **14 stones.**

Temperature

15 centigrades is a chilly outside temperature:	60°F
20 centigrades is a normal room temperature:	68°F
25 centigrades is a pleasant outside temperature:	78°F
30 centigrades is quite warm:	86°F
36 centigrades is the normal body temperature:	97°F
38 centigrades means fever:	101°F

Height

If his or her height is:	he/she is approximately:
150 centimeters	5 feet
160 centimeters	5 feet 5 inches
165 centimeters	5 feet 6 inches
170 centimeters	5 feet 8 inches
175 centimeters	5 feet 10 inches
180 centimeters	6 feet high

Distance

4 inches is approximately **10 centimeters**
One yard almost equals **one meter**, (some 10% less, 0.9 m.)
5 yards equals approximately **4.5 meters**
Half a mile is less than **1 kilometer** (0.8 km)
One mile is a bit more than **1.5 kms** (1.6 kms)
60 kms speed limit equals **40 miles**
80 kms speed limit equals **50 miles**
100 kms speed limit equals **60 miles**

Liquid

1 pint is roughly the same as **half a (fayl) liter**.
2 pints is slightly more than **one (e_dy) liter**.

Gallons can be simple if you want a full tank. Say: "*Tele kérem*" (te-le kay-rem) which means "fill her up." If you want less and *you are American:* 3 gallons is 10 liters (somewhat more); 5 gallons is 18.5 liters. *If you are from Great Britain*: 3.5 gallons is 15 litres (which are in fact 3.5 gallons), 5 gallons is 25 litres (slightly less).

TYPICAL HUNGARIAN DISHES

Appetizer
Puszta cocktail (poos-tah) sweet or dry; it is a mix of apricot brandy
and sweet or dry vermouth.

Hors d'oeuvre
Hortobágyi húsos palacsinta (hor-to-bá-dyi hú-shos pah-lah-tchin-
tah)— Hortobágy meat pancake. A warm starter. Ground pork
wound in a pancake in paprika sauce, with or without sour
cream.
Hideg libamáj (hi-deg li-bah-máy)— Cold goose liver. Goose liver
fried in goose fat flavored with onion, served with cold fat
and toast.

Soups
Gulyásleves (goo-yásh-le-vesh)— Cowboy soup. A spicy soup made
with potato and stewed beef.
Gyümölcsleves (dyü-möltch le-vesh)— Fruit soup. A sweet creamy
soup made of apple, sour cherry or mixed fruits, usually
served cold.
Halászlé (hah-lás-lay)—Fish soup. It is made of small river fish,
usually rather hot since it is heavily spiced with paprika.
Jókai-bableves (yó-kah-i bahb-le-vesh)—Jókai bean soup. Dry bean
soup with cooked sausage in it.
Lebbencsleves (leb-bentch-le-vesh)—Lebbencs is a dough of flour,
eggs and water, rolled out and dried, then broken into small
pieces.
Tarhonyaleves (tahr-ho-nyah-le-vesh)—Tarhonya is a grain out of the
same sort of dough, also dried. Cooked, it is added to certain
meat dishes.
Lebbencs or tarhonya is roasted on onion and lard, then boiled. Red
paprika and small cubes of potato are added.
Újházy-tyúkhúsleves (úy-há-zi tyúk-húsh-le-vesh)—Ujházy chicken
soup. A chicken soup with vermicelli and large pieces of
boiled chicken. Sufficient for two.

Main courses

Balatoni fogas (bah-lah-to-ni fo-gahsh)—A pike perch of Lake Balaton, roasted or breaded.

Erdélyi fatányéros (er-day-yi fah-tá-nyay-rosh)—Wooden plate from Transylvania. A selection of roast pork and breaded pork chop with potato and cucumber and/or lettuce, usually with an omelet on top; served on a wooden plate.

Paprikás csirke (pahp-ri-kásh tchir-ke)—Chicken Paprika. Boiled pieces of chicken in a creamy sauce made with onion and red paprika, served with or without sour cream and "nokedli" (short, thick noodles).

Pörkölt (pör-költ) Stew—It can be made of pork, beef or mutton cut in cubes. The rather thick gravy contains onion and red paprika. Served with potato or "nokedli" (short, thick noodles).

Pusztapörkölt (poos-tah-pör-költ)—Made from pork with pieces of Vienna sausage and tarhonya boiled with the meat. (For *tarhonya* see soups.)

Rácponty (ráts-ponty)—Carp roasted with bacon on sliced potato covered with flour containing red paprika, served with sour cream.

Rántott csirke (rán-tott tchir-ke)—Breaded chicken. Breaded pieces of young chicken usually served with French fried potato.

Rántott sertésborda (rán-tott sher-taysh-bor-dah)—Breaded pork chop.

Rostélyos (rosh-tay-yosh) A fried beef cotelette flavored with black pepper usually served with fried onion slices.

Sertésflekken (sher-taysh flek-ken)—A dry roast pork cutlet, without any particular flavoring, served with rice or potato.

Süllő roston (shül-lő rosh-ton)—A Hungarian pike perch roasted.

Tokány (to-kány)—Several dishes with slight differences. Basically it is similar to beef stew but the meat is cut in noodles rather than cubes. Red paprika is omitted or replaced by black pepper in a thin gravy.

Töltött káposzta (töl-tött ká-pos-tah)—Stuffed cabbage. Leaves of cabbage filled with a mixture of ground pork, eggs, onion, red paprika and black pepper. Boiled slaw is served with it.

Töltött paprika (töl-tött pahp-ri-kah)—Stuffed paprika. Again the same filling is used for stuffing green paprikas. It is served with a warm, thick tomato sauce.

Desserts

Gundel-palacsinta (goon-del pah-lah-tchin-tah)—A pancake filled with sweetened ground walnut in chocolate sauce, usually served flambé.

Metélt, diós, or *mákos* (me-taylt, di-ósh, má-kosh)—Noodles. Boiled noodles with sweetened ground walnut or poppy seed spread on.

Rétes, almás/mákos/meggyes/túrós (ray-tesh, ahl-másh, má-kosh, med-dyes, tú-rósh)—Strudel. A pastry made of several layers of a very thin sheet of dough filled alternatively with apple, poppy seed, sour cherry or cheese, each is sweetened and ground.

Túrós csusza (tú-rósh tchoo-sah)—Boiled noodles spread with curd and sour cream with small pieces of fried bacon on top.

Túrós gombóc (tú-rósh gom-bóts)—Curd dumpling. Boiled dumplings made of curd mixed with butter, egg yolk and flour, dressed with hot sour cream. Served unsweetened but can be sweetened to taste.

ORIGINAL HUNGARIAN NAMES

As in any country, the preference for certain first names changes from time to time. The following lists contain not the most popular or frequently used first names but those which are originally Hungarian. However, no names are included that are not given nowadays.

First names of mostly Hebrew, Greek or Latin origin are internationally used (at least in the Christian world) and can also be found in Hungary. These are sort of "evergreens" that have been used for many centuries. Names like András (Ahndrásh), József (Yózhef), Pál (Pál), Péter (Payter) (Andreas, Joseph, Paul, Peter) or Anna (Ahnnah), Júlia (Yúliah), Mária (Máriah), Márta (Mártah), (Anna, Julie, Mary, Martha) can easily be recognized even without knowing Hungarian. Some others have been changed to a greater extent and are not necessarily recognizable like István (Ishtván) (Stephen), György (Dyördy) (George), Sándor (Shándor) (Alexander), Ágota (Ágotah) (Agatha), Erzsébet (Erzhaybet) (Elizabeth), or Dóra (Dórah) (Dorothy).

The old historical chronicles of Hungary recorded more masculine names than feminine ones, most of which date back to the ancient history of the Hungarian people. Many of the feminine names are inventions of poets and writers, mostly from the past century.

The following two lists give not only the pronunciation but also a hint to the meaning and/or origin of the name whenever possible. It is worthwhile to note that in Hungary, "namedays" are much more widely celebrated than birthdays.

Masculine Names

Ákos (á-kosh) Celtic origin meaning *white hawk*
Álmos (ál-mosh) Father of Árpád who conquered today's
　　　　Hungary; it means *sleepy*
Árpád (ár-pád) A diminutive of *árpa* (barley)
Attila (ah-til-lah) The king of the Huns; ancient Hungarians are
　　　　thought to be descendants of the Huns
Béla (bay-lah) Origin unknown
Bence (ben-tse) Diminutive of Benjamin or Benedek (Benedict)

Botond (bo-tond)   Name of a mythical hero (10th century)
Bulcsú (bool-tchú)   One of the fellow-chieftains of Árpád
Csaba (tchah-bah)   The youngest son of Attila
Elemér (e-le-mayr)   Ancient name, origin unknown
Előd (e-lőd)   Forerunner (see also Bulcsú)
Farkas (fahr-kahsh)   Wolf
Géza (gay-zah)   Probably of Turkish origin, a dignity
Győző (dyő-ző)   Translation of Victor, though the name is used also
    in the form **Viktor**
Gyula (dyoo-lah)   Also a dignity, especially in Transylvania at the
    time of Conquest (10th century)
Jenő (ye-nő)   Perhaps related to Janó, a diminutive of János
    (John); (see also Bulcsú)
Lehel (le-hel)   A chieftain in the tenth century
Levente (le-ven-te)   Ancient name, means *being*
Örs (örsh)   Ancient name, diminutive of Turkish **ör** (man, hero)
Rezső (re-zhő)   Invented
Szabolcs (sah-boltch)   Origin unknown (see also Bulcsú)
Tibor (ti-bor)   Medieval Hungarian name
Zoltán (zol-tán)   Debated origin, it may be the same word as *sultan*
Zsolt (zholt)   Origin unknown, may be related to Zoltán

Feminine Names

The endings *-ka, -ke, -kó, -kő* are diminutives and they are not
referred to individually in the explanations:
Anikó (ah-ni-kó)   Diminutive of *Anna*
Aranka (ah-rahn-kah) Related to the word *arany* (gold)
Csilla (tchil-lah)   Invented, related to *csillag* (star)
Emese (e-me-she)   Wife of *Álmos* (see *Álmos*) means *sow*
Emma (em-mah)   A Hungarian variation of German *Erma*
Emőke (e-mő-ke)   Ancient name; *emő* is the old word for suckling
Enikő (e-ni-kő)   Invented, based on the mythical *Enéh*
Etelka (e-tel-kah)   Invented
Gyöngyi (dyön-dyi)   Invented, related to *gyöngy* (pearl)
Györgyi (dyör-dyi)   A feminine pair to *György* (George)

Hajnalka (hahy-nahl-kah) Invented, related to *hajnal* (dawn)
Ibolya (i-bo-yah) A flower (*violet*)
Ildikó (il-di-kó) Related to German *Kriemhilda*
Janka (yahn-ka) Related to *János* (John); approximately the same as *Jane*
Kamilla (kah-mil-lah) Chamomile
Kinga (kin-gah) An ancient diminutive of *Kunigunda*
Lenke (len-ke) Invented
Lilla (lil-lah) Originally a diminutive of Lydia
Piroska (pi-rosh-kah) Looks like a diminutive of *piros* (red); in fact related to Latin *Prisca*
Réka (ray-kah) Wife of Attila (see *Attilla*)
Rózsa (ró-zhah) Rose
Tünde (tün-de) Invented
Virág (vi-rág) Invented, means flower

In contrast to the list of boys names, girls are rarely given any of these names; the preference is for foreign names like Alexandra, Klaudia, Monika, Noemi (Naomi), etc.

HOLIDAYS IN HUNGARY

January 1	New Year's Day
March 15	Commemoration of the Revolution in 1848
March or April	Easter Sunday and Monday
May 1	Labor Day
May or June	Pentecost Sunday and Monday
August 20	Day of St. Stephen, First King of Hungary
October 23	Day of the Republic commemorating the outbreak of the revolution in 1956
December 25-26	Christmas

NORMAL PUBLIC LIBRARY
NORMAL, ILLINOIS

NORMAL PUBLIC LIBRARY
NORMAL, ILLINOIS

Also from Hippocrene Books . . .

**BOSNIAN-ENGLISH/ ENGLISH-BOSNIAN
CONCISE DICTIONARY**
331 pages • 4 x 6 • 8,500 entries
0-7818-0276-8 • $14.95pb • (329)

**BOSNIAN-ENGLISH/ENGLISH-BOSNIAN
DICTIONARY & PHRASEBOOK**
176 pages • 3¾ x 7 • 1,500 entries
0-7818-0596-1 $11.95pb • (691)

**BULGARIAN-ENGLISH/ ENGLISH-
BULGARIAN COMPACT DICTIONARY**
323 pages • 3½ x 4¾ • 6,500 entries
0-7818 • 0535-X • $8.95pb • (623)

**BYELORUSSIAN-ENGLISH/
ENGLISH-BYELORUSSIAN
CONCISE DICTIONARY**
290 pages • 4 x 6 • 6,500 entries
0-87052-114-4 • $9.95pb • (395)

**LATVIAN-ENGLISH/ ENGLISH-LATVIAN
PRACTICAL DICTIONARY**
474 pages • 4⅜ x 7 • 16,000 entries
0-7818-0059-5 • $16.95pb • (194)

**LITHUANIAN-ENGLISH/
ENGLISH LITHUANIAN
CONCISE DICTIONARY**
382 pages • 4 x 6 • 10,000 entries
0-7818-0151-6 • $14.95pb • (489)

**MACEDONIAN-ENGLISH/
ENGLISH-MACEDONIAN
CONCISE DICTIONARY**
400 pages • 4 x 6 • 14,000 entries
0-7818-0516-3 • $14.95pb • (619)

**RUSSIAN-ENGLISH/ENGLISH-RUSSIAN
STANDARD DICTIONARY, Revised Edition**
418 pp • 5 ½ x 8 ½ • 32,000 entries
0-7818-0280-6 • $18.95pb • (322)

GREEK BASIC COURSE
327 pages • 8 x 10½ • 25 lessons
0-7818-0167-2 • $14.95pb • (461)

**HUNGARIAN-ENGLISH
STANDARD DICTIONARY**
650 pages • 4½ x 8½ • 40,000 entries
0-7818-0390-X • $40.00pb • (43)

**ENGLISH-HUNGARIAN
STANDARD DICTIONARY**
541 pages • 4½ x 8½ • 40,000 entries
0-7818-0391-8 • $40.00pb • (48)

BEGINNER'S HUNGARIAN
200 pages • 5½ x 7
0-7818-0209-1 • $7.95pb • (68)

HUNGARIAN BASIC COURSE
266 pages • 5½ x 8½
0-87052-817-3 • $14.95pb • (131)

HUNGARIAN HANDY EXTRA DICTIONARY
209 pages • 5 x 7¾
0-7818-0164-8 • $8.95pb • (2)

**CHECHEN-ENGLISH/ ENGLISH-CHECHEN
DICTIONARY AND PHRASEBOOK**
160 pages • 3¾ x 7 • 1,400 entries
0-7818-0446-9 • $11.95pb • (183)

**CZECH-ENGLISH/ENGLISH-CZECH
CONCISE DICTIONARY**
594 pages • 3½ x 5⅝ • 7,500 entries
0-87052-981-1 • $11.95pb • (276)

**ESTONIAN-ENGLISH/ENGLISH ESTONIAN
CONCISE DICTIONARY**
300 pages • 3⅝ x 3⅜ • 6,500 entries
0-87052-081-4 $11.95pb (379)

**GEORGIAN-ENGLISH/
ENGLISH-GEORGIAN
CONCISE DICTIONARY**
346 pages • 4 x 6 • 8,000 entries
0-87052-121-7 • $8.95pb • (392)

**GEORGIAN-ENGLISH/ENGLISH-GEORGIAN
DICTIONARY AND PHRASEBOOK**
150 pages • 3¾ x 7 • 1,300 entries
0-7818-0542-2 • $11.95pb • (630)

**SERBO-CROATIAN-ENGLISH/
ENGLISH-SERBO-CROATIAN
PRACTICAL DICTIONARY**
400 pages • 5⅜ x 7 • 24,000 entries
0-7818-0445-0 • $16.95pb • (130)

**SLOVAK-ENGLISH/ ENGLISH-SLOVAK
CONCISE DICTIONARY**
360 pages • 4 x 6 • 7,500 entries
0-87052-115-2 • $11.95pb • (390)

**TATAR-ENGLISH/ENGLISH- TATAR
CONCISE DICTIONARY**
400 pages • 4 x 6 • 8,000 entries
0-7818-0250-4 • $11.95pb • (278)

**UKRAINIAN-ENGLISH/
ENGLISH-UKRAINIAN
STANDARD DICTIONARY**
590 pages • 5½ x 8½ • 32,000 entries
0-7818-0374-8 • $24.95pb • (193)

**UZBEK-ENGLISH/ENGLISH-UZBEK
CONCISE DICTIONARY**
329 pages • 4 x 6 • 7,500 entries
0-7818-0165-6 • $11.95pb • (4)

THE ART OF
HUNGARIAN COOKING
*by Paul Pogany Bennett and
Velma R. Clark*

Whether you crave Chicken Paprika or Apple Strudel, these 222 authentic Hungarian recipes include a vast array of national favorites, from appetizers through desserts. These recipes are designed especially for American cooks, with a special section on typical Feast Day menus.

Now updated with a concise guide to Hungarian wines!
230 pages • 5 ½ x 8 ½ • 18 b/w drawings, index
0-78180586-4 • (686)

All prices subject to change. **TO PURCHASE HIPPOCRENE BOOKS** contact your local bookstore, call • (718) 454-2366, or write to: HIPPOCRENE BOOKS, 171 Madison Avenue, New York, NY 10016. Please enclose check or money order, adding $5.00 shipping (UPS) for the first book and $.50 for each additional book.